21世纪高等继续教育精品教材

审计原理与实务

（第二版）

SHENJI YUANLI YU SHIWU

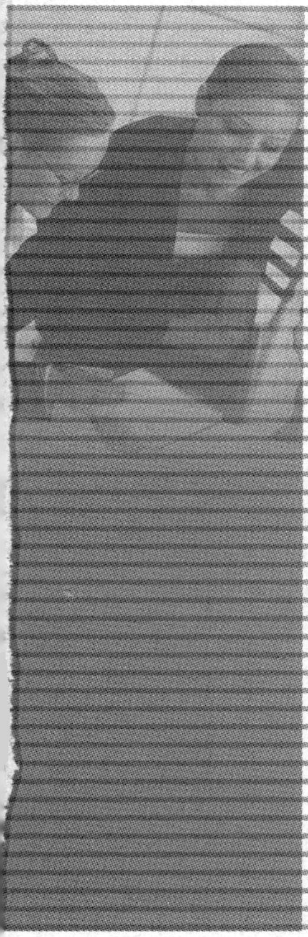

主　编　郭　宏
副主编　蔡才德

中国人民大学出版社
·北京·

修订说明

近两年来颁布的审计准则及审计有关规定与原来相比变化较大，主编深感责任重大，尽快对原教材进行了仔细梳理，修订了教材框架和结构，并作了较大的变动，删减了一些章节，新添了现金流量表审计、特殊项目审计与特殊事项考虑两章内容。此次教材修订，由郭宏、蔡才德进行，避免了第一版教材由于编写人员较多引起的部分内容重复问题。第二、三、四、八、九章主要由蔡才德修改，第一、五、六、七、十二章主要由郭宏修改，第十章、十一章由郭宏编写增补。郭宏、蔡才德分别两次对书稿进行了全面的统稿。这次教材修订，尽量体现基础、够用、前沿、实用、全面等特点，对编者而言，也是一个学习与提高的过程。学海无涯，时间紧迫，书中难免存在差错，敬请读者不吝指正。

编者

2012 年春

第一版前言

《审计原理与实务》是一本介绍审计的基本概念、基本方法、基本操作技能的教材。本教材以一个审计人员应掌握的基本知识和基本操作技能为出发点，循序介绍了审计的各种专门知识，包括审计分类与方法、审计组织与人员、审计准则和依据、审计计划和步骤、内部控制和审计报告等审计基本理论知识，以及会计要素审计和其他审计等审计实务操作的基本技能知识。我们的目的是让学员学完本教材后，能够掌握审计的基本知识和技能，巩固已经学过的财务、会计、税法等知识，从而拓展就业前景。

本教材具有如下特点：

1. 本教材试图在以社会审计为主要视角的基础上，兼顾国家审计和内部审计。近几年来，随着我国社会主义市场经济的不断发展，审计监督体系也不断完善，无论是社会审计，还是国家审计或内部审计，其地位和作用日益被人们所重视和关注。本教材在介绍审计组织和审计准则时，不仅介绍了社会审计的，也介绍了国家审计和内部审计的；在称呼审计从业人员时，选择“审计人员”一词，它包括了注册会计师、审计师（国家审计人员）、内部审计师；在称呼各类审计单位时，则选择使用“审计组织”。

2. 本教材融合了2006年2月15日正式颁布的新审计准则及其应用指南和新企业会计准则及其应用指南的内容。

3. 本教材的内容设计贴近大专层次学员的需求，有利于学员巩固学习内容，提高审计实务操作技能水平。在审计实务章节设计过程中，考虑到会计专科学生刚学完财会专业知识，还需巩固提高，本教材未按照业务循环设计相应章节，而是按照资产负债表和利润表的报表项目设计章节内容，并在相关章节中简要介绍了业务循环与报表项目之间的关系。

4. 本教材力求体现“自学、导学、助学”的要求，便于学员自学与自我检查学习成果。在体例的安排上，设有引言、学习目标、正文、本章小结、本章重要术语栏目，有助于学员理解本章的相关理论问题，并能进一步深化提高所学内容。

5. 本教材集上海电视大学金融会计系会计教研室教师以及上海电大分校课程教师的集体智慧。参与编写的13位教师中，有的是长期从事审计、会计教学的教授，有的是在会计师事务所从事社会审计工作多年的注册会计师，有的是长期从事国家审计和社会审计的兼职教师，有的则是朝气蓬勃的年轻教师。这个编写团队配合默契，具有强烈的责任心和使命感，在短时间内几易其稿，以最快速度让教材与大家见面。

本教材主要面向没有审计经验的学生，是一本入门教材，适用于大专层次的审计课程。本书也可以作为其他想了解、从事审计的实务工作者的专业培训入门教材或自学参考用书。

本教材由郭宏、蔡才德担任主编。具体编写分工如下：郭宏编写了第一、九章；伍巧君编写了第二章；郝东洋编写了第三章；蔡才德编写了第四、五章；洪波编写了第六章；张纯义编写了第七、十四章；邬展霞编写了第八章；赵在行编写了第十章；陈平平编写了第十一章；彭海虹编写了第十二章；黄玮勤编写了第十三章；汪立元编写了第十五章；朱建中编写了第十六章。全书由郭宏、蔡才德修改定稿，由中国人民大学朱小平教授审稿。

在此特别感谢上海电视大学副校长徐皓研究员、金融会计系祝小兵教授、教务处王国清副研究员，是他们的督促与帮助才让编者得以克服各种困难，在这么短的时间内完成本书；还要特别感谢中国人民大学朱小平教授，在百忙之中抽空为本书审稿并提出了极其宝贵的修改意见；中国人民大学出版社的编辑在本书出版过程中也付出了辛勤劳动，在此一并表示感谢。

由于编者水平所限，加之编写时间仓促，存在不当之处在所难免，敬请广大读者不吝批评、指正。

编者

2008年1月5日

目录

第一部分
审计基础和依据

第一章 总 论

引 言

本章讲述了审计的概念、审计对象与审计目标，阐述了审计的职能与作用，简要介绍了审计测试内容及其审计方法、业务循环与会计报表相关项目之间的对应关系。

学习目标

学完本章后，您将能够：

1. 掌握审计的定义、基本特征；
2. 掌握审计对象与审计目标；
3. 理解审计的职能与作用；
4. 描述审计分类；
5. 理解业务循环与会计报表相关项目之间的对应关系。

第一节 审计的概念及基本特征

一、审计的含义

审计是社会经济发展到一定阶段的产物，并随着社会经济的发展而发展。在不同的历史阶段，审计有着不同的内涵和外延。我国审计起源于西周初期，“审计”一词最早见于宋代的《宋史》。从词义上解释，“审”为审查，“计”为会计账目，审计就是审查会计账目。“审计”一词的英文单词为“Audit”，被注释为“查账”，兼有“旁听”的含义。由此可见，早期的审计就是审查会计账目，与会计账目密切相关。

审计发展至今，早已超越了查账的范畴。我国审计工作者普遍认可的定义为：审计是由专职机构和专职人员对被审计单位的经济活动的真实性、合法性和效益性进行审查和评价的独立性的经济监督活动。

要全面理解审计的定义，必须明确下述几点。

（一）审计的性质——具有独立性的经济监督活动

独立性是审计区别于其他经济监督的本质特征。审计的基本职能是经济监督，是以第三者的独立身份所实施的监督，所以，审计是一项具有独立性的经济监督活动。

（二）审计的主体——从事审计工作的专职机构及专职人员

从事审计工作的专职机构及专职人员是独立的第三者，如国家审计机关、会计师事务所、内部审计机构及在这些机构从事审计工作的专职人员。这些专职人员应具备相应的专业技术职称、执业资格和专业胜任能力，如会计师事务所的审计人员一般应具备注册会计师执业资格。

（三）审计的对象——被审计单位的经济活动

审计的对象不仅包括会计信息，还包括其所反映的经济活动。

（四）审计的客体——被审计单位

审计的客体是被审计人，指接受审查、监督与评价的被审计单位。

（五）审计的基本工作方式——审查和评价

审计的过程，就是收集证据，查明事实，对照标准，对审计对象是否符合审计准则、会计准则及国家相关法律法规规定进行职业判断，也就是说，在审查的基础上进行评价，发表恰当的审计意见。

（六）审计的目标——审计对象的真实性、合法性和效益性

审计不仅要审查评价会计资料及其所反映的经济活动的真实性和合法性，而且还要审查评价有关经济活动的效益性。

二、审计关系

审计关系是指审计活动中的三方面关系人之间构成的相互关系。

审计关系人是指构成一项审计活动的相互有责任关系的三方面的当事人，即审计人、被审计人和审计委托人（或授权人）。

审计人，又称审计的第一关系人，即审计主体，是审计活动的执行者，具体是指执行审计活动的审计机构和审计人员，他们根据审计活动委托者的委托或授权者的授权，依法对被审计单位的财政、财务收支及其有关经济活动的真实性、合法性、效益性进行审查，评价被审计人的经济责任履行情况，并出具审计报告。

被审计人，又称审计的第二关系人，即被审计单位，他们一般为财产的代管者或经营者，对第三关系人承担受托经济责任，并由审计人对其受托经济责任进行审计。

审计委托人（或授权人），又称审计的第三关系人，一般是财产的所有者，当其将财产委托（或授权）给被审计人经营管理时，为了维护自身利益，需要了解受托或被授权者的履职情况，因此就要委托审计人对其进行经济责任审计。

审计关系必须由上述三方面关系人构成（如图 1—1 所示），缺少任何一个方面，独立、客观、公正的审计活动就不复存在。

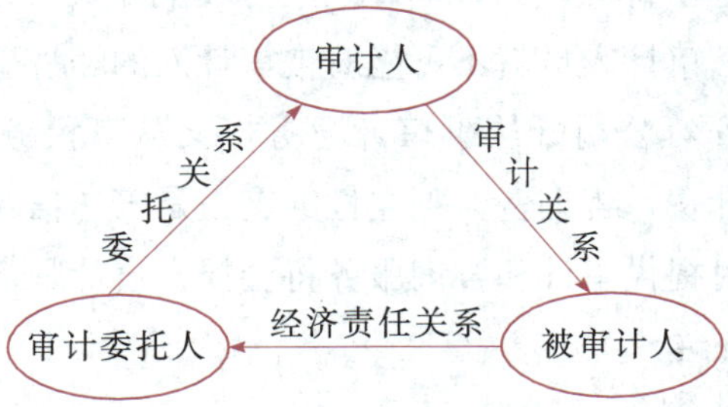

图 1—1　审计关系图

三、审计的基本特征

（一）独立性

审计是一种经济监督活动，且与国家其他宏观经济管理一起，共同构成我国的经济监督体系。但审计监督与其他经济监督有着本质的区别，主要表现为审计的基本特征——独立性。

审计的独立性是指专门从事审计的机构和审计人员，依法独立行使审计评价与监督权，不受其他行政机关、社会团体和个人的干涉。审计的独立性主要表现在下述几方面。

1. 机构独立

审计机构必须是独立设置的专职机构，它独立于被审计人和审计委托人，同时还独立于其他机构。对于内审机构而言，审计授权人是单位的董事会或类似机构，在法人治理结构下，内审机构的业务受单位的内部审计委员会领导并对其负责，其独立性是在一定程度上的。机构独立，才能确保审计机构独立行使审计评价监督权，对被审计事项作出客观公正的评价和鉴证。

2. 人员独立

审计人员必须依法独立行使审计权力，公正无私，不带任何偏见。审计人员与被审计人之间不存在任何的经济利益关系，不直接或间接参与被审计单位的经营管理活动。

3. 工作独立

审计机构及审计人员依法进行审查，作出审计职业判断，独立发表审计意见，其整个工作在遵循审计准则、会计准则以及国家相关法律法规的前提下不受行政机关、社会团体或个人的干涉。

4. 经济独立

审计机构从事审计业务活动有专门的经费来源或经济收入，这是保证审计组织独立开展审计活动的物质基础。经费的多少、经济收入的高低与审计成果必须没有直接的关系，以保证审计工作不受被审计单位或被审计部门的牵制。

独立性是审计的最基本特征，如果审计人员与被审计人在经济上或其他方面存在紧密联系，丧失了独立性，审计人员就不可能对被审计人的经济事项发表客观、公正的审计意见。例如安达信对安然公司既从事审计业务，又从事税务咨询及其他财务咨询服务，并收取了不菲的审计费、咨询费，独立性的丧失是安达信对安然公司审计失败的主要原因。事实证明，同时提供审计和咨询服务将会损害会计师事务所的独立性。

（二）公正性和权威性

审计的公正性和权威性（社会认可度）是除审计独立性之外的另外两个审计特征。

审计的公正性是指审计人员须客观公正地进行审计工作并发表审计意见，这是审计工作的基本要求。没有公正性，也就不存在权威性。审计的权威性是指审计机构的法律地位是经宪法明确的，可依法行使职权，不受任何干涉，其审计结论和决定具有法律赋予的效力，权威性来自于法律赋予的权威与自身工作树立的权威两个方面。公正性和权威性必须建立在独立性的基础之上，没有了独立性，公正性和权威性便没有了保障。

第二节　审计对象和审计目标

一、审计对象

审计对象即审计的客体，是指被审计单位的经济活动，以及反映这些经济活动的会计资料及其他相关资料，通常概括为被审计单位的经济活动。具体讲，审计对象包括以下两方面的内容：

第一，被审计单位的财务收支及其有关的经营管理活动。无论是国家审计、民间审计还是内部审计，都是对被审计单位的财务收支及其有关经营管理活动的真实性、合法性、合规性及效益性进行审查，评价被审计单位的受托经济责任履行情况。我国国家审计的对象为国务院各部门和地方各级政府的财政收支，国家财政金融机构和企业、事业组织的财务收支。内部审计的对象为本单位、本部门的财务收支以及其他有关的经济活动。民间审计的对象为委托人指定的被审计单位的财务收支及其有关的经营管理活动。

第二，被审计单位的各种作为提供财务收支及其有关经营管理活动信息载体的会计资料及其他相关资料。审计对象主要包括记载和反映被审计单位财务收支、提供会计信息的会计凭证、账簿、报表等会计资料以及相关的计划、预算、经济合同等其他资料。除此之外，还有经营战略和目标、计划、预测和决策方案、经济活动分析资料、技术资料等，并包括磁盘、光盘和网络系统的会计信息载体。

值得注意的是，会计资料和其他相关资料是审计对象的形式，其所反映的被审计单位的财政、财务收支及有关的经济活动才是审计对象的本质。

二、审计目标

（一）审计目标在审计项目中的指导作用

审计目标是指在一定的历史环境下，人们通过审计活动所期望达到的目的和要求或最终成果。例如，在财务报表审计中，审计目标是对被审计财务报表的真实性、公允性发表意见；而在对公共部门及财政预算单位的效益审计中，审计的目标则是对被审计单位履行职责过程中管理和使用公共资源的经济性、效率性和效果性进行检查和评价。

审计目标对审计全过程都会产生影响，对于整个审计项目具有重要的指导作用，不仅影响审计方案的制定，还影响审计的实施和报告。

在准备阶段，审计人员首先要确定审计目标，并据以编制确定审计标准、审计范围、审计程序和审计方法的审计计划。

在实施阶段，审计人员要围绕审计目标收集审计证据，不断对审计证据进行评价和鉴定，如果发现所实施的审计程序不足以达到审计目标，审计人员还要考虑采取替代程序，补充收集证据。然后，审计人员再分析归纳所收集到的审计证据，提出初步的审计意见和建议。

在报告阶段，审计人员根据审计目标编写审计报告，出具审计意见，对于审计发现的问题，要根据其对审计目标的影响程度决定是否在审计报告中予以恰当披露。

（二）审计目标的层次

审计目标可分为总体审计目标和具体审计目标两个层次。

1. 总体审计目标

总体审计目标就是客观评价被审计单位的受托经济责任履行情况，对被审计单位财务收支的准确性、真实性、合法合规性、有效性进行审查和评价。它的具体内容是随着社会经济的发展及审计委托人或授权人的需要而不断变化和扩展的。

在详细审计阶段，审计的目的是通过对被审计单位一定时期内的会计记录的逐笔审查，判定有无技术错误和舞弊行为。因而总体审计目标是查错防弊，验证会计记录的真实性和财产的完整性。

在资产负债表审计阶段，审计的目的发展为证实财务信息的可信性。总体审计目标是通过对被审计单位一定时期内资产负债表所有项目余额的真实性、公允性、合法性进行审查，判断被审计单位的财务状况和偿债能力。

在财务报表审计阶段，总体审计目标就是判定所审计的财务报表的合规性、公允性和效益性。

我国2010年11月颁布的《中国注册会计师执业准则》中规定，总体审计目标是注册会计师按照审计准则和相关职业道德要求执行审计工作，对财务报表是否在所有重大方面按照财务报告编制基础编制并实现公允反映发表审计意见，具体包括：

（1）审计人员对财务报表整体是否不存在由于舞弊或错误导致的重大错报获取合理保证以使审计意见的发表有充分恰当的依据。

（2）按照审计准则的规定，根据审计结果对财务报表出具审计报告，并与管理层和治理层沟通。

财务报告编制基础是指法律法规要求采用的财务报告编制基础，分为通用目的编制基础和特殊目的编制基础。通用目的编制基础，主要是指会计准则和会计制度；特殊目的编制基础，包括计税核算基础、监管机构的报告要求和合同的约定等。

公允性是指财务报表在所有重大方面真实、正确地反映被审计单位的财务状况、经营成果和现金流量情况。

注册会计师对财务报表的审计属于鉴证业务，注册会计师的审计意见旨在提高财务报表的可信赖程度。

2. 具体审计目标

具体审计目标是总体审计目标的具体化，是根据被审计单位管理当局的认定和总体审计目标来确定的。被审计单位会计报表是被审计单位管理当局对经济活动和事项的自我认定，审计人员审计则是对被审计单位管理当局认定的再认定。

（1）被审计单位管理当局对会计报表的认定。

认定是被审计单位管理当局在其编制的会计报表中对各项会计账项所做的明确或隐含的表达。这些认定是报表使用者进行投资决策分析的基础。管理当局的认定如表1—1所示。

（2）具体审计目标。

审计人员对会计报表的审计实际上就是对管理当局所作认定的确认，确认其是否合法、公允，并发表意见。在审计实务中，具体审计目标包括以下几个方面：

1）确认会计报表上所列示的余额是否真实。

2）确认会计报表上所列示的余额是否完整。

3）确认会计报表上所列示的资产和负债的余额是否确属被审计单位所有。

4）确认会计报表上所列示金额的计价是否正确。

5）确认接近资产负债表日的交易是否都已记入恰当的会计期间。

6）确认会计报表中的相关资料、数字、计算、加总及钩稽关系的正确性。

7）确认会计报表中是否恰当地反映了各会计账项的余额，并且符合相应的披露要求。

8）确认会计报表中各会计账项记录的分类和列示是否恰当。

表 1—1 **管理当局对财务报表的认定种类及其具体表述**

认定种类	认定的具体表述
一、与所审计期间各类交易和事项相关的认定	
1. 发生	记录的交易或事项已发生，且与被审计单位有关
2. 完整性	所有应当记录的交易和事项均已记录
3. 准确性	与交易和事项有关的金额及其他数据已恰当记录
4. 截止	交易和事项已记录于正确的会计期间
5. 分类	交易和事项已记录于恰当的账户
二、与期末账户余额相关的认定	
1. 存在	记录的资产、负债和所有者权益是存在的
2. 权利和义务	记录的资产由被审计单位拥有或控制，记录的负债是被审计单位应当履行的偿还义务
3. 完整性	所有应当记录的资产、负债和所有者权益均已记录
4. 计价和分摊	资产、负债和所有者权益以恰当的金额包括在财务报表中，与之相关的计价或分摊调整已恰当记录
三、与列报和披露相关的认定	
1. 发生以及权利和义务	披露的交易、事项和其他情况已发生，且与被审计单位有关
2. 完整性	所有应当包括在财务报表中的披露均已包括
3. 分类和可理解性	财务信息已被恰当地列报和描述，且披露内容表述清楚
4. 准确性和计价	财务信息和其他信息已公允披露，且金额恰当

（三）认定、审计目标和审计程序之间的关系

认定是确定具体审计目标的基础，审计人员通常将认定转化为能够通过审计程序予以实现的审计目标，然后通过执行一系列审计程序获取充分、适当的审计证据以实现审计目标。认定、审计目标和审计程序之间的关系举例如表 1—2 所示。

表 1—2 **认定、审计目标及审计程序之间的关系举例**

认定	审计目标	审计程序
存在性	资产负债表列示的存货存在	实施存货监盘程序
完整性	销售收入包括了所有已发货的交易	检查发货单和销售发票的编号以及销售明细账
准确性	应收账款反映的销售业务是否基于正确的价格和数量，计算是否准确	比较价格清单与发票上的价格、发货单与销售订购单上的数量是否一致，重新计算发票上的金额
截止	销售业务记录在恰当的期间	比较上一年度最后几天和下一年度最初几天的发货单日期与记账情况
权利与义务	资产负债表中的固定资产确实为公司拥有	查阅所有权证书、购货合同、结算单和保险单
计价与分摊	以净值记录应收款项	检查应收账款账龄分析表、评估计提的坏账准备是否充足

第三节　审计的职能与作用

一、审计的职能

审计的职能是指审计所固有的内在功能，它体现审计本质属性，不以人们的主观意志为转移，但随着社会经济的发展对审计需要的变化而不断发展变化。审计具有下述三项基本职能。

（一）经济监督

经济监督就是指监察和督促被审计单位的经济活动，使之在规定的范围内正常合理地进行。审计监督是整个经济监督体系中的一个重要组成部分，通过审计监督，可以对被审计单位的财务收支及有关经济活动的真实性、合法性、效益性进行审查，借以维护财经法纪，保障被审计单位的经济活动和会计核算合法、合规、有效。在某种意义上，审计充当着"经济卫士"。经济监督职能是审计最基本的职能。

（二）经济鉴证

经济鉴证是指通过对被审计单位的会计报表及其他相关资料的审核和验证，证实被审计单位记载经济活动的有关资料是否真实、合法、公允和可靠，并出具书面报告，以供审计委托人或社会公众各方关系人使用。经济鉴证着重证明经济活动的合法性和可信性，审计充当"经济裁判"。审计的经济鉴证职能突出表现在民间审计中，如开业验资、上市公司报表审计等。

（三）经济评价

经济评价是指通过审查验证，对被审计单位经营决策、计划、预算是否切实可行，经济活动及其结果是否完成了预定的目标，内部控制制度是否健全有效等进行评定，以促进被审计单位改善经营管理并提高经济效益。经济评价着重评价经济活动的差异性和效益性，借以提出改进建议，审计充当"经济医师"。经济评价要有一定的评价标准和依据。

审计三项基本职能之间既有联系，又有区别，相互结合，相辅相成，充分发挥着审计的职能和作用，对经济发展大有裨益。

二、审计的作用

审计产生和发展的重要前提条件是财产所有权与经营权的分离，审计的本质目标是确保受托经济责任的全面有效履行。审计的作用是履行审计职能、实现审计目标的过程中所产生的社会效果。审计的作用与特定的社会、经济环境有着密切的联系，归纳起来，主要表现在下述两个方面。

（一）防护作用

审计的防护作用是指通过审查与评价被审计单位的财务收支及其有关经营管理活动的真实性、准确性，为财务信息使用者提供一个合理的保证，监督国家的方针政策、财经法规和财务制度等方面在被审计单位的执行情况，揭露错误与舞弊，保护所有者权益，维护财经法纪及经济秩序，确保市场经济健康、有效、持续运行发展。

（二）促进作用

审计的促进作用是指通过对被审计单位的经营管理活动和经营管理制度、内部控制制度、社会保障资金的缴纳、归集与使用等进行审查和评价，揭示存在的问题，提出改进建议，促进被审计单位经营管理等各项活动更规范有效进行，提高被审计单位的经济效益和社会效益，并加强国家宏观调控力量。审计的促进作用可以概括为：

（1）促进受托经济责任切实履行。

（2）促进经济秩序的正常运行和经济利益的正确处理。

（3）促进经济效益的充分实现和社会效益的正当保障。

（4）促进经营管理的改善和经济效益的不断提高。

第四节 审计的分类

按照一定的标准，将性质相同或相近的审计活动归属于一种审计类型的做法，即为审计分类。研究和把握审计分类，便于根据不同种类审计的特点更好地组织审计工作，选择适当的审计方法，配备胜任的审计人员，更好地发挥其指导审计实践的作用。审计分类繁多，为区分主次，将审计分类划分为两大部分，即审计的基本分类和审计的其他分类。

一、审计的基本分类

审计的基本分类如图 1—2 所示。

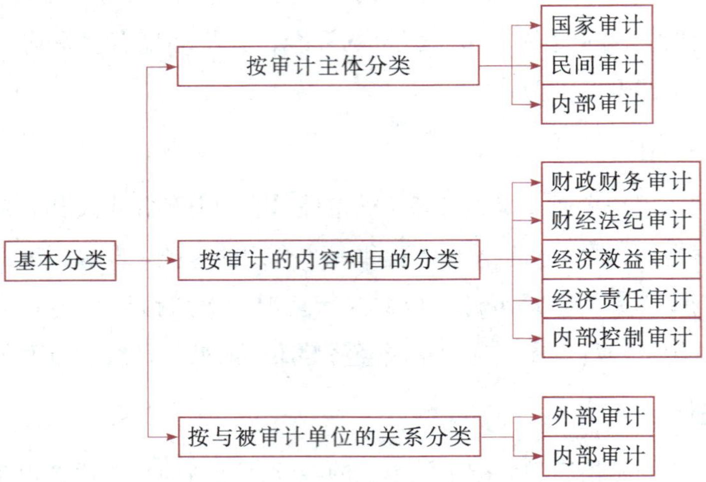

图 1—2　审计的基本分类

二、审计的其他分类

审计的其他分类如图 1—3 所示。

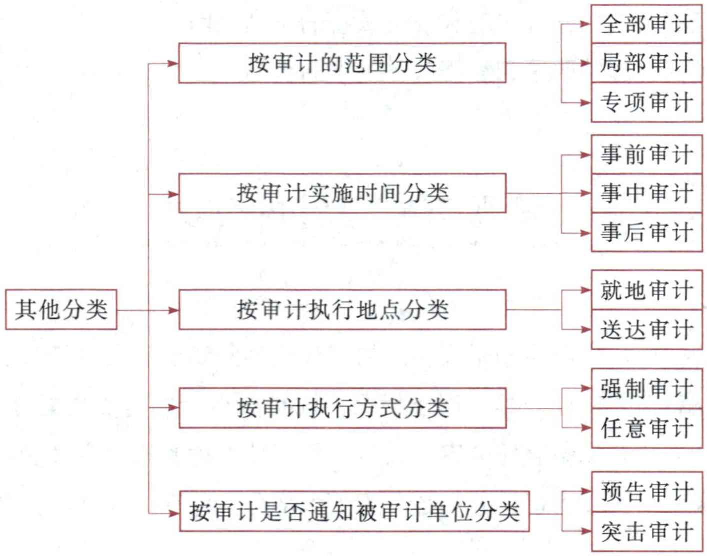

图 1—3　审计的其他分类

审计的分类除上述外，还可以按不同的标准进行。在实际工作中，各种审计往往是有机地结合起来进行的，有时，不同的审计类型会相互交叉、相互结合在同一审计项目中。

第五节 审计测试与业务循环

一、审计测试的内容及适用的审计方法

审计测试包括内部控制测试和交易、账户余额的细节测试。

内部控制测试通常按照业务循环采用审计抽样的方法进行，目的在于确保审计工作质量，提高审计工作效率。交易、账户余额的实质性测试既可以按会计报表项目组织实施，也可按业务循环组织实施。业务循环是指被审计单位处理某一类经济业务的工作程序和先后顺序。不同的被审计单位具有不同的业务性质和规模，其业务循环的划分也不相同。一般而言，我们将生产企业的业务循环划分为：销售与收款循环、购货与付款循环、生产循环、筹资与投资循环、货币资金循环。

细节测试是实质性程序中的一种（实质性程序分为细节测试和实质性分析程序），是对各类交易、账户余额、列报的具体细节进行测试，目的在于直接识别财务报表认定是否存在错报，是审计中必须进行的程序。如：函证应收账款、存货监盘、从原始凭证追查至会计账簿等适用于对各类交易、账户余额、列报认定的测试，尤其适用于对存在或发生、计价认定的测试。对在一段时期内存在可预期关系的大量交易，注册会计师可以考虑实施实质性分析程序。

按会计报表项目组织实施的审计测试称为分项审计方法，按业务循环组织实施的审计测试称为循环审计方法。分项审计方法与多数被审计单位账户设置体系及报表格式基本一致，操作方便，但与按业务循环进行的内部控制测试脱节；而循环审计方法克服了分项审计方法的缺点，可与按业务循环进行的内部控制测试直接联系，还可加深审计人员对被审计单位经济业务的理解，便于审计人员合理分工，将特定业务循环所涉及的会计报表项目分配给一个或数个审计人员，提高审计的效率与效果。

二、业务循环与会计报表相关项目之间的对应关系

本教材为了便于读者加深对会计报表项目审计的直观理解，巩固已学财会专业基础知识，第八章至第十章按照报表项目实施的分项审计方法进行具体讲解。这里为了更好地让读者对业务循环审计内容有个初步了解，以便在以后章节的学习中融会贯通，简要介绍业务循环与会计报表相关项目之间的对应关系，如表1—3所示。

表 1—3　　业务循环与会计报表相关项目之间的对应关系

业务循环	资产负债表相关项目	利润表相关项目
1. 销售与收款循环	库存现金、银行存款、应收票据、应收账款、预收账款、应交税费、其他应交款等	主营业务收入、营业税金及附加、销售费用、其他业务利润（包括其他业务收入和其他业务支出）等
2. 采购与付款循环	预付账款、物资采购、材料采购、固定资产、累计折旧、固定资产减值准备、工程物资、在建工程、固定资产清理、应付票据、应付账款等	
3. 生产与存货循环	存货（包括在途物资或物资采购、原材料、包装物、低值易耗品、材料成本差异、自制半成品、库存商品、商品进销差价、委托加工物资、委托代销商品、受托代销商品、分期收款发出商品、生产成本、制造费用、劳务成本、存货跌价准备、代销商品款）、应付职工薪酬等	主营业务成本等
4. 人力资源与工薪循环	应付职工薪酬、应交税费——应交个人所得税	管理费用、销售费用
5. 投资与筹资循环	短期投资、应收股利、应收利息、其他应收款、应收补贴款、长期股权投资、长期债权投资、无形资产、长期待摊费用、短期借款、应付股利、其他应付款、预计负债、长期借款、应付债券、长期应付款、专项应付款、递延税款、实收资本、股本、资本公积、盈余公积、未分配利润等	管理费用、财务费用、投资收益、补贴收入、营业外收入、营业外支出、所得税等

本章小结

本章概括了审计学中的一些基本概念和审计业务基本框架，对审计的含义、审计的基本特征、审计关系、审计目标等作了重点介绍，同时阐述了审计的职能与作用、审计的分类，在本章最后一节，还简单介绍了审计测试（包括内部控制测试和交易、账户余额的细节测试）、业务循环与会计报表相关项目之间的关系。

本章重要术语

审计　　审计的独立性　　审计对象　　审计目标　　经济监督
经济鉴证　　经济评价　　内部控制测试　　细节测试

第二章 审计组织、审计人员与审计法律责任

引　言

本章对国家审计机关、内部审计机构、民间审计组织的设置方式、职责权限以及审计人员的要求等问题进行阐述。在重点讲述我国审计组织和审计人员情况的同时，有选择地介绍了国外审计组织及审计人员的情况。

学习目标

学完本章后，您将能够：

❶ 描述我国国家审计机关的设置方式、隶属关系、职责和权限；
❷ 描述我国内部审计机构的设置方式、审计事项及审计权限；
❸ 叙述我国民间审计组织和其他国家的民间审计组织概况；
❹ 掌握我国民间审计人员的任职资格、素质要求、职业道德以及法律责任。

第一节　审计组织体系

审计组织体系，又称审计监督体系，是指根据国家法律独立设立的、负担着不同审计任务的审计组织之间结成的相互联系、相互补充的一整套组织机构。我国的审计组织体系由国家审计机关、民间审计组织和内部审计机构共同构成。

一、国家审计机关

（一）国家审计机关的设置

国家审计机关是指代表政府依法行使审计监督权的行政机关，包括国务院和县级以上地方各级人民政府所设的审计机关。它具有宪法赋予的独立性和权威性。

我国国家审计机关主要有中央国家审计机关和地方国家审计机关两类。

1. 中央国家审计机关

1983 年，第六届全国人民代表大会第一次会议批准国务院设置中央国家审计机关。同年 9 月，中华人民共和国审计署正式建立。审计署接受国务院的领导和指示，对国务院负责并报告工作。

审计署是我国的最高国家审计机关，它按照统一领导、分级负责的原则组织和领导全国的审计工作。

审计署设审计长一人，副审计长若干人。审计长是审计署的行政首长，由国务院总理提名，全国人民代表大会通过，国家主席任命。副审计长由国务院任命。

审计署根据工作需要，可以在重点地区和部门派出审计特派员，设立审计派出机构。审计特派员代表审计署执行审计业务，对审计署负责并报告工作。根据审计署的授权，他们依法独立进行审计监督工作。

自 1986 年起，审计署驻各地特派员办事处先后成立。

自 1989 年起，审计署向有关中央部委派出驻部门的审计机构。

派出机构实行审计署和派驻地区、部门双重领导体制，审计业务以审计署领导为主。

2. 地方国家审计机关

（1）地方国家审计机关的设立。

县级以上各级人民政府根据宪法规定和国务院的决定，从 1983 年开始筹建地方审计机关，即审计局（厅）。

我国地方国家审计机关包括下列三级人民政府设立的审计机关：省、自治区、直辖市一级的审计厅（局）；设区的市、自治州一级的审计局；县、自治县、不设区的市、市辖区一级的审计局。

（2）地方国家审计机关的领导体制。

地方各级审计机关实行双重领导体制，分别在省长、自治区主席、市长、州长、县长、区长和上一级审计机关的领导下，组织领导本行政区的审计工作，负责领导本级审计机关审计范围内的审计事项。

地方各级审计机关向上一级审计机关和本级人民政府负责并报告工作，审计业务以上级审计机关领导为主。

根据审计法的有关规定，地方审计机关也可以在其审计管辖范围内派出审计特派员，但应由本级政府决定，并报上级审计机关备案。

（二）国家审计机关的职责

国家审计机关的职责是指法律、行政法规规定的国家审计机关应当完成的职能任务和应承担的责任。

1. 国家审计机关的基本职责

根据《中华人民共和国宪法》第91条以及《中华人民共和国审计法》第2条的规定，国家审计机关的基本职责是：

（1）审计监督国家财政收支。

（2）审计监督与国有资产有关的财务收支。

2. 国家审计机关的具体职责

国家审计机关的具体职责可概括为：

（1）审计监督财政预算的执行情况和决算，以及预算外资金的管理和使用情况。

（2）审计监督中央银行的财务收支，以及国有金融机构的资产、负债和损益。

（3）审计监督国家事业组织和使用财政资金的其他事业组织的财务收支。

（4）审计监督国有企业的资产、负债和损益。

（5）审计监督政府投资和以政府投资为主的建设项目的预算执行情况和决算。

（6）审计监督政府部门管理的和其他单位受政府委托管理的社会保障基金、社会捐赠资金以及其他有关基金、资金的财务收支。

（7）审计监督国际组织和外国政府援助、贷款项目的财务收支。

（8）审计监督国家机关和依法属于审计机关监督对象的其他单位的主要负责人，在任职期间对本地区、本部门或者本单位的财政收支、财务收支以及有关经济责任的履行情况。

（9）审计监督与国家财政收支有关的特定事项。

（10）审计监督国家法律、行政法规规定应当由审计机关进行审计的事项。

（11）对内部审计机构进行业务指导和监督。

（12）由民间审计组织审计的单位依法属于审计监督对象的，按照国务院的规定，对民间审计组织出具的相关审计报告进行核查。

3. 国家审计机关职责的特殊规定

国家审计机关职责的特殊规定包括：

（1）各级国家审计机关根据国家财政体制，按被审计单位的财政、财务隶属关系，确定审计范围。

（2）上级国家审计机关可以将其审计管辖范围内的事项，授权下级国家审计机关进行审计。

（3）上级国家审计机关对下级国家审计机关审计管辖范围内的重大审计事项，可以直接进行审计。

（4）国家审计机关可以将其审计管辖范围内的事项，委托内部审计机构、民间审计组织进行审计。

（三）国家审计机关的权限

国家审计机关的权限是指国家依法赋予国家审计机关在审计监督过程中所享有的资格和权能，即审计监督权。国家审计机关在审计过程中有下列权限。

1. 要求提供、报送资料权

国家审计机关有权要求被审计单位按照审计机关的规定提供预算或者财务收支计划、预算执行情况、决算、财务会计报告，运用电子计算机储存、处理的财政、财务收支电子数据和必要的电子计算机技术文档，在金融机构开立账户的情况，社会审计机构出具的审计报告，以及其他与财政、财务收支有关的资料。被审计单位不得拒绝、拖延、谎报。

被审计单位负责人必须对本单位提供的财务会计资料的真实性和完整性负责。

2. 检查权

国家审计机关有权检查被审计单位的会计凭证、会计账簿、财务会计报告和运用电子计算机管理财政、财务收支电子数据的系统，以及其他与财政、财务收支有关的资料和资产，被审计单位不得拒绝。

3. 调查取证权

国家审计机关进行审计时，有权就审计事项的有关问题向有关单位和个人进行调查，并取得有关证明材料。有关单位和个人应当支持、协助审计机关工作，如实向审计机关反映情况，提供有关证明材料。审计机关经县级以上人民政府审计机关负责人批准，有权查询被审计单位在金融机构的账户。

4. 采取临时强制措施权

国家审计机关对被审计单位正在进行的违反国家规定的财政、财务收支行为有权予以制止。制止无效时可采取临时性的强制性手段，包括暂停拨款、封存有关账册资料等。

5. 经济处理权

国家审计机关有权对被审计单位违反国家规定或预算要求的财政、财务收支行为采取纠正措施，如限期上缴、限期退还、通知银行扣缴有关款项等。

6. 通报或公布审计结果权

国家审计机关有权将审计事项的审计结果向政府有关部门通报或向社会公布。

通报和公布审计结果必须特别慎重，不可泄密，不得损害他人合法利益。

7. 行政处罚权

国家审计机关有权对有违反国家规定的财务收支行为的被审计单位及有关责任人员，依法作出处罚的审计决定，给予行政制裁，包括警告、通报批评、罚款和没收违法所得等。

8. 建议纠正违法规定权

国家审计机关认为被审计单位所执行的上级主管部门有关财政、财务收支的规定与法律、行政法规相抵触的，有权建议有关主管部门纠正。不予纠正的，应当提请有权处理的机关依法处理。

9. 建议行政处分权

国家审计机关对违反审计法和财经法纪的被审计单位的直接责任人和主管人员，有权提出给予行政处分的建议。有关部门应当依法及时作出决定。行政处分的形式包括：警告、记过、记大过、降级、降职、撤职、留用察看和开除。

10. 建议刑事处分权

国家审计机关对违反审计法、刑法和财经法纪的被审计单位及其直接责任者和主管人员，情节严重、构成犯罪的，有权提请司法机关追究其刑事责任。

（四）其他国家的国家审计机关

各国的国家审计机关，按其隶属关系不同，主要分为下述三类。

1. 立法型国家审计机关

立法型国家审计机关，是指隶属于立法部门，即由议会直接领导，向议会负责并报告工作的最高国家审计机关。

立法型国家审计机关最早出现于美国，在大多数发达国家得到应用，如美国、加拿大、英国、澳大利亚等国。

2. 司法型国家审计机关

司法型国家审计机关，是指隶属于司法部门，一般按法院建制设立，拥有一定的司法裁判权，向议会负责并报告工作的最高国家审计机关。

司法型国家审计机关最早出现于法国，后为西欧、南美和非洲的一些国家相继采用。

3. 行政型国家审计机关

行政型国家审计机关，是指隶属于政府行政部门，对内阁总理或首相负责，向政府、议会或国家元首报告工作的最高国家审计机关。

行政型国家审计机关最早出现于苏联，后为东欧、北欧和亚洲的一些国家相继采用。

此外，还存在一种既不隶属于议会，也不向政府或司法机关负责，只受法律的约束，只服从于法律的规定的国家审计机关，这种国家审计机关称为独立型国家审计机关。日本、德国的国家审计机关即属于此类。

（五）最高审计机关国际组织

最高审计机关国际组织是国家审计机关的国际组织，或称国际最高审计，是联合国经社理事会下设的非政府性组织。该组织发起于 1953 年，经过长期筹备，于 1968 年在东京正式宣告成立。

目前，世界上已有 180 多个国家设置了适合各自国情的国家审计机关，其中绝大多数国家的国家审计机关加入了最高审计机关国际组织。

我国于1982年派代表参加了最高审计机关国际组织在马尼拉召开的第11届代表大会，1983年9月我国审计署成立后加入了该组织。

二、民间审计组织

（一）民间审计组织的概念

民间审计组织，是指根据国家法律或条例规定，经政府有关部门审核批准，注册登记的会计师事务所。会计师事务所，是指经国家批准、注册登记、依法独立承办注册会计师业务的单位。

综观注册会计师行业在各国的发展，会计师事务所主要有独资、普通合伙制、股份有限公司制、有限责任合伙制四种组织形式。

（1）独资会计师事务所，由具有注册会计师执业资格的个人独立开业，承担无限责任。

（2）普通合伙制会计师事务所，由两位或两位以上注册会计师组成的合伙组织，合伙人以各自的财产对事务所的债务承担无限责任。

（3）股份有限公司制会计师事务所，由注册会计师认购会计师事务所股份，并以其所认购股份对会计师事务所承担有限责任，会计师事务所以其全部资产对其债务承担有限责任。

（4）有限责任合伙制会计师事务所，这种事务所以全部资产对其债务承担有限责任，各合伙人对个人执业行为承担无限责任。

根据《中华人民共和国注册会计师法》的规定，我国注册会计师允许设立有限责任会计师事务所和合伙会计师事务所，但不准个人设立独资会计师事务所。

在我国，注册会计师只有加入会计师事务所，才能承办审计业务。

（二）民间审计组织的业务范围与权限

1. 民间审计组织的业务范围

注册会计师的业务分为鉴证业务和相关业务。

按照《中国注册会计师鉴证业务基本准则》的规定，鉴证业务是指注册会计师对鉴证对象信息提出结论，以增强除责任方之外的预期使用者对鉴证对象信息信任程度的业务。鉴证业务包括历史财务信息审计业务、历史财务信息审阅业务和其他鉴证业务。注册会计师在执行上述业务时，应当遵守《中国注册会计师鉴证业务基本准则》以及依据该基本准则制定的审计准则、审阅准则和其他鉴证业务准则。

相关业务包括对财务信息执行商定程序、代编财务信息、税务服务、管理咨询以及会计服务等。

2. 民间审计组织的权限

会计师事务所在承接和执业中的权限包括：

(1) 会计师事务所受理的业务，不受行政区域、行业的限制。

(2) 委托人委托会计师事务所办理业务，任何单位和个人不得干预；会计师事务所依法独立公正执业，受法律保护。

(3) 注册会计师执行审计业务，可根据需要审阅委托人的有关会计资料和文件，查看业务现场的设施，要求委托人提供其他必要的协助。

(4) 注册会计师执行审计业务，遇有下列情况之一的，可拒绝出具有关报告：委托人示意注册会计师作不实或者不当证明的；委托人故意不提供有关会计资料和文件的；因故使注册会计师出具的报告不能对重要事项作出正确表述的。

(5) 注册会计师违反工作规则造成不良后果的，会计师事务所应当如实上报，由主管部门分情况予以警告、罚款、暂停执行业务、吊销注册会计师证书等处分；触犯刑律构成犯罪的，由司法机关依法惩处。

(三) 中国注册会计师协会

中国注册会计师协会于1988年11月15日成立。它是注册会计师行业的全国组织，接受财政部、民政部的监督和指导。省、自治区、直辖市注册会计师协会是注册会计师行业的地方组织。

1. 中国注册会计师协会的职责

中国注册会计师协会的职责可概括为：

(1) 服务——为注册会计师、会计师事务所服务；为社会主义市场经济服务。

(2) 协调——协调行业内部、外部关系，维护注册会计师和会计师事务所的合法权益。

(3) 管理——依法管理注册会计师行业。

2. 中国注册会计师协会的会员

中国注册会计师协会的会员分为个人会员和团体会员。

凡参加注册会计师全国统一考试全科合格，并经申请、批准，依照规定取得会员资格的，即成为中国注册会计师协会的个人会员。个人会员分为执业会员和非执业会员。其中，依法取得中国注册会计师执业证书的，为执业会员。

凡经财政部和省、自治区、直辖市财政厅（局）批准成立的会计师事务所，均为中国注册会计师协会的团体会员。

三、内部审计机构

内部审计机构是指各部门、各单位为了加强内部审计制度，在其内部设立的独立于会计部门和各业务部门之外的专职机构。内部审计机构对部门、单位实施内部审计监督，按照一定标准检查会计账目及相关资料，查证单位内部各项财务收支和经济活动的真实性、合法性和效益性。

（一）内部审计机构的设置

目前，世界各国内部审计机构的设置因其所属单位领导层次的不同，分为以下几种类型：受董事会领导；受监事会或审计委员会领导；受总裁或总经理领导；受总会计师或财务副总经理领导。事业单位及行政机关的内部审计机构一般为最高管理层的领导人或其副职领导。

在我国，内部审计是审计体系的重要组成部分，《审计法》第29条规定：依法属于审计机关审计监督对象的单位，应当按照国家有关规定建立健全内部审计制度；其内部审计工作应当接受审计机关的业务指导和监督。《审计署关于内部审计工作的规定》指出：内部审计是独立监督和评价本单位及所属单位财政收支、财务收支、经济活动的真实、合法和效益的行为，以促进加强经济管理和实现经济目标。

我国的内部审计机构包括部门内部审计机构和单位内部审计机构。

（1）部门内部审计机构，指国务院和县级以上地方各级政府按行业划分的业务主管部门设置的专门审计机构。部门内部审计机构在本部门主要负责人的直接领导下独立行使监督权，业务上受同级政府审计机关指导，并向本部门及同级政府审计机关报告工作。

（2）单位内部审计机构，指国家财政、金融机构、企事业单位设置的专门审计机构。单位内部审计机构在本单位主要负责人的领导下独立行使监督权，业务上接受同级政府审计机构和上一级主管部门审计机构的指导，并向单位和上级主管部门的审计机构报告工作。

法律、行政法规规定设立内部审计机构的单位，必须设立独立的内部审计机构。法律、行政法规没有明确规定设立内部审计机构的单位，可以根据需要设立内部审计机构，配备内部审计人员。

设立内部审计机构的单位，可以根据需要设立审计委员会，配备总审计师。内部审计机构在本单位主要负责人或者权力机构的领导下开展工作。

（二）内部审计机构的职责与权限

1. 内部审计机构的职责

内部审计机构按照本单位主要负责人或权力机构的要求，履行下列职责：

（1）对本单位及所属单位（含控股地位或者主导地位的单位，下同）的财政、财务收支及其有关的经济活动进行审计。

（2）对本单位及所属单位预算内、预算外资金的管理和使用情况进行审计。

（3）对本单位及所属单位领导人员的任期经济责任进行审计。

（4）对本单位及所属单位固定资产投资项目进行审计。

(5) 对本单位及所属单位内部控制制度的健全性和有效性以及风险管理进行评审。

(6) 对本单位及所属单位经济管理和效益情况进行审计。

(7) 法律、法规规定和本单位主要负责人或权力机构要求办理的其他审计事项。

2. 内部审计机构的权限

为使内部审计机构独立行使审计监督权，完成其审计任务，我国内部审计机构被赋予下列职权：

(1) 要求被审计单位按时报送生产、经营、财务收支计划、预算执行情况、决算、会计报表和其他有关文件、资料。

(2) 参加本单位有关会议，召开与审计事项有关的会议。

(3) 参与研究制定有关的规章制度，提出内部审计规章制度，由单位审定公布后施行。

(4) 检查有关生产、经营和财务活动的资料、文件，并现场勘察实物。

(5) 检查有关的计算机系统及其电子数据和资料。

(6) 对与审计事项有关的问题向有关单位和个人进行调查，并取得证明材料。

(7) 对正在进行的严重违法违规、严重损失浪费行为，做出临时制止决定。

(8) 对可能转移、隐匿、篡改、毁弃会计凭证、会计账簿、会计报表以及与经济活动有关的资料，经本单位主要负责人或者权力机构批准，有权予以暂时封存。

(9) 提出纠正、处理违法违规行为的意见以及改进经济管理、提高经济效益的建议。

(10) 对违法违规和造成损失浪费的单位和人员，给予通报批评或者提出追究责任的建议。

(三) 内部审计机构管理

我国内部审计机构在组织体系上实行首长负责制，即内部审计机构受本部门或本单位主要负责人直接领导，不受各职能部门的制约，独立行使内部审计监督权；业务上接受同级国家审计机关或者上级内部审计机构的指导和监督，向同级国家审计机关或上级内部审计机构及本单位的主要负责人报告工作。

内部审计工作应当接受国家审计机关的业务指导和监督。

(四) 国际内部审计组织

内部审计的国际组织是国际内部审计师协会。该协会于 1941 年在美国纽约成立，当时只是美国的一个全国性审计师组织，其后，加拿大、澳大利亚、德国、英国、日本等国家的内部审计师组织相继加入，很快发展为国际性的内部审计组织。

国际内部审计师协会的总部目前设在美国佛罗里达州，每年召开一次年会，现有 100 多个成员国和 7 万多名会员。其组织的全球性国际注册内部审计师（CIA）考试自 1974 年开始举办，每年举办两次，是目前内部审计领域世界各国唯一共同认证的职业资格考试。我国于1987年加入该协会，成立国家分会，并于1998年将CIA考试引入中国。由于试题翻译等原因，我国大陆地区每年仅在11月份举行一次CIA考试。

第二节　审计人员

一、审计人员的分类

审计人员是指在国家审计机关、民间审计组织及内部审计机构执行审计业务的人员。

（一）国家审计人员

国家审计人员是指在国家审计机关中接受政府委托，依法行使审计监督权，从事审计业务的人员。国家审计人员实行专业技术资格制度。审计署和省级审计机关建立专业技术资格考试、评审制度，审查审计人员的审计专业技术资格，对审查合格者发给审计专业技术资格证书。审计专业技术资格分为初级（审计员、助理审计师）资格、中级（审计师）资格、高级（高级审计师）资格，审计人员通过参加全国统一考试并达到合格标准后可获得相应资格。审计机关录用的审计人员经过专业培训且合格后，才能独立承办审计业务。

（二）注册会计师

注册会计师是依法取得注册会计师资格证书，并接受委托从事民间（社会）审计和会计咨询、会计服务的执业人员。

根据《中华人民共和国注册会计师法》的规定，国家实行注册会计师全国统一考试制度。根据规定，参加注册会计师全国统一考试成绩合格，并从事社会审计业务工作两年以上者，可以向省级注册会计师协会申请注册，注册会计师协会将准予注册的人员名单报国务院财政部备案。经批准注册的注册会计师，由注册会计师协会发给统一制作的注册会计师证书。

（三）内部审计人员

内部审计人员是指在部门、单位内部审计机构从事审计业务的人员。

根据我国《内部审计基本准则》的规定，内部审计机构的设置应考虑组织的性质、规模、内部治理结构及相关规定，并配备一定数量具有执业资格的内部审计人员；内部审计人员应具备必要的学识及业务能力，熟悉本组织的经营活动和内部控制，并不断通过后续教育来保持和提高专业胜任能力；内部审计人员应当遵循职业道德规范，并以应有的职业谨慎态度执行内部审计业务；内部审计机构和人员应保持独立性和客观性，不得负责被审计单位经营活动和内部控制的决策与执行；内部审计人员应具有较强的人际交往能力，能恰当地与他人进行有效的沟通。

内部审计人员实行岗位资格和后续教育制度，本单位应当予以支持和保障。

二、审计人员的素质要求

（一）政治素质

（1）审计人员必须坚持学习政治理论，学习党的方针政策及各项法律知识，保持较高的政治理论水平和政策水平。

（2）审计人员必须坚持四项基本原则，要有事业心和责任感。

（3）审计人员必须认真执行党和国家的方针、政策，自觉维护国家利益和社会公众利益，勇于坚持原则，敢于揭露违法违纪行为。

（4）审计人员必须坚持独立性原则，实事求是地检查，客观公正地评价，勇于克服困难，排除各种干扰。

（5）审计人员必须自觉遵守各项审计规范的要求，严格约束自己的行为，廉洁奉公，保守机密。

（二）业务素质

（1）审计人员应通晓审计理论和方法，精通会计理论和方法，熟悉会计准则、财务通则以及与审计相关的各项法律、法规和经济管理知识。

（2）审计人员应具备沟通、协调和配合能力，独立运用标准、程序、技术进行取证的能力，分析和决断能力，综合、比较、评价能力，书面表达和口头表达能力。

（3）审计人员应具有职业的谨慎性，善于发现和捕捉有用的证据，能提出有针对性、有价值的问题，能提出建设性意见，有解决问题的办法和方案。

（4）审计人员应掌握现代化的审计技术，能够熟练操作电子计算机。

第三节　审计法律责任

审计法律责任是指审计人员（主要指注册会计师）在履行职责过程中，因违约、过失或欺诈导致委托单位或利益相关人遭受损失而承担的法律后果。

一、国家审计人员的法律责任

《审计法》第52条对国家审计人员的法律责任作出了规定：审计人员滥用职权、徇私舞弊、玩忽职守或者泄露所知悉的国家秘密、商业秘密的，依法给予处分；构成犯罪的，依法追究刑事责任。

二、内部审计人员的法律责任

内部审计人员职业道德对其行为的约束有时也具有法律效力。例如，内部审计人员的道德规范中有依法独立审计的内容，有保守国家秘密和商业秘密的内容，审计人员如果不依法独立审计，不保守国家秘密和本单位商业秘密，行为情节轻微的由所在单位给予批评教育、行政处分或纪律处分，情节严重的要受到法律的制裁。

三、民间审计人员的法律责任

我国《独立审计基本准则》规定，被审计单位负有以下会计责任：建立健全本单位的内部控制制度，保护本单位资产的安全和完整，保证会计资料的真实、合法和完整。被审计单位的会计责任应写入审计业务约定书中，以示负责。审计责任是注册会计师对委托人和被审计单位应尽的义务。《独立审计基本准则》规定，按照独立审计准则的要求出具审计报告，保证审计报告的真实性、合法性，是注册会计师的审计责任。注册会计师的审计责任也要写入审计业务约定书予以明确。

由此可见，注册会计师的审计责任与被审计单位的会计责任是两种性质完全不同的责任，注册会计师的审计责任不能替代、减轻或免除被审计单位的会计责任。

（一）民间审计人员法律责任的种类

如果不是由于注册会计师方面的原因给被审计单位或第三者造成损失，注册会计师不负法律责任。但会计师事务所和注册会计师因违约、过失和欺诈等行为给被审计单位或第三者造成损失的，可能会承担法律责任。

所谓违约，是指合同的一方或几方未能达到合同条款的要求。当违约给他人造成损失时，注册会计师应负违约责任。比如，会计师事务所在商定的期间内，未能提交纳税申报表，或违反了与被审计单位订立的保密协议等，应承担违约责任。

所谓过失，是指在一定条件下缺少应具有的合理的谨慎。评价注册会计师的过失，是以其他合格注册会计师在相同条件下可做到的谨慎为标准的。当过失给他人造成损害时，注册会计师应负过失责任。

通常将过失按其程度不同分为普通过失和重大过失。普通过失也称一般过失，通常是指没有保持职业上应有的合理的谨慎。对注册会计师而言，则是指没有完全遵循专业准则的要求。比如，未按特定审计项目取得必要和充分的审计证据的情况可视为普通过失。重大过失是指连起码的职业道德都不保持，对业务或事物不加考虑，满不在乎。对注册会计师而言，则是指根本没有遵循专业准则或没有按专业准则的主要要求执行审计。比如，审计不以独立审计准则为依据，可视为重大过失。

欺诈又称注册会计师欺诈，是以欺骗或坑害他人为目的的一种故意的错误行为。具有不良动机是欺诈的重要特征，也是欺诈与普通过失和重大过失的主要区别之一。对于注册会计师而言，欺诈就是为了达到欺骗他人的目的，明知委托单位的会计报表有重大错报，却加以虚伪的陈述，出具无保留意见的审计报告。

关于民间审计人员法律责任的种类，注册会计师因违约、过失或欺诈给被审计单位或其他利害关系人造成损失的，按照有关法律和规定，可能被判负行政责任、民事责任或刑事责任。这三种责任可单处，也可并处。行政责任对注册会计师个人来说，包括警告、暂停执业、吊销注册会计师证书；对会计师事务所而言，包括警告、没收违法所得、罚款、暂停执业、撤销等。民事责任主要是指赔偿受害人损失。刑事责任主要是指经有关法律程序判处一定的徒刑。一般来说，因违约和过失可能导致注册会计师负行政责任和民事责任，因欺诈可能导致注册会计师负民事责任和刑事责任。

（二）民间审计人员如何避免法律诉讼

注册会计师的职业性质决定了它是一个容易遭受法律诉讼的行业，那些蒙受损失的受害人通过起诉注册会计师力图使其损失得以补偿。因此，法律诉讼一直是困扰着注册会计师业界的一大难题，注册会计师行业每年不得不为此付出大量的精力、支付巨额的赔偿金、购买高昂的保险。如何避免法律诉讼，已成为我国注册会计师非常关注的问题。

1. 审计人员防止发生执业过错的措施

审计人员要避免法律诉讼，防范法律责任风险，就必须在执行审计业务时尽量减少发生过失行为，更不能故意违规执业出具不实审计报告。审计人员应该做到以下几点：

（1）增强执业独立性。在执业时应当按照独立性的要求，在形式上和实质上与审计客户保持独立。

（2）保持应有的职业谨慎。要对被审计单位的问题保持应有的职业谨慎，不能为了节省时间或以节约审计成本为由而缩小审计范围和简化审计程序。

（3）强化执业质量控制。审计项目负责人及注册会计师要对助理人员或其他人员进行全过程的监督，要有严密的质量控制，避免发生过失。

2. 审计人员避免法律诉讼的具体措施

（1）严格遵循职业道德和独立审计准则的要求。

注册会计师是否要承担法律责任，关键在于是否有过失或欺诈行为。而判断注册会计师是否具有过失的关键在于其是否按照独立审计准则的要求执业。因此，保持良好的职业道德，严格按照独立审计准则的要求执行业务、出具报告，对于避免法律诉讼或在提起的诉讼中保护注册会计师，具有无比的重要性。

（2）建立、健全会计师事务所内部质量控制制度。

会计师事务所不同于一般的公司、企业，质量管理是会计师事务所各项管理工作的核心和关键。因此，会计师事务所必须建立、健全一套严密、科学的内部质量控制制度，并把这套制度推行到每一个人、每一个部门和每一项业务，迫使注册会计师按照独立审计准则的要求执业，保证整个会计师事务所的执业质量。

(3) 严格签订审计业务约定书。

会计师事务所承办业务时应与委托人签订审计业务约定书。审计业务约定书具有法律效力，它是确定注册会计师和委托人双方责任的一个重要文件。会计师事务所不论承办何种业务，都要按照业务约定书准则的要求与委托人签订约定书，这样才能在发生法律诉讼时将一切口舌争辩减少到最低限度。

(4) 谨慎选择被审计单位。

注册会计师如欲避免法律诉讼，必须慎重选择被审计单位，主要是做到以下两点：一是要选择正直的被审计单位；二是对陷入财务和法律困境的被审计单位要尤为注意。

(5) 深入了解被审计单位的业务。

注册会计师未能发现错误，一个重要原因就在于不了解被审计单位所在行业的情况及被审计单位的业务。会计是经济活动的综合反映，不熟悉被审计单位的经济业务和生产经营实务，仅局限于有关会计资料，就可能发现不了某些错误。

(6) 提取风险基金或购买责任保险。

在发达国家，投保充分的责任保险是会计师事务所一项极为重要的保护措施。尽管保险不能免除可能受到的法律诉讼，但能防止或减少诉讼失败时会计师事务所遭受的财务损失。我国《注册会计师法》也规定，会计师事务所应当按规定建立职业风险基金，办理职业保险。

(7) 聘请熟悉注册会计师法律责任的律师。

会计师事务所应尽可能聘请熟悉相关法规及注册会计师法律责任的律师作为法律顾问。在执业过程中，如遇到重大法律问题，注册会计师应同本所的律师或外聘律师详细讨论所有潜在的危险情况并仔细考虑律师的建议。一旦发生法律诉讼，也应聘请有经验的律师参与诉讼。

(8) 按规定妥善保管审计工作底稿。

审计工作底稿是在发生法律纠纷时证明会计师事务所和审计人员没有过错的书面证据。会计师事务所和审计人员通过审计工作底稿上记录的工作程序和反映的职业判断来证明自己的执业行为是否遵循了执业准则，是否在主观上存在过错。因此，按规定妥善保管审计工作底稿，对于会计师事务所有效应对法律诉讼、规避法律责任风险具有重要意义。

本章小结

审计组织是指根据国家法律建立的执行审计业务的一整套组织机构。审计组织体系一般包括国家审计机关、民间审计组织和内部审计机构。

国家审计机关代表政府依法行使审计监督权；民间审计组织根据国家法律或条例规定，依法独立承办审计业务、会计咨询和会计服务业务；内部审计机构则对部门、单位实施内部审计监督，并按照一定标准检查会计账目及相关资料，查证单位内部各项财务收支和经济活动的真实性、合法性和效益性。

审计人员包括国家审计人员、注册会计师和内部审计人员。审计人员应具备必要的政治素质和业务素质。审计人员（主要指注册会计师）在履行职责过程中，如果因违约、过失或欺诈而导致委托单位或利益相关人遭受损失，需要承担法律责任。

本章重要术语

国家审计机关	内部审计机构	民间审计组织	会计师事务所
国家审计人员	注册会计师	内部审计人员	审计人员的法律责任

第三章 审计准则、质量控制和职业道德

引　言

本章介绍审计准则、审计质量控制和审计职业道德规范。具体包括：对我国的审计准则加以详细说明；对审计质量控制予以系统阐述；对审计人员职业道德规范作全面介绍。

学习目标

学完本章后，您将能够：

❶ 描述审计准则的含义与作用；
❷ 阐述审计质量控制的含义及具体措施；
❸ 熟悉审计职业道德的内容。

第一节　审计准则

一、审计准则的含义和作用

（一）审计准则的含义

审计准则，是专业审计人员在进行审计工作时必须恪守的最高行为准则，它是审计工作质量的权威性判断标准。

审计准则的概念包含如下含义：

（1）审计准则是制约审计人员的行为准则。审计人员围绕审计任务，在选择和确定工作时，应明确哪些是可以做的、哪些是不能做的，哪些是应该加强和深入去做的、哪些是可以只作了解的。审计准则正是起到衡量标准的作用。

（2）审计准则既对审计人员的素质提出要求，同时也对社会提供审计工作质量保

证。一般的审计准则无不对审计人员的业务技能和品德操行提出一个较高的标准，而且把独立性视为审计工作的灵魂。这对树立审计人员在社会上的公正、正直、客观形象有着重要的作用。

(3) 审计准则是通过审计人员执行审计程序体现出来的。所以，一般的审计准则都对审计人员的素质、业务能力、工作行为和态度提出严格要求。

(4) 审计准则是审计人员签署最终审计意见时的客观依据。一般来说，审计人员在形成审计意见之后，会主动地与被审计单位交换意见，然后才签发自己的报告，其目的是希望较快地解决问题。但是，如果双方发生意见分歧，审计准则就为审计人员的意见提供了客观上的依据。

(二) 审计准则的作用

审计准则是审计理论的重要组成部分，它反映了审计工作的客观规律和基本要求，是人们在长期的审计实践中摸索、总结出来的，它既是一个经济范畴，又是一个历史范畴。审计准则从理论上对审计实践进行总结，反过来又指导审计实践，服务于审计实践，成为指导审计工作的原则和规范。审计准则的实施使审计人员在从事审计工作时有了标尺和指南，便于考核审计工作的质量，推动审计事业的发展。审计准则的主要作用包括下列几方面。

1. 实施审计准则可以赢得社会公众的信任

注册会计师在财务报表审计报告中，一般均要写明“我们的审计工作是根据审计准则的要求进行的”，这也就是向委托单位的股东、债权人、未来投资者以及银行等有关方面表明，审计工作已达到了规定的质量标准，审计结论是可以充分信赖的，以取信于社会。

2. 实施审计准则可以提高审计工作质量

审计准则中一般都规定有审计人员的任职条件及在工作中应保持的态度、审计工作的基本程序和方法以及审计报告的撰写方式和要求等，这就可以促使审计人员谨慎工作，依准则办事，有助于提高审计工作质量。

3. 实施审计准则可以维护审计组织和人员的合法权益

审计准则中规定了审计人员的工作要求与范围，审计人员只要按照审计准则的要求办理，就算是尽到了职责。当审计委托人与审计人员因审计意见发生纠纷，审计人员受到不公正的指控时，即可运用审计准则维护自己的合法权益。

4. 实施审计准则可以促进国际审计经验交流

审计准则是审计实践经验的总结和升华，审计准则的实施和发展促进了审计理论水平的提高。各国审计准则的协调，有助于开展国际审计经验交流。特别是国际审计准则的制定和协调工作，对世界审计经验和学术交流都起到了重要的推动作用。

二、我国的审计准则体系

我国的审计准则体系如图 3—1 所示。

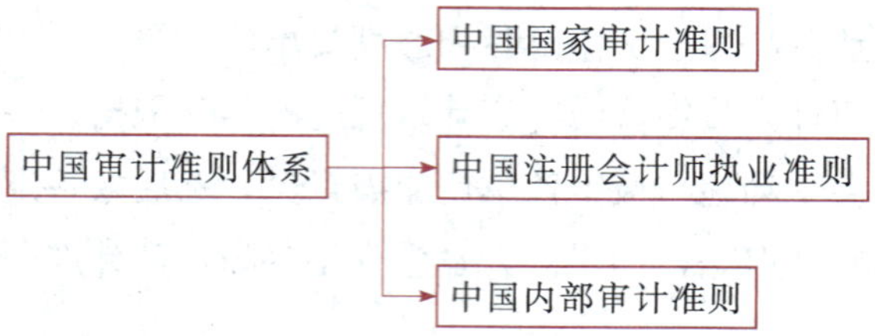

图 3—1　我国审计准则体系

三、我国国家审计准则

（一）我国国家审计准则的发展

审计署自 1989 年就开始着手制定国家审计准则。2006 年 2 月审计署对《中华人民共和国审计法》进行了修订，2010 年 2 月国务院公布了新修订的《中华人民共和国审计法实施条例》，随后，审计署对《中华人民共和国国家审计准则》进行了第三次修订，自 2011 年 1 月 1 日起施行。该准则的制定和颁布，以及所作的进一步的修订，是完善我国国家审计法律制度的重大举措之一，对规范审计机关和审计人员执行审计业务的行为，保证审计质量，防范审计风险，意义十分重大。

国家审计受《审计法》及其实施条例的约束与指导，应当执行国家审计准则等规定。

（二）国家审计准则体系

国家审计准则体系由国家审计准则、审计准则应用指南（我国目前没有）两个层次组成。同时还有其他特殊性规定规范国家审计行为，如审计机关封存资料资产规定、审计机关审计档案工作准则等。另外，一些具体审计业务也可参照注册会计师执业准则执行。比如，《中华人民共和国国家审计准则》第 71 条规定：需要对财务报表发表审计意见的，审计人员可以参照中国注册会计师执业准则的有关规定确定和运用重要性；第 91 条规定：审计人员进行审计抽样时，可以参照中国注册会计师执业准则的有关规定。图 3—2 表示了国家审计人员从业规范体系。

1. 国家审计准则

国家审计准则是制定审计准则应用指南的依据，是国家审计的“一本通”，是审计机关和审计人员依法办理审计事项时应当遵循的行为规范，是衡量政府审计质量的基本尺度。2010 年修订颁布的《中华人民共和国国家审计准则》包括总则、审计机关和审计人员、审计计划、审计实施、审计报告、审计质量控制和责任、附则，共计 200 条。

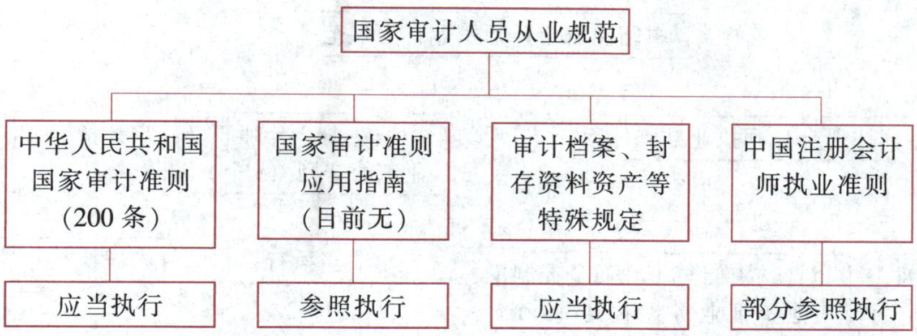

图 3—2　国家审计人员从业规范体系

新准则自 2011 年 1 月 1 日起生效，同时废止了审计署以前发布的 28 项审计准则和相关规定。

2. 审计准则应用指南

审计准则应用指南（目前暂无）是指导审计机关和审计人员办理审计事项的审计操作规程和方法，为审计机关和审计人员从事专门审计工作提供可操作的指导性意见。全国审计机关和审计人员应当参照执行。审计准则应用指南不具有行政规章的法律效力。

3. 其他特殊性规定

其他特殊性规定是审计署为了规范国家审计准则中未涉及的审计相关事项而制定的规定，国家审计人员应当执行。目前包括：审计机关封存资料资产规定，审计机关审计档案工作准则。

此外，审计抽样、重要性的运用等部分事项参照中国注册会计师执业准则执行。

四、我国注册会计师执业准则

我国注册会计师执业准则作为规范我国注册会计师执行审计业务的权威性标准，对提高我国注册会计师的执业质量、降低审计风险、维护社会公众利益等，具有重要的作用。

我国注册会计师执业行为规范及审计准则体系具体包括的内容见图 3—3。

五、我国内部审计准则

我国内部审计协会准则委员会负责依据《审计法》、《审计署关于内部审计工作的规定》及相关法律法规制定内部审计准则。我国内部审计准则适用于内部审计机构和人员进行内部审计的全过程，适用于各类组织。无论组织是否以营利为目的，也无论组织规模大小和组织形式如何，内部审计机构和人员在进行内部审计时都应遵循内部审计准则。

我国内部审计准则是我国内部审计工作规范体系的重要组成部分，由内部审计基本准则、内部审计具体准则、内部审计实务指南三个层次组成，如图 3—4 所示。

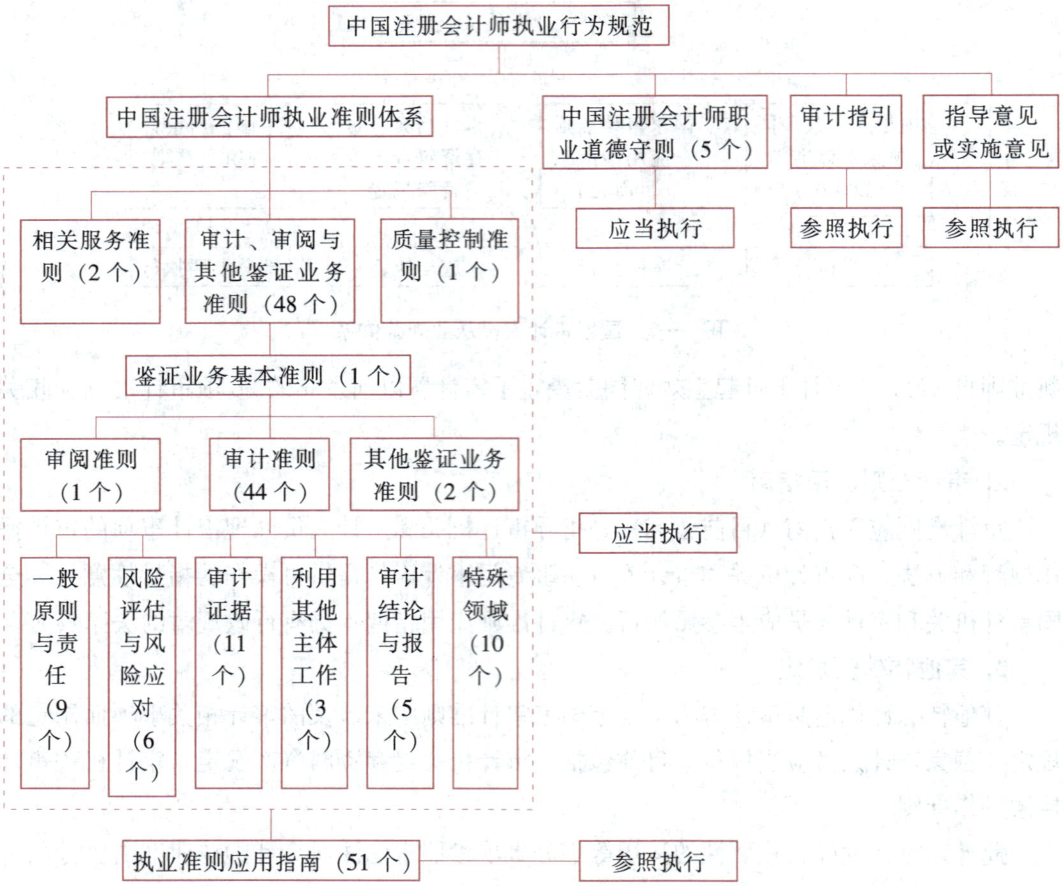

图 3—3　我国注册会计师执业行为规范及审计准则体系

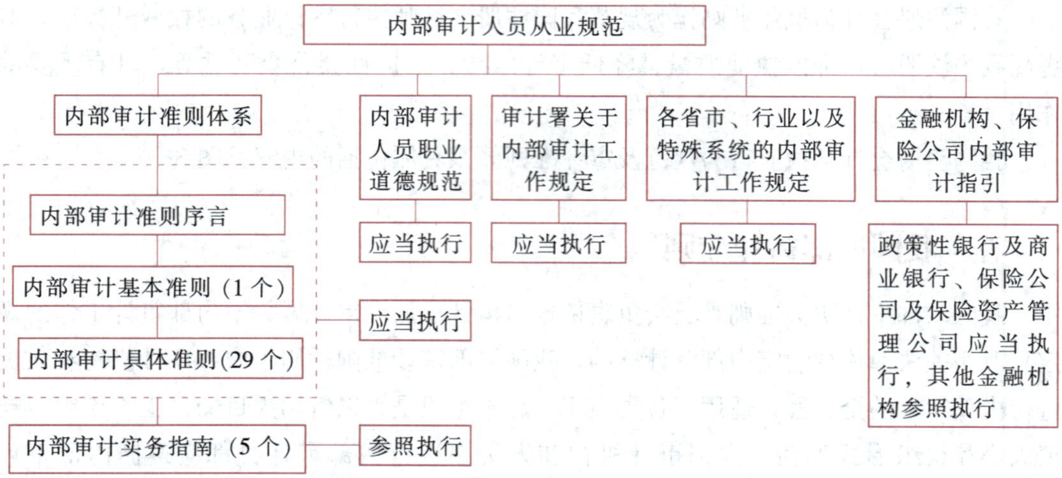

图 3—4　我国内部审计人员从业规范及内部审计准则体系

（一）内部审计基本准则

内部审计基本准则是内部审计准则的总纲，是内部审计机构和人员进行内部审计时应当遵循的基本规范，是制定内部审计具体准则、内部审计实务指南的基本依据。《内部审计基本准则》包括总则、一般准则、作业准则、报告准则、内部管理准则、附则，共 6 章 27 条。

（二）内部审计具体准则

内部审计具体准则是依据内部审计基本准则制定的，是内部审计机构和人员在进行内部审计时应当遵循的具体规范。

内部审计基本准则、内部审计具体准则是内部审计机构和人员进行内部审计的执业规范，内部审计机构和人员在进行内部审计时应当遵照执行。

近年来，内部审计协会致力于修改补充出一套既符合国际惯例又适合我国国情的内部审计准则体系。截至 2011 年 10 月末，我国内部审计协会准则委员会共发布了《内部审计基本准则》、29 个内部审计具体准则。

（三）内部审计实务指南

内部审计实务指南是依据内部审计基本准则、内部审计具体准则制定的，为内部审计机构和人员进行内部审计提供了具有可操作性的指导意见。

内部审计实务指南是对内部审计机构和人员实施内部审计的具体指导，内部审计机构和人员在进行内部审计时应当参照执行。截至 2010 年年末，我国内部审计协会准则委员会已经公布了“建设项目内部审计”、“物资采购审计”、“审计报告”、“高校内部审计”、“企业内部经济责任审计”5 个内部审计实务指南。

第二节　审计质量控制

一、审计质量控制的含义与作用

（一）审计质量控制的含义

审计准则规定了审计工作应达到的质量水平，而想要使审计工作真正达到规定的质量水平，就必须实行审计质量控制。所谓审计质量控制，是指审计组织为了确保审计质量符合审计准则的要求而建立与实施的各项质量控制政策和质量控制程序的总称。质量控制政策是指会计师事务所为确保审计质量符合独立审计要求而采取的基本方针与策略；质量控制程序是指会计师事务所为贯彻执行质量控制政策而采取的具体措施与方法。

（二）审计质量控制的作用

审计质量控制有以下两个方面的作用：

（1）加强审计质量控制，可以将审计风险降低到审计组织和审计人员可以接受的较低水平。

（2）加强审计质量控制，可以增强审计工作的可靠性、准确性、合理性、效果性和效率性，更好地达到审计目的，提高审计质量。

实施审计质量控制的根本目的，在于督促各审计组织的所有审计人员遵循审计准则，提高审计工作质量，这样才能充分发挥审计的作用，才能提高审计职业地位与声誉。因此，会计师事务所必须根据审计协会颁布的质量控制准则建立和落实本所的“质量控制制度”。

二、审计质量控制的具体措施

为了规范会计师事务所的质量控制，保证执业质量，根据我国《注册会计师法》的规定，我国注册会计师协会于 2010 年 11 月修订颁布了《质量控制准则第 5101 号——会计师事务所对执行财务报表审计和审阅、其他鉴证和相关服务业务实施的质量控制》及其应用指南，自 2012 年 1 月 1 日起施行。该准则对会计师事务所审计质量控制的内容和要求作了原则规定。该准则规定了会计师事务所及审计人员实施审计质量控制的责任，要求会计师事务所建立审计质量控制制度，合理制定和运用以下两个层次的质量控制政策和程序：一是各会计师事务所审计工作的全面质量控制政策与程序，以使所有审计工作符合独立审计准则的要求；二是各审计项目的质量控制程序，以使各审计项目的审计工作遵照独立审计准则的要求进行。

（一）有效执行各审计组织的全面质量控制

全面质量控制是指各个审计组织为合理地确信其执行的所有审计业务都是按照独立审计准则进行而采取的控制政策和程序。

会计师事务所应当采用体现下述目的的全面质量控制政策，并据此合理制定和有效实施相应的全面质量控制程序。

1. 严格遵守职业道德

审计人员在执业中保持独立、客观、公正是独立审计的灵魂，是取信于社会的根本要求。如果缺失了这一点，即使审计程序再完善，审计结果也容易引起公众的怀疑。会计师事务所应当要求并督促全体审计人员在争取经济利益的同时，严格遵守职业道德规范，恪守独立、客观、公正的原则。

2. 确保审计人员具备专业胜任能力

审计人员是影响审计工作质量的重要因素。开展高质量的审计工作，离不开高素质的审计人员。在一定程度上，会计师事务所的内部控制的主要目的是对人的管理，人员的素质是质量的控制源头，决定着会计师事务所的执业质量。会计师事务所应当确保全体审计人员具备并保持履行其职责所需要的专业胜任能力，并以应有的职业谨慎态度执行审计业务。为此，会计师事务所应把好人员招聘关，以保证新录用员工的专业胜任能力；严格人事管理，努力促使员工队伍年轻化、知识化、专业化；不断创造条件，开展各种形式的业务培训，加速知识更新；在审计业务执行过程中采取以老带新和干学结合的形式，不断增加执业人员执行各种类型审计业务的经验，提高其分析能力和处理问题的能力。

3. 将工作委派给适当人员

判断审计人员是否胜任一项审计工作，不仅要看其一般的职业操守和专业水平，还要与具体的工作结合起来考察。一名审计人员虽然在职业操守和专业水平上均合格，但由于一些审计工作的特殊性，他也可能无法胜任这类审计工作。在日常组织管理中，会计师事务所应当充分分析各项审计工作的特点和各个审计人员的特长，将审计工作分派给那些具有相应专业胜任能力的人员，以保证其按要求完成任务。

4. 建立分级督导制度

督导实质上是会计师事务所对审计工作的内部监督。督导是一个动态的过程，是在事前、事中和事后各个环节促使审计工作按审计准则要求进行，以便及时调整审计人员的不规范行为，确保最终形成符合要求的审计报告。为了保证会计师事务所内所有执业人员从事的工作均符合独立审计准则的要求，会计师事务所应当建立分级督导制度，并要求各级督导人员对各层次的审计工作给予充分的指导、监督和复核，必要时应当聘请相关的专家进行协助。所谓督导人员，是指对审计工作负有指导、监督和复核责任的各级人员，包括会计师事务所的业务负责人、对审计项目负有直接责任的注册会计师和负有督导责任的其他人员。

5. 借助专家给予技术支持与业务咨询

由于执业环境的特点或专业人员自身知识及经验的局限性，在一些情况下，审计人员必须借助专家咨询才能完成审计任务。合理利用专家咨询，不仅有助于得出正确的审计结论，而且可以收到事半功倍的效果。因此，会计师事务所应建立技术支持与咨询制度，以便在比较复杂或特殊的业务中能够及时得到有关专家的指导。

6. 业务承接考虑独立性与胜任能力等因素

业务承接是一个审计项目的关口，把好这一关，对整个项目的质量控制有着重要作用。因此，会计师事务所在承接审计业务时，无论是新接受委托还是连续接受委托，都应当考虑其自身能力和独立性，以及被审计单位管理层是否正直、诚实等因素。对于审计风险高、业务复杂的审计项目，需要特别慎重对待。

7. 实行全过程监控

对会计师事务所的质量控制系统进行监控，是为了避免会计师事务所的质量控制流于形式。在实际中，一些频频出现审计质量事故的会计师事务所，并不缺少相关的审计质量控制制度，多数是未被忠实地执行，制度成了一纸空文。因此，会计师事务所应当对其全面质量控制政策和相应程序的执行情况及结果适时进行监督和检查，以便及时发现问题，不断完善质量控制方针，建立、健全各项质量控制程序，保证审计工作按照审计准则要求执行，把审计风险水平降到最低限度内。

会计师事务所应当将全面质量控制政策和程序以适当的方式通知执行业务的全体人员，保证所有执业人员准确地理解和掌握。会计师事务所应视自身的规模、内部组织工作的特点，并根据成本效益原则、人员素质及构成等因素，来确定全面质量控制程序的性质和范围。因此，各会计师事务所采用的控制程序可以有所不同，但其最终目的都应是达到全面质量控制的目标。

（二）全程关注各审计项目的质量控制

各审计项目的质量控制要遵循全面审计质量控制政策和程序，职业道德原则、专业胜任能力、工作委派、督导、咨询、业务承接、监控等各方面的管理要求要始终贯穿于各个审计项目及各审计项目审计的全过程。

1. 准备阶段

在审计项目外勤开始前，扎实做好各项准备工作，包括了解客户的基本情况、与客户签订审计业务约定书、初步评价客户的内部控制制度、分析审计风险、编制审计计划等，为审计项目的质量控制打下良好的基础。

2. 实施阶段

在审计的实施阶段，一些审计人员完全凭自身经验开展工作，不能很好地贯彻审计计划，使整个审计项目的规划管理受到影响，最终影响项目质量。因此，会计师事务所应要求各个项目必须严格执行已制定出的审计计划，高质量地完成实施阶段的各项审计事项，包括检查和评价被审计单位内部控制制度、审查会计报表及其所反映的经济活动、收集审计证据等，使审计项目的质量控制得到根本保证。如审计人员发现审计计划不适合于实际情况，应及时提请项目经理修改，不得擅自改变既定的审计计划。

3. 报告阶段

审计报告是审计质量的最终体现。同生产企业一样，只有对整个生产过程进行有效监控，并进行严格的质量检查，才能最终保证产品质量。审计报告阶段的质量控制手段主要就是进行质量检查。会计师事务所应要求各项目组在审计外勤工作完成后对所收集到的审计证据进行系统整理与评价，对审计工作底稿进行认真的复核，在此基础上才能编写及出具体现审计最终成果的审计报告。

为保证审计项目的质量控制在上述三个阶段中能顺利、有效地进行，除负直接责任的注册会计师应当严格执行全面质量控制政策和程序中适合于审计项目的质量控制程序外，督导人员还应当考虑助理人员的专业胜任能力等因素，合理确定对其工作进行指导、监督和复核的方式及程度。

督导人员应当及时指导、监督和复核的内容主要包括：

（1）总体审计策略与具体审计计划。

（2）对重大错报风险的评估，包括根据符合性测试结果对总体审计策略和具体审计计划所做的修改。

（3）进行实质性测试所取得的审计证据及形成的审计结论。

（4）会计报表、审计调整事项和审计报告草稿。

此外，在出具审计报告前，会计师事务所也可根据需要委派未直接参与该项目审计的人员对项目质量控制进行必要的复核工作。

项目质量控制复核是指在出具审计报告前，对项目组作出的重大判断和在准备报告时形成的结论作出客观评价的过程。会计师事务所应当制定政策和程序，要求对特定业务实施项目质量控制复核，以客观评价项目组作出的重大判断以及在准备报告时得出的结论。这些政策和程序应当包括下列要求：对所有上市公司财务报表审计实施项目质量控制复核；规定适当的标准，据此评价上市公司财务报表审计以外的历史财务信息审计和审阅、其他鉴证业务及相关服务业务，以确定是否应当实施项目质量控制复核；对符合适当标准的所有业务实施项目质量控制复核。

项目质量控制复核通常包括：与项目负责人进行讨论；复核财务报表或其他业务对象信息及报告，尤其考虑报告是否适当；选取与项目组作出重大判断及形成结论有关的工作底稿进行复核。

第三节　审计职业道德

审计人员的职业道德是指在审计过程中应当遵循的行为规范，是对审计人员的思想意识、品德修养、专业胜任能力等方面的基本要求。

我国审计人员应遵循的职业道德，在《中华人民共和国审计法》、《中华人民共和国国家审计准则》、《中国注册会计师职业道德守则》、《内部审计人员职业道德规范》中都作了明确的规定。

一、国家审计人员的职业道德

《中华人民共和国审计法》第 6 条规定，审计机关和审计人员办理审计事项，应当客观公正，实事求是，廉洁奉公，保守秘密。

《中华人民共和国国家审计准则》第 15 条规定，审计人员应当恪守严格依法、正直坦诚、客观公正、勤勉尽责、保守秘密的基本审计职业道德。

严格依法就是审计人员应当严格依照法定的审计职责、权限和程序进行审计监督，规范审计行为。

正直坦诚就是审计人员应当坚持原则，不屈从于外部压力；不歪曲事实，不隐瞒审计发现的问题；廉洁自律，不利用职权谋取私利；维护国家利益和公共利益。

客观公正就是审计人员应当保持客观公正的立场和态度，以适当、充分的审计证据支持审计结论，实事求是地作出审计评价和处理审计发现的问题。

勤勉尽责就是审计人员应当爱岗敬业，勤勉高效，严谨细致，认真履行审计职责，保证审计工作质量。

保守秘密就是审计人员应当保守其在执行审计业务中知悉的国家秘密、商业秘密；对于执行审计业务取得的资料、形成的审计记录和掌握的相关情况，未经批准不得对外提供和披露，不得用于与审计工作无关的目的。

另外，审计人员还应保持应有的审计独立性；具备与其从事审计业务相适应的专业知识、职业能力和工作经验，即具备必需的专业胜任能力。

二、内部审计人员的职业道德

《内部审计人员职业道德规范》作了如下规定：

（1）履行职责时，严格遵守《中国内部审计准则》及中国内部审计协会制定的其他规定。

（2）不得从事损害国家利益、组织利益和内部审计职业荣誉的活动。

（3）履行职责时，应当独立、客观、正直和勤勉。

（4）履行职责时，应当保持廉洁，不得从被审计单位获得任何可能有损职业判断的利益。

（5）保持应有的职业谨慎，并合理使用职业判断。

（6）保持和提高专业胜任能力，必要时可聘请有关专家协助。

（7）诚实地为组织服务，不做任何违反诚信原则的事情。

（8）遵循保密性原则，按规定使用在履行职责时所获取的资料。

（9）在审计报告中应客观地披露所了解的全部重要事项。

（10）应具有较强的人际交往技能，妥善处理好与组织内外相关机构和人士的关系。

（11）应不断接受后续教育，提高服务质量。

三、民间审计人员的职业道德

民间审计人员的职业道德是对注册会计师的职业品德、职业纪律、专业胜任能力及职业责任等的总称。注册会计师应当遵守《中国注册会计师职业道德守则》，履行相应的社会责任，维护公众利益。

（一）一般原则

独立、客观、公正是注册会计师职业道德中的三个最重要的概念，也是对注册会计师职业道德的三条最重要的要求。职业道德守则对这方面作出了如下规定：

（1）注册会计师应当恪守独立、客观、公正的原则。

（2）注册会计师执行审计或其他鉴证业务时，应当保持形式上和实质上的独立。

（3）会计师事务所如与客户存在可能损害独立性的利害关系，不得承接其委托的审计或者其他鉴证业务。

（4）执行审计或其他鉴证业务的注册会计师如与客户存在可能损害独立性的利害关系，应当向所在会计师事务所声明，并实行回避。

（5）注册会计师不得兼营或兼任与其执行的审计或其他鉴证业务不相容的其他业务或职务。

（6）注册会计师执行业务时，应当实事求是，不为他人所左右，也不得因个人好恶影响其分析、判断和客观性。

（7）注册会计师执行业务时，应当正直、诚实，不偏不倚地对待有关利益各方。

（二）专业胜任能力与技术规范

注册会计师要提供高质量的专业服务，除必须具备良好的职业道德外，还须具有较强的业务能力；不但要熟悉会计、审计、法律、税务、企业管理等领域的标准与实务，还应具备高水平的职业判断能力。具体要求如下：

（1）注册会计师应当保持和提高专业胜任能力，遵守独立审计准则等职业规范，合理运用会计准则及国家其他相关技术规范。

（2）会计师事务所和注册会计师不得承办不能胜任的业务。

（3）注册会计师执行业务时，应当保持应有的职业谨慎。

（4）注册会计师执行业务时，应当妥善规划，并对业务助理人员的工作进行指导、监督和检查。

（5）注册会计师对有关业务形成结论或提出建议时，应当以充分、适当的证据为依据，不得以其职业身份对未审计或其他未鉴证事项发表意见。

（6）注册会计师不得对未来事项的可实现程度做出保证。

（7）注册会计师对审计过程中发现的违反会计准则及国家其他相关技术规范的事项，应当按照独立审计准则的要求进行适当处理。

（三）对客户的责任

职业道德守则在强调注册会计师对社会公众负责的同时，也规定了注册会计师对客户所负的特殊责任，包括：

（1）注册会计师应当在维护社会公众利益的前提下，竭诚为客户服务。

（2）注册会计师应当按照业务约定履行对客户的责任。

（3）注册会计师应当对执行业务过程中知悉的商业秘密保密，并不得利用其为自己或他人谋取利益。

(4) 除有关法规允许的情形外，会计师事务所不得以或有收费形式为客户提供鉴证服务。

（四）对同行的责任

对同行的责任是指会计师事务所、注册会计师在处理与其他会计师事务所、注册会计师相互关系中所应遵循的道德标准。《中国注册会计师职业道德守则》对此作了要求：

(1) 注册会计师应当与同行保持良好的工作关系，配合同行工作。

(2) 注册会计师不得诋毁同行，不得损害同行利益。

(3) 会计师事务所不得雇佣正在其他会计师事务所执业的注册会计师，注册会计师不得以个人名义同时在两家或两家以上的会计师事务所执业。

(4) 会计师事务所不得以不正当手段与同行争揽业务。

（五）其他责任

能否争取到业务、拥有较多的客户，关系到一家会计师事务所的生存和发展，因而在业务承接环节也最易发生影响职业声誉的行为。因此，《中国注册会计师职业道德守则》对注册会计师在业务承接过程中所应遵循的职业道德专门提出了要求：

(1) 注册会计师应当维护职业形象，不得有可能损害职业形象的行为。

(2) 注册会计师及其所在会计师事务所不得采用强迫、欺诈、利诱等方式招揽业务。

(3) 注册会计师及其所在会计师事务所不得对其能力进行广告宣传以招揽业务。

(4) 注册会计师及其所在会计师事务所不得以向他人支付佣金等不正当方式招揽业务，也不得向客户或通过客户获得服务费之外的任何利益。

(5) 会计师事务所、注册会计师不得允许他人以本所或本人的名义承办业务。

本章小结

审计准则是专业审计人员必须恪守的最高行为准则，反映了审计工作的客观规律和基本要求，实施审计准则可以赢得社会公众的信任，保证审计工作的质量，维护审计人员的合法权益，从而推动审计事业的不断发展。

质量控制是一个庞大的系统工程，建立与健全审计质量控制制度，并采取有效措施将其落到实处，是每个审计组织都不容忽视的一项重要任务。只有加强对审计组织的全面质量控制和每个审计项目的质量控制，才能树立各个审计组织的公正形象和可靠信誉，降低审计风险，提高审计质量。

审计职业道德是对审计人员的思想意识、品德修养、专业胜任能力等方面所提出的各项要求，包括一般原则、专业胜任能力与技术规范、对客户的责任、对同行的责任和其他责任等内容。

本章重要术语

审计准则	一般准则	工作准则	报告准则
审计质量控制	质量控制政策和程序	审计项目的质量控制	
审计人员职业道德	专业胜任能力与技术规范		

第二部分
审计程序与方法

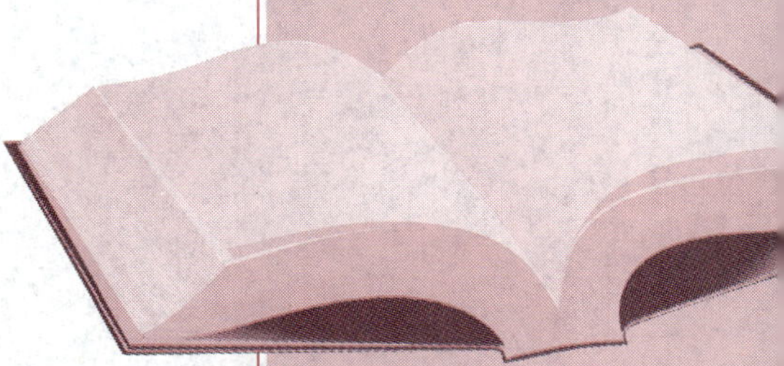

第四章　审计程序

引　言

本章主要介绍审计工作的系统性步骤和行动，分为三个阶段，即准备阶段、实施阶段和报告阶段，以及三个阶段中的主要工作内容和要求。

学习目标

学完本章后，您将能够：

1. 描述审计准备阶段的内容；
2. 了解审计业务约定书的内容和格式；
3. 掌握审计的重要性和审计风险的概念和特征；
4. 了解审计计划的分类和编制要求；
5. 描述审计实施阶段的内容；
6. 理解审计证据和工作底稿的含义、分类，掌握审计证据的取证方法；
7. 描述审计报告阶段的主要工作内容。

审计程序是指审计人员在审计过程中所采取的系统性工作步骤和行动。为了使审计工作有组织、有计划、有步骤地进行，保证审计工作质量，提高审计工作效率，审计人员在执行审计业务时，都必须遵循一定的审计程序，选用一定的审计方法来获取审计证据，以支持其对被审计单位的财务状况、经营成果和现金流量发表审计意见并作出审计结论。

不论国家审计、内部审计，还是民间审计；也不论是财政财务收支审计、财经法纪审计，还是经济效益审计等，审计程序一般都包括准备、实施和报告三个阶段，每一阶段又包括若干具体的工作内容。审计程序各个阶段的具体工作内容，又随着审计种类的不同而有所不同，下面主要从民间审计角度展开叙述。

第一节　审计的准备阶段

审计的准备阶段是整个审计过程的起点，其工作内容主要包括从审计人员准备接受审计委托开始到具体实施审计之前的各项准备事项。具体如下所述。

一、调查了解被审计单位的基本情况

审计组织在决定审计委托之前，应对被审计单位的基本情况作初步了解，以决定是否接受审计委托。需调查了解的被审计单位的基本情况包括：

（1）行业状况、法律环境与监管环境以及其他外部因素。

（2）业务性质、经营规模、组织结构以及地理位置和经营特点。

（3）会计政策的选择和运用。

（4）战略目标以及相关的经营情况与经营风险。

（5）财务会计机构及其他组织架构。

（6）关联方及其交易的存在情况。

（7）以前年度接受审计的情况。

（8）其他与签订审计业务约定书相关的情况。

审计人员只有在了解了上述情况后，确定审计的前提条件存在，确认和管理层已就审计业务约定条款达成一致意见，特别是审计范围不受限制，审计人员必要的工作条件能够满足，才能承接或保持审计业务。

审计的前提条件，是指被审计单位管理层在编制财务报表时采用可接受的财务报告编制基础，以及管理层对审计人员执行审计工作的前提的认同。

二、签订审计业务约定书

审计业务约定书是会计师事务所与委托人共同签署的，据以确定审计业务的委托与受托关系，明确委托目的、审计范围及双方应负责任与义务等事项的书面合约。

审计业务约定书的格式和内容可能因被审计单位的不同而异，也因不同的审计事项而有所不同，但应当包括下列主要内容：

（1）审计的目标与范围。

（2）审计人员的责任。

（3）管理层的责任。

（4）管理层编制财务报表所适用的财务报告编制基础。

（5）拟出具的审计报告的预期形式和内容，以及对在特定情况下所出具的审计报告可能不同于预期形式和内容的说明。

（6）执行审计工作的安排，包括出具审计报告的时间要求。

（7）由于测试的性质和审计的固有限制以及内部控制的固有限制，不可避免地存在着某些重大错报可能未被发现的风险。

（8）管理层为审计人员提供必要的工作条件和协助。

（9）审计人员不受限制地接触任何与审计有关的记录、文件以及需要的其他信息。

（10）管理层对其作出的与审计有关的声明予以书面确认。

（11）审计人员对执业过程中获知的信息保密。

（12）审计收费，包括收费的计算基础和收费安排。

（13）违约责任。

（14）解决争议的方法。

（15）签约双方法定代表人或其授权人的签字盖章，以及签约双方加盖的公章。

（16）签约日期。

三、初步评价被审计单位的内部控制系统

在审计工作开始前，必须初步了解和评价被审计单位的内部控制系统，以便确定可能影响财务报表的潜在错误和舞弊，评估发生对财务报表有重大影响的错报的风险，然后才能确定审计工作的重点。

对被审计单位内部控制系统作初步评价的内容有：

（1）内部控制系统各个要素的控制设计是否健全。包括各项有关的规章制度是否建立与健全，业务处理程序和人员职责分工是否合理、岗位设置是否不兼容等。

（2）确定和评价内部控制系统存在的缺陷。可采取以下四个步骤来实施：一是分析被审计单位的现有控制；二是确定被审计单位缺乏的关键控制；三是确定可能导致的潜在重大错报；四是考虑补充控制的可能性。补充控制是内部控制制度中存在的、可以抵消内部控制缺陷的控制。如果内部控制制度中存在补充控制，错报的可能性就大大降低，内部控制缺陷就不再是审计人员需要关注的问题。

四、确定重要性水平

审计人员在对被审计单位的基本情况进行了解，对其内部控制系统作了初步评价之后，着手编制审计计划时，还应当对重要性水平进行适当评估和分配。

（一）重要性的概念

重要性是指被审计单位会计报表中错报或漏报的严重程度，这一程度在特定环境下可能会影响到财务报表使用者的判断或决策。重要性的量化指标称作重要性水平。

财务报告编制基础通常从编制和列报财务报表的角度阐释重要性概念。财务报告编制基础可能以不同的术语解释重要性，但通常而言，重要性概念可从下列方面进行理解：

(1) 如果合理预期错报（包括漏报）单独或汇总起来可能影响财务报表使用者依据财务报表作出的经济决策，则通常认为错报是重要的。

(2) 对重要性的判断是根据具体环境作出的，并受错报的金额或性质的影响，或受两者共同作用的影响。

(3) 判断某事项对财务报表使用者是否重大，是在考虑财务报表使用者整体共同的财务信息需求的基础上作出的。由于不同财务报表使用者对财务信息的需求可能差异很大，因此不考虑错报对个别财务报表使用者可能产生的影响。

（二）重要性的运用

审计重要性概念的运用贯穿于整个审计过程。在计划审计工作时，审计人员应当考虑导致财务报表发生重大错报的原因，并应当在了解被审计单位及其环境的基础上，确定一个可接受的重要性水平，即首先为财务报表层次确定重要性水平，以发现在金额上重大的错报。同时，审计人员还应当评估各类交易、账户余额和披露认定层次的重要性，以便确定进一步审计程序的性质、时间安排和范围，将审计风险降至可接受的低水平。在确定审计意见类型时，审计人员也要考虑重要性水平。

审计人员应当合理运用重要性。如果重要性运用不当，则往往导致审计成本过大，从而浪费人力和时间；或审计风险过大，得出错误的审计结论。应该说，后一种情况更为严重，错误的审计结论往往会使审计人员陷入法律诉讼之中。

重要性的运用涉及下述四个要点。

1. 考虑金额和性质两个方面

审计人员在运用重要性时，应当考虑错报的金额和性质。也就是说，重要性具有数量和质量两个方面的特征。一般来说，金额大的错报比金额小的错报更严重；但在许多情况下，某项错报从量的方面看并不严重，而从其性质方面考虑却可能是严重的。例如：

(1) 涉及舞弊与违法行为的错报。因为舞弊与违法行为反映了管理层或其他人员的诚实和可信性存在问题，对于财务报表使用者而言，蓄意错报比相同金额甚至更大金额的笔误更严重。

(2) 可能引起履行合同义务的错报。如某项错报使得企业的营运资金增加了几万元，从数量上看并不严重，但这项错报使营运资金从低于贷款合同规定的营运资金数变为稍稍高于贷款合同规定的营运资金数，这就影响了贷款合同所规定的义务，所以该项错误是严重的。

(3) 影响盈亏趋势的错报或漏报。在其他情况下认为是不重要的错报，如果影响到盈亏变动的趋势，则应引起注意。例如，某项错报使每年收益递增1%的趋势变为本年收益下降1%，使盈利变为亏损，该项错报就具有重要性。

(4) 不期望出现的错报。一般情况下，一旦发现现金和资本账户存在错报，就应当引起高度重视。

2. 考虑财务报表、账户和交易两个层次

审计人员应当考虑财务报表层次、账户和交易层次的重要性。

(1) 财务报表层次。

由于审计的目的是对财务报表的合法性、公允性发表审计意见，因此，审计人员必须考虑财务报表层次的重要性，只有这样，才能得出财务报表是否合法、公允的整体性结论。

(2) 账户和交易层次。

由于财务报表所提供的信息来源于各个账户或各类交易，审计人员只有通过验证各个账户和各类交易才能得出财务报表是否合法、公允的整体性结论，因此审计人员还必须考虑账户和交易层次的重要性。

3. 考虑重要性水平与审计风险之间的关系

重要性水平与审计风险之间呈反向关系。也就是说，重要性水平越高，审计风险越低；反之，重要性水平越低，审计风险越高。这里，重要性水平的高低指的是金额的高低，一般的，4 000 元的重要性水平比 2 000 元的重要性水平要高。在理解两者之间的关系时必须注意，重要性水平是审计人员从财务报表使用者的角度进行判断的结果，而审计风险的高低往往取决于重要性的判断。如果重要性水平是 4 000 元，则意味着低于 4 000元的错报不会影响到财务报表使用者的判断与决策，审计人员仅仅需要通过执行有关审计程序查出高于 4 000 元的错报；如果重要性水平是 2 000 元，则金额在 2 000 元～4 000元之间的错报仍然会影响到财务报表使用者的判断与决策，审计人员需要通过执行有关审计程序查出金额在 2 000 元～4 000 元之间的错报。显然，重要性水平为 4 000 元时的审计风险要比重要性水平为 2 000 元时的审计风险要低。

4. 考虑重要性水平与审计证据之间的关系

审计人员在编制审计计划时，应当对重要性水平作出初步判断，以确定所需审计证据的数量，并据此决定审计程序的性质、时间和范围。重要性水平与审计证据之间呈反向关系。重要性水平越低，应获取的审计证据越多；反之，则越少。例如，为合理保证存货账户的错报不超过 10 000 元所需收集的审计证据，肯定比为了保证该账户错报不超过 20 000 元所需收集的审计证据要多。

(三) 重要性的合理评估

在编制审计计划时，审计人员应当对重要性水平、审计风险作出合理的评估。

1. 财务报表层次重要性水平的合理评估

(1) 判断基础。

审计人员应当合理选用重要性水平的判断基础，并采用固定比率、变动比率等确定财务报表层次的重要性水平。判断基础通常包括资产总额、净资产、营业收入、净利润等，审计人员应当合理选用。例如：被审计单位净利润接近零时，不应将净利润作为重要性水平的判断基础；被审计单位净利润波动幅度较大时，不应将当年的净利润作为重要性水平的判断基础，而应选择近年的平均净利润；当被审计单位属于劳动密集型企业时，不应将资产总额、净资产作为重要性水平的判断基础。

（2）计算方法。

重要性水平的计算方法有固定比率法、变动比率法两种。

1）固定比率法。即在选定判断基础后，乘以一个固定百分比，求出财务报表层次的重要性水平。以下是审计实务中用来判断重要性水平的一些常用固定比率：税前净利润的5%～10%（净利润较小时用10%，较大时用5%）；资产总额的0.5%～1%；净资产的1%；主营业务收入的0.5%～1%。

2）变动比率法。其基本原理是，规模越大的企业，资产总额或主营业务收入总额越大，确定重要性水平时所采用的比率就越低，允许的错报金额比率就越小，一般是根据资产总额或主营业务收入两者中较大的一项确定一个变动百分比。

例如，假定某企业资产总额为120万元，主营业务收入为80万元，那么计算重要性水平时考虑金额较大的项目即资产总额120万元。对于金额在100万元（下限）至300万元（上限）的被审计项目，其重要性水平的计算公式为：

重要性水平＝基数(根据事务所经验确定)＋某一比率
×(被审计单位实际金额－金额下限)

假定100万元至300万元的对应基数是18 000，对应比率是0.01，则：

报表层次的重要性水平＝18 000＋0.01×（1 200 000－1 000 000）
＝20 000（元）

如果被审计单位的资产总额或主营业务收入超过300万元，则确定会计报表层次重要性时所使用的基数和比率都会发生变动。

不难看出，变动比率法的计算公式中的基数和比率都需要会计师事务所根据其以往的经验作出合理估计，实际操作中有一定难度，所以这种方法的使用并不普遍。

在具体确定财务报表层次的重要性水平时，如果同一期间各财务报表的重要性水平不同，则审计人员应当取其最低者作为财务报表层次的重要性水平，即应当使用被认为对任何一张财务报表都重要的最小错报总体水平作为财务报表层次的重要性水平。

如果审计人员在编制审计计划时被审计单位尚未完成年度财务报表的编制，则审计人员应当根据中期财务报表或上年度财务报表来推算本年度财务报表并作必要修正，得出本年末财务报表数据，并据此确定财务报表层次的重要性水平。

2. 账户或交易层次重要性水平的合理评估

审计人员在制定账户或交易的审计程序前，可将财务报表层次的重要性水平分配至各个账户或各类交易，也可单独确定各个账户或各类交易的重要性水平。

审计人员在确定各个账户或各类交易的重要性水平时，应当考虑以下主要因素：

(1) 各个账户或各类交易的性质及错报的可能性。例如，固定资产发生错报（或漏报）的可能性要低于存货项目，那么，固定资产的重要性水平可以定得高些；货币资金的错报（或漏报）与应收账款的错报（或漏报）相比性质较为严重，因此，货币资金的重要性水平应当定得低些。

(2) 审计成本。注册会计师在审计过程中，由于时间和人员有限，需要适当考虑控制审计成本。在分配财务报表层次的重要性水平时，可以考虑对那些审计程序比较复杂、涉及项目较多且单价较低、业务数量较多而单笔业务金额较低的项目分配较高的重要性水平，如存货、应收账款；对于审计程序简单、涉及项目较少且单价较高、业务数量较少而单笔业务金额较大的项目分配较低的重要性水平，如固定资产。

(3) 各个账户或各类交易重要性水平与财务报表层次重要性水平的关系。由于账户或交易可能被高估，也可能被低估，二者会自动抵消，因此，各个账户或各类交易的重要性水平合计与财务报表层次重要性水平并不一定正好相等。

审计人员在考虑上述因素时，对于重要的账户或交易，应当从严制定重要性水平；对于出现错报可能性较大的账户或交易，可以将重要性水平确定得高一些。在采用分配方法时，各账户或交易层次的重要性水平之和应当等于财务报表层次的重要性水平。

五、分析审计风险

审计风险是一个重要的审计概念，审计人员应当通过执行计划和实施审计工作，获取充分、适当的审计证据，将审计风险降至可接受的低水平。

（一）审计风险的概念

审计风险是指财务报表存在重大错报时审计人员发表不恰当审计意见的可能性。可接受的审计风险的确定，需要考虑审计组织对审计风险的态度、审计失败对审计组织可能造成的损失大小及不良影响。

（二）审计风险组成要素

根据执业准则的规定，审计风险模型为：

审计风险＝重大错报风险×检查风险

例如，审计人员对某企业的某项业务进行审计时，经过评估已知该项业务中的重大错报风险为40%，可接受的检查风险为20%，则：

审计风险＝40%×20%＝8%

即审计结论发生错误的可能性为8%，审计结论的可靠性水平为92%。

1. 重大错报风险

重大错报风险是财务报表在审计前存在重大错报的可能性。重大错报风险与被审计单位的风险相关，且独立存在于财务报表的审计中。

重大错报风险有两个层次：财务报表层次的重大错报风险；各类交易、账户余额和披露认定层次的重大错报风险。

财务报表层次的重大错报风险与财务报表整体存在广泛联系，可能影响多项认定，此类风险通常与控制环境有关，也可能与其他因素有关，如经济萧条。

认定层次的重大错报风险又可以进一步细分为固有风险和控制风险。

固有风险是指在考虑相关的内部控制之前，某类交易、账户余额或披露的某一认定易于发生错报（该错报单独或连同其他错报可能是重大的）的可能性。

控制风险是指某类交易、账户余额或披露的某一认定发生错报，该错报单独或连同其他错报是重大的，但没有被内部控制及时防止或发现并纠正的可能性。

由于固有风险和控制风险不可分割，有时无法单独进行评估，审计人员可在分别对其单独评估的基础上，对两者进行合并评估，形成重大错报风险评估的结论。

2. 检查风险

检查风险是某一账户或交易类别单独或连同其他账户、交易类别产生错报，而未能被实质性测试发现的可能性。

上述审计风险模型表明，在特定的审计风险水平下，审计人员所能接受的检查风险水平与估计的某项认定的重大错报风险的水平呈反向关系。因此，评估的重大错报风险水平越低，检查风险的可接受水平越高；反之，则检查风险的可接受水平越低。

（三）审计风险的合理评估与应对措施

1. 风险评估过程

风险评估过程包括识别与财务报告相关的经营风险，以及针对这些风险所采取的措施。

在评价被审计单位风险评估过程的设计和执行时，审计人员应当确定管理层如何识别与财务报告相关的经营风险，如何估计该风险的重要性，如何评估风险发生的可能性，以及如何采取措施管理这些风险。

审计人员应当询问管理层识别出的经营风险，并考虑这些风险是否可能导致重大错报。

在审计过程中，如果识别出管理层未能识别的重大错报风险，审计人员应当考虑被审计单位的风险评估过程没有识别出这些风险的原因，以及评估过程是否适合于具体环境。

审计人员应当针对评估的认定层次重大错报风险设计和实施进一步审计程序，包括审计程序的性质、时间和范围。审计人员应当考虑进一步审计程序的性质、时间和范围；设计实施控制测试和实质性程序、评价列报的适当性。审计人员设计和实施的进一步审计程序的性质、时间和范围，应当与评估的认定层次重大错报风险具备明确的对应关系。在应对评估的风险时，合理确定审计程序的性质是最重要的。

2. 针对评估的重大错报风险实施的应对措施

审计人员应当针对评估的财务报表层次重大错报风险确定总体应对措施，并针对评估的认定层次重大错报风险设计和实施进一步审计程序，以将审计风险降至可接受的水平。

（1）针对评估的财务报表层次重大错报风险的应对措施。

审计人员应当针对评估的财务报表层次重大错报风险确定下列总体应对措施：

1）向项目组强调在收集和评价审计证据过程中保持职业怀疑态度的必要性；

2）分派更有经验或具有特殊技能的审计人员，或利用专家的工作；

3）提供更多的督导；

4）在选择进一步审计程序时，应当注意使某些程序不被管理层预见或事先了解；

5）对拟实施审计程序的性质、时间和范围作出总体修改。

审计人员对控制环境的了解影响其对财务报表层次重大错报风险的评估。有效的控制环境可以使审计人员增强对内部控制和被审计单位内部产生的证据的信赖程度。

如果控制环境存在缺陷，审计人员在对拟实施审计程序的性质、时间和范围作出总体修改时应当考虑：在期末而非中期实施更多的审计程序；主要依赖实质性程序获取审计证据；修改审计程序的性质，获取更具说服力的审计证据；扩大审计程序的范围。

（2）针对评估的认定层次重大错报风险的应对措施。

审计人员评估的财务报表层次重大错报风险以及采取的总体应对措施，对拟实施进一步审计程序的总体方案具有重大影响。进一步审计程序是指审计人员针对评估的各类交易、账户余额、披露认定层次重大错报风险实施的审计程序，包括控制测试和实质性程序。

拟实施进一步审计程序的总体方案包括实质性方案和综合性方案。实质性方案是指审计人员实施的进一步审计程序以实质性程序为主；综合性方案是指审计人员在实施进一步审计程序时，将控制测试与实质性程序结合使用。

审计人员应当根据对认定层次重大错报风险的评估结果，恰当选用实质性方案或综合性方案。无论选择何种方案，审计人员都应当对所有重大的各类交易、账户余额、披露设计实施实质性程序。

在有些情况下，审计人员可能认为仅仅执行控制测试就可以有效应对关于某项认定的重大错报风险，在另外一些情况下，审计人员通过风险评估过程没有发现关于某项认定的有效内部控制，或者虽然存在相关控制，但是测试结果表明该项控制的运行无效，审计人员就会考虑仅仅执行实质性程序来验证某项认定。在大多数情况下，审计人员会考虑采用综合性方案来验证某些认定。

（3）针对检查风险对确定实质性测试性质、时间和范围的影响的应对措施。

不论重大错报风险的评估结果如何，审计人员都应当对各重要账户或交易类别进行实质性测试。然而，审计人员实施的实质性测试的性质、时间和范围的决定，最终取决于根据重大错报风险水平所确定的可接受的检查风险水平。

检查风险除了影响审计人员所实施的实质性测试的性质、时间和范围之外，还最终影响审计人员所发表的审计意见的类型。如果实施有关实质性测试后，审计人员仍认为与某一重要账户或交易类别的认定有关的检查风险不能降低至可接受的水平，那么，审计人员就应当出具保留意见或无法表示意见类型的审计报告。这是因为如果不能将重要账户或交易类别的检查风险降低至可接受的水平，审计人员将难以确定有多少重大错报或漏报无法通过实质性测试予以发现，导致财务报表的部分或全部认定是否合法、公允也难以确定。在这种情况下，最明智的做法是在审计报告中发表保留意见或无法表示意见。

（四）审计风险与审计证据的关系

重大错报风险与所需的审计证据量呈正向关系。重大错报风险较低时，所需的审计证据量较少；反之，则较多。

检查风险与所需的审计证据量呈反向关系。审计人员确定的检查风险可接受水平越低，则将检查风险限制在这一水平内所需的审计证据量就越多。

审计风险与审计人员对财务报表表示意见所需的证据量之间呈反向关系。审计风险越低，所需的审计证据量越多。

六、编制审计计划

审计项目负责人在对被审计单位的基本业务情况进行了解和执行分析程序后，应当着手编制审计计划，便于对审计工作作出合理的安排。

（一）审计计划的含义与分类

所谓审计计划，是指审计人员为了完成各项审计业务，达到预期的审计目标，而在具体执行审计程序之前编制的工作规划。

审计计划通常包括总体审计策略和具体审计计划两大类。

1. 总体审计策略

总体审计策略是对审计的预期范围和实施方式所做的规划，是审计人员从接受审计委托到出具审计报告整个过程的基本工作内容的综合计划，用以确定审计的范围、时间和方向，并指导具体审计计划。

2. 具体审计计划

具体审计计划是依据总体审计策略编制的，对实施总体审计策略所规定的各项审计程序的性质、时间和范围等所做的详细规划与说明，其内容包括为获取充分、适当的审计证据以将审计风险降至可接受的水平，项目组成员拟实施的审计程序的执行人、执行日期和各项具体执行内容等。

（二）审计计划的编制

1. 审计计划的编制要求

审计计划应由审计项目负责人牵头编制，并形成书面文件，在审计工作底稿中加以记录。审计计划的文件形式多种多样，表格式、问卷式和文字叙述式是众多审计组织普遍采用的主要形式。无论采用哪一种形式，均不能生搬硬套，因为各个被审计单位的情况和审计目标千差万别，所以审计计划文件的格式和内容都需要酌情调整。

在编制审计计划时，审计人员需要特别考虑以下因素：(1) 委托目的、审计范围及审计责任；(2) 被审计单位的经营规模及其业务复杂程度；(3) 被审计单位以前年度的审计情况；(4) 被审计单位在审计年度内经营环境、内部管理的变化及其对审计的影响；(5) 被审计单位的持续经营能力；(6) 经济形势及行业政策的变化对被审计单位的影响；(7) 关联者及其交易；(8) 国家新近颁布的有关法规对审计工作的影响；(9) 被审计单位的会计政策及其变更；(10) 对专家、内部审计人员及其他审计人员工作的利用程度；(11) 审计小组成员的业务能力、审计经历和对被审计单位情况的了解程度。

2. 总体审计策略的制定

审计人员应当为审计工作制定总体审计策略。总体审计策略是用来确定审计范围、时间和方向，并指导制定具体审计计划的。

(1) 总体审计策略的制定要求。

1) 确定审计业务的特征，包括采用的会计准则和相关会计制度、特定行业的报告要求以及被审计单位组成部分的分布等，以界定审计范围。

2) 明确审计业务的报告目标，以计划审计的时间安排和所需沟通的性质，包括提交审计报告的时间要求，预期与管理层和治理层沟通的重要日期等。

3) 考虑影响审计业务的重要因素，以确定项目组的工作方向，包括确定适当的重要性水平，初步识别可能存在较高的重大错报风险的领域，初步识别重要的组成部分和账户余额，评价是否需要针对内部控制的有效性获取审计证据，识别被审计单位及其所处行业、财务报告要求、其他相关方面最近发生的重大变化等。

(2) 总体审计策略的内容。

审计人员应当在总体审计策略中清楚地说明下列内容：

1) 向具体审计领域调配的资源，包括向高风险领域分派有适当经验的项目组成员，就复杂的问题利用专家工作等。

2) 向具体审计领域分配资源的数量，包括安排到重要存货存放地观察存货盘点的项目组成员的数量，对其他注册会计师工作的复核范围，对高风险领域安排的审计时间预算等。

3) 何时调配这些资源，包括是在中期审计阶段还是在关键的截止日期调配资源等。

4) 如何管理、指导、监督这些资源的利用，包括预期何时召开项目组预备会和总结会，预期项目负责人和经理如何进行复核，是否需要实施项目质量控制复核等。

审计人员应当根据实施风险评估程序的结果对上述内容予以调整。

总体审计策略一经制定，审计人员应当针对总体审计策略中所识别的不同事项，制定具体的审计计划，并考虑通过有效利用审计资源实现审计目标。

（3）时间预算。

在制定总体审计策略时，时间预算也是一项十分重要的内容。所谓时间预算，是对执行审计程序每一步骤需要的人员和工作时间所作的计划安排。时间预算可以用来衡量审计工作进度，判断审计人员的工作效率，同时也是合理确定审计收费的依据。

如时间预算与实际耗用时间存在较大差异，审计人员应在“差异原因”栏内说明产生差异的情况。

在审计人员执行审计业务过程中，时间预算并不是一成不变的。当出现新问题或审计环境发生变化时，需根据实际情况修改时间预算，而不能以节省审计成本为名，随意省略必要的审计程序来适应时间预算。

3. 具体审计计划的编制

审计人员应当为审计工作编制具体审计计划。具体审计计划比总体审计策略更加详细，其内容包括获取充分、适当的审计证据以将审计风险降至可接受的低水平，项目组成员拟实施的审计程序的性质、时间和范围等。审计人员可以使用标准的审计程序表或审计工作完成核对表，但应当根据具体审计业务的情况作出适当修改。

具体审计计划应当包括下列内容：

（1）按照《中国注册会计师审计准则第 1211 号——通过了解被审计单位及其环境识别和评估重大错报风险》的规定，为了全面识别和评估财务报表重大错报风险，审计人员计划实施的风险评估程序的性质、时间和范围。

（2）按照《中国注册会计师审计准则第 1231 号——针对评估的重大错报风险采取的应对措施》的规定，针对评估的认定层次的重大错报风险，审计人员计划实施的进一步审计程序的性质、时间和范围。

（3）根据我国审计准则的规定，审计人员针对审计业务需要实施的其他审计程序。例如，阅读含有已审计财务报表的文件中的其他信息。

对于具体审计计划，在实际工作中，一般是通过编制审计程序表的方式体现的。

按照我国审计准则的规定，审计计划应当在具体实施前下达至审计小组的全体人员；审计人员应当根据审计情况的变化及时对审计计划进行修订、补充。计划的修改补充意见，应经会计师事务所主管业务的负责人同意，并记录于审计工作底稿中。

计划审计工作并非审计业务的一个孤立阶段，而是一个持续的、不断修正的过程，贯穿于整个审计业务的始终。由于未预期事项、条件的变化或在实施审计程序中获取的审计证据等原因，审计人员应当在审计过程中对总体审计策略和具体审计计划作出必要的更新和修改。

（三）审计计划的审核

按照审计准则的规定，编制完成的审计计划应当经审计组织主管业务的负责人审核和批准。

1. 总体审计策略的审核

在审核总体审计策略时，应特别注意审核以下事项：

（1）审计计划的内容是否全面，审计范围及重点审计领域的确定是否恰当。

（2）时间预算是否合理。

（3）审计小组成员的选派和分工是否恰当。

（4）对被审计单位的了解是否全面，审计计划的编制基础是否可靠。

（5）对审计重要性的确定和审计风险的评估是否恰当。

（6）对被审计单位内部控制系统的信赖程度是否恰当等。

2. 具体审计计划的审核

在审核具体审计计划时，应特别注意审核以下主要事项：

（1）审计程序能否达到审计目标。

（2）审计程序是否适合各审计项目的具体情况。

（3）重点审计领域中各审计项目的审计程序是否恰当。

（4）审计程序的制定是否恰当等。

对在审核中发现的问题，应及时进行相应的修改、补充和完善，并在审计工作底稿中加以记载和说明。审计工作结束后，审计项目负责人还应就审计计划的执行情况，特别是对重点审计领域所做的审计程序的执行情况进行复核，找出并分析产生差异的原因，以便将来制订出更行之有效的审计计划。

第二节　审计的实施阶段

审计人员在完成准备阶段的工作后，就可依据审计计划来实施具体审计工作。审计实施阶段是审计全过程的中心环节，在此阶段，审计人员主要是运用相应的审计方法，实施审计程序，围绕审计目的收集审计证据并进行评价，以形成审计工作底稿。审计实施阶段的主要工作内容包括：对被审计单位内部控制制度的建立及执行情况进行控制测试；对财务报表及其生成的凭证、账簿进行实质性测试；收集审计证据，形成审计工作底稿。

一、对内部控制制度进行调查和评价

调查了解内部控制制度的目的是确定被审计单位的内部控制制度是否存在，以便确

定控制风险，并决定是否进行控制测试。如果内部控制制度经评价是健全并有效的，视为“可信赖”，可据此进行控制测试；反之，则不需进行控制测试，直接进行实质性测试。

二、对内部控制制度进行控制测试

控制测试是针对那些可信赖的内部控制制度进行的测试，以确定内部控制制度在被审计单位经营时是否实际存在，其执行情况的合规程度如何，有无失控之处，进而评价内部控制制度可信赖的确切程度，以确定实质性测试的重点。审计人员还可以根据需要，出具“管理建议书”，以利于被审计单位建立良好的内部控制制度。

三、对财务报表及凭证、账簿进行实质性测试

财务报表及凭证、账簿的实质性测试是在内部控制制度评价的基础上，通过测试，检查凭证、账簿记录数据的正确性和经济业务的合法性；进行账表、账账、账实核对；运用监盘程序，确定财产物资的实际存在情况；对重要比率或趋势进行分析性复核；对计算结果进行验算；向有关人员和单位进行查询和函证。

四、收集审计证据，形成审计工作底稿

审计人员执行审计业务的过程就是一系列收集审计证据的活动过程。审计工作底稿是审计证据的载体，是审计人员在执行审计业务过程中形成的全部审计工作记录和获取的资料。

（一）审计证据的分类与特征

审计证据是指审计人员为了得出审计结论、形成审计意见而使用的所有信息，包括构成财务报表基础的会计记录中含有的信息和其他信息。

1. 审计证据的分类

（1）按证据形式划分。

按证据形式划分，审计证据可分为实物证据、书面证据、口头证据和环境证据。

实物证据是指事物的外部特征和内在性能证明事物真相的各种财产物资。

书面证据是指以文字记载的内容来证明被审计事项的各种书面资料。

口头证据是指审计人员向被审计单位职员或其他有关人员提问而得到的口头回答所形成的证据。

环境证据是指对审计事项产生影响的各种环境事实。

（2）按证据相关程度划分。

按证据相关程度划分，审计证据可分为直接证据和间接证据。

直接证据是指对被审计事项具有直接证明力，能单独、直接地证明审计事项真实性的证据。

间接证据是指对被审计事项只起间接证明作用，需要与其他证据结合起来，经过分析、判断、核实才能证明被审计事项真实性的证据。

（3）按证据的来源渠道划分。

按证据的来源渠道划分，审计证据可分为内部证据、外部证据和审计人员自己获得的证据。

内部证据是指从被审计单位内部取得的证据。

外部证据是指从被审计单位以外取得的证据。

审计人员自己获得的证据是指审计人员在审计过程中自行获得的证据，如对被审计事项进行计算分析后取得的证据等。

2. 审计证据的特征

审计证据对于支持审计意见和审计报告是必要的。《中国注册会计师审计准则第1301号——审计证据》规定，注册会计师应当根据具体情况设计和实施恰当的审计程序，以获取充分、适当的审计证据。

（1）充分性。

审计证据的充分性又称足够性，是指审计证据的数量能足以证明被审计事项真相和说明审计人员的审计意见及审计决定是正确无误的。

审计人员需要获取的审计证据数量受到他对重大错报风险评估的影响，并受到审计证据质量的影响。然而，审计人员仅靠获取较多的审计证据可能无法弥补其质量上的缺陷。审计人员在判断审计证据是否充分时，应考虑以下因素：

第一，审计风险测试与评估的结果。这里所说的审计风险，主要是指审计人员对被审计资料某些重要反映失实未予发现的风险。一般来说，审计风险越低，则需要收集并证实的审计证据数量就越大；审计风险越高，需要的审计证据数量就越少。

第二，具体审计项目的重要程度。越是重要的审计项目，审计人员就越要收集充分的审计证据，以免造成判断上的错误，导致对整体判断的失误。如果审计项目不重要，即使审计中有些偏差，也不会影响对整体判断的正确性。

第三，审计人员的经验。经验丰富的审计人员，即便仅有较少的审计证据，也会做出正确的判断；反之，缺少经验的审计人员，就需要收集较多的证据，以便做出正确的判断。

第四，是否发现错误或舞弊。审计人员在审计过程中如果发现了错误和舞弊，就应该扩大取证的范围，收集更多的审计证据，以便做出恰当的决定或提出正确的审计意见。

发现重大错误和舞弊迹象时，应重新考虑相关人员陈述的可靠性，重新评价内部控制制度，修改或追加审计程序，并以书面形式告知被审计单位管理当局。如涉及最高管理人员的重大舞弊，还应考虑是否向股东大会（董事会）报告，如果舞弊严重到出具审计报告会承担重大审计风险的程度，在征求律师意见后应考虑取消审计业务的约定。

第五，审计证据的类型与取证途径。如果大多数审计证据都是从独立于被审计单位的第三者那里取得的，而且证据本身不容易伪造，那么取证数量就可以减少；反之，审计证据的数量就应该增加。

(2) 适当性。

审计证据的适当性，是对审计证据的质量的衡量，即审计证据在支持审计意见所依据的结论方面具有的相关性与可靠性。相关性和可靠性是审计证据适当性的核心内容，只有相关且可靠的审计证据才是高质量的。

1) 审计证据的相关性是指用作审计证据的信息与审计程序的目的和所考虑的相关认定之间存在逻辑联系。有证明力的审计证据必须具有相关性，证据的相关性越强，其质量越好。在确定审计证据的相关性时，审计人员应当考虑以下方面：

第一，特定的审计程序可能只为某些认定提供相关的审计证据，而与其他认定无关。

第二，针对同一项认定可以从不同来源获取审计证据或获取不同性质的审计证据。

第三，只与特定认定相关的审计证据并不能替代与其他认定相关的审计证据。例如，存货监盘结果只能证明存货是否存在、有无毁损短缺，而不能用来证明存货计价及所有权，这是由证据与目标的相关性决定的。控制测试旨在评价内部控制在防止或发现并纠正认定层次重大错报方面的运行有效性。

实质性程序旨在发现认定层次重大错报，包括细节测试和实质性分析程序。

2) 审计证据的可靠性是指审计证据可以信赖的程度。审计证据的可靠性受其来源和性质的影响，并取决于获取审计证据的具体环境。比如，从外部独立来源获取的审计证据比从其他来源获取的审计证据更可靠；内部控制有效时内部生成的审计证据比内部控制薄弱时内部生成的审计证据更可靠；从原件获取的审计证据比从传真件或复印件获取的审计证据更可靠。

(3) 充分性和适当性之间的关系。

充分性和适当性是审计证据的两个重要特征，两者缺一不可，只有充分且适当的审计证据才是有证明力的。

（二）审计证据的形成过程

1. 审计证据的收集

(1) 获取审计证据的审计程序。

在收集审计证据时，必须遵循一定的要求和基本原则。收集审计证据应满足充分性、成本效益性、重要性、相关性的要求。在收集审计证据时，审计人员可以采用下列审计程序获取审计证据：

1）检查。检查是指审计人员对被审计单位内部或外部生成的，以纸质、电子或其他介质形式存在的记录和文件进行审查，或对资产进行实物审查。检查有形资产可为其存在提供可靠的审计证据，但不一定能够为权利和义务或计价等认定提供可靠的审计证据。对个别存货项目进行的检查，可与存货监盘一同实施。

2）观察。观察是指审计人员察看相关人员正在从事的活动或实施的程序。

3）询问。询问是审计人员以书面或口头方式，向被审计单位内部或外部知情人员获取财务信息和非财务信息，并对答复进行评价的过程。作为其他审计程序的补充，询问广泛应用于整个审计过程中。

4）函证。函证，是指审计人员直接从第三方（被询证者）获取书面答复以作为审计证据的过程。审计准则规定，应当对应收账款、银行存款（包括零余额账户和在本期内注销的账户）、借款及与金融机构往来的其他重要信息实施函证程序。若审计人员不需要或函证很可能无效，可不对上述内容进行函证，但需将不函证的理由记录在审计工作底稿中。审计人员还可以根据具体情况和实际需要对其他应收款、应付账款、或有事项、重大或异常交易等实施函证。

函证有两种类型，即积极式函证和消极式函证。

积极式函证，亦称肯定式函证，指审计人员向被审计单位的债务人（债权人）发出询证函，要求收函人证实所查证的人欠、欠人款项是否正确，无论正误都要求复函的一种方式。消极式函证，亦称否定式函证，指审计人员向被审计单位的债务人（债权人）发出询证函，要求收函人证实所查证的人欠、欠人款项是否相符，如相符可不必复函，如不相符则应复函的一种方式。函证工作应当由审计人员直接办理，函件应由审计人员直接寄发和收取，不得委托被审计单位代办。询证函内容应简明扼要，便于对方答复。

5）重新计算。重新计算是指审计人员对记录或文件中的数据计算的准确性进行核对。

6）重新执行。重新执行是指审计人员独立执行原本作为被审计单位内部控制组成部分的程序或控制。

7）分析程序。分析程序是指审计人员通过分析不同财务数据之间以及财务数据与非财务数据之间的内在关系，对财务信息作出评价。分析程序还包括在必要时对识别出的、与其他相关信息不一致或与预期值差异重大的波动或关系进行调查。

审计人员实施分析程序可以用作风险评估程序，了解被审计单位及其环境；当使用分析程序比细节测试能更有效地将认定层次的检查风险降至可接受的水平时，分析程序可以用作实质性程序；在审计结束或临近结束时实施分析程序可对财务报表进行总体复核。

上述审计程序单独或组合起来，可用作风险评估程序、控制测试和实质性程序。

（2）审计证据的收集步骤。

一般来说，审计证据的收集共分为事前收集、事中获取、事后分析三个步骤。

第一步，事前收集。事前收集主要是在审计前收集与审计项目相关的审计证据，也就是收集评价标准，它是衡量和判断审计对象的正确性、真实性、合法性、合规性、有效性的尺度，主要包括被审计单位自己制定的依据、上级单位起草制定下发的各类文件资料以及国家颁布实施的法律法规等。

第二步，事中获取。审计人员在现场审计中收集的证据，是审计证据的主要来源。现场审计证据收集的方法很多，主要有：向被审计单位及相关部门直接索取有关证明材料；现场查阅；抽查有关资料；实地盘点；实地调查；现场观察等。

第三步，事后分析。事后分析主要是对事前收集和事中获取的数据进行分析比较。审计人员利用已获得的有价值的相关资料，采用科学的方法，通过对重要比率、金额及其变动趋势的分析、比较来获取审计证据。

2. 审计证据的评价

所收集到的审计证据并非都有证明力，因而必须对其从充分性与适当性等方面加以评价。审计证据并不是越多越好，应以能说明问题为限。审计人员通过各种途径收集到的审计证据，尽管具有证明力，但其证明力是潜在的，还不能直接用来证明审计项目，必须对证据的充分性、相关性、可靠性、真实性进行评价。对于审计证据与被审计事项没有内在联系的，应果断剔除；只有在证据与证据之间存在联系，且能够相互证实时，审计证据才能够被利用。在证据与证据之间内容不一致或存在矛盾的情况下，还应收集更多的相关证据进行判断。

审计证据的评价主要是评价审计证据的可靠性。审计证据的可靠性受其来源和性质的影响，并取决于获取审计证据的具体环境。审计人员通常按照下列原则考虑审计证据的可靠性：

（1）从外部独立来源获取的审计证据比从其他来源获取的审计证据更可靠。

（2）内部控制有效时内部生成的审计证据比内部控制薄弱时内部生成的审计证据更可靠。

（3）直接获取的审计证据比间接获取或推论得出的审计证据更可靠。

（4）以文件记录形式（无论是纸质、电子或其他介质）存在的审计证据比口头形式的审计证据更可靠。

（5）从原件获取的审计证据比从传真或复印件获取的审计证据更可靠。

（6）如果针对某项认定从不同来源获取的审计证据或获取的不同性质的审计证据能够相互印证，与该项认定相关的审计证据则具有更强的说服力。

3. 审计证据的综合

对经过鉴定的证据还必须加以综合，也就是说，对相关证据从总体上加以归纳、分析、整理，使其条理化。通过综合，选出最适宜的、充分的、有说服力的审计证据，以此作为编写审计报告、发表审计意见、作出审计结论的重要依据。

综合审计证据使审计证据成为有序的、系统化的、彼此联系的证据，据此对被审计单位进行评价，可得出正确的审计意见和审计结论。

（三）编制审计工作底稿的目的和内容

审计工作底稿，是指审计人员对制订的审计计划、实施的审计程序、获取的相关审计证据，以及得出的审计结论作出的记录。

1. 编制审计工作底稿的目的

编制审计工作底稿的主要目的包括：

（1）提供充分、适当的记录，作为审计报告的基础。

（2）提供证据，证明审计人员按照注册会计师审计准则的规定执行了审计工作。

另外还可以实现的目的有：有助于项目组计划和执行审计工作；有助于督导履行职责；便于项目组说明其执行审计工作的情况；保留对未来审计工作持续产生重大影响的事项的；便于审计组织实施质量控制复核与检查；便于监管机构对审计组织实施审计质量检查。

对审计工作底稿的控制应注意以下三点：一是保密；二是保证审计工作底稿的安全与完整；三是便于使用和检索。审计工作底稿可以纸质、电子或其他介质形式存在。

2. 审计工作底稿的内容

审计工作底稿的内容通常包括总体审计策略、具体审计计划、分析表、问题备忘录、重大事项概要、询证函回函、管理层声明书、核对表、有关重大事项的往来信件（包括电子邮件），以及对被审计单位文件记录的摘要或复印件等。另外，审计工作底稿还包括审计业务约定书、管理建议书、项目组内部或项目组与被审计单位举行的会议的记录、与其他人士（如其他注册会计师、律师、专家等）的沟通文件及错报汇总表等。

审计工作底稿通常不包括已被取代的审计工作底稿的草稿或财务报表的草稿、对不全面或初步思考的记录、存在错误而作废的文本，以及重复的文件记录等。审计工作底稿不能代替被审计单位的会计记录。

3. 审计工作底稿的要素

通常，审计工作底稿包括下列全部或部分要素：

（1）审计工作底稿的标题。

（2）审计过程记录。

（3）审计结论。

（4）审计标识及其说明。

（5）索引号及编号。

（6）编制者姓名及编制日期。

（7）复核者姓名及复核日期。

（8）其他应说明的事项。

在记录审计过程中，应当特别注意：具体项目或事项的识别特征；重大事项及相关重大职业判断。重大事项通常包括：引起特别风险的事项；实施审计程序的结果，该结果表明财务信息可能存在重大错报，或需要修正以前对重大错报风险的评估和针对这些风险拟采取的应对措施；导致审计人员难以实施必要审计程序的情形；导致出具非标准审计报告的事项。

（四）审计工作底稿的填制与审核

1. 审计工作底稿的填制

审计工作底稿的填制，是审计工作的必要环节，审计证据的收集质量决定审计工作底稿的填制质量，但审计工作底稿填制的质量高低除取决于审计证据质量外，还取决于填制原则、填制方法、填制步骤等。因此，审计工作底稿的填制，主要是确定填制的原则、填制的主要内容、填制的方法、填制的要求和填制时应注意的问题。

（1）审计工作底稿填制的原则。

要确定哪些内容应记入审计工作底稿并判断有关事项是否应列入审计工作底稿，一般应掌握下列标准：是否为编制审计报告所必需；是否为证明审计项目所必需；是否为纠正违纪行为所必需；是否为本项目今后继续审查所必需；是否符合审计的目的。

除此之外，还要考虑略去某项资料是否会造成不良后果，是否会影响审计报告的客观公正性。

（2）审计工作底稿填制的主要内容。

审计工作底稿是审计人员经过审计证据收集、整理、分析、汇总而形成的书面材料。填制的主要内容包括：已经完全查清或基本查清的事实及其情节；证实该事实确实存在的主证和旁证的说明；衡量该事实是非界限的法律、法规、制度，以及其他有关依据；反映经济效益的目标和指标的实现程度及其管理者尽职尽责的状况；对问题和经济事项的主客观因素的分析和评价；根据审计标准提出处理问题的初步意见和改进管理的初步设想；审计工作底稿的附件。

（3）审计工作底稿填制的要求。

审计工作底稿填制的要求包括：

第一，填制审计工作底稿应当做到内容完整、真实、重点突出。

第二，填制审计工作底稿应当做到观点明确、条理清楚、用词恰当、字迹清晰、格式规范，标识一致；审计工作底稿应有索引编号及顺序编号；审计工作底稿中载明的事项、时间、地点、当事人、数据、计量、计算方法和因果关系必须准确无误，前后一致。

第三，审计工作底稿应做到繁简得当。

第四，审计人员填制的审计工作底稿，不得被擅自删减或修改。

第五，审计工作底稿中由被审计单位、其他第三者提供或代为填制的资料，审计人员除应注明资料来源外，还应实施必要的审计程序，形成相应的审计记录；审计工作底稿所附的审计证明材料应当经被审计单位或其他提供证明资料者的认定鉴证；现金、存货、固定资产等审计工作底稿记录的重要审计事项作为形成审计意见和审计决定的证明材料使用时，必须有相关单位责任人的签名或盖章。

2. 审计工作底稿的审核

无论是民间审计还是国家审计或内部审计，为了保证审计质量，减少审计风险，均要求建立审计工作底稿审核制度，审核工作主要是寻找最终责任人，包括以下内容：

（1）确定审核的质量标准。

审计工作底稿的质量直接影响着审计报告的质量。衡量审计工作底稿质量的标准是：写入工作底稿的事项是否真实、贴切，与事实核对无误；写入工作底稿的证据是否经过验证、鉴别，具有胜任性和公认性；写入工作底稿的旁证是否引用准确、完备，具有充分的政策法规依据；写入工作底稿的事实和证据是否经得起审计会议的审定和上级审计机关复审的检验。

（2）确定审核的内容。

一般说来，民间审计应由项目经理、部门经理、主任会计师或审计组织负责人审核。审核的内容分为现场审核和定稿审核两方面。

1）现场审核是对填制审计工作底稿进行事中监督和核对。其审核内容有：

第一，审计方案预测的情况与审计工作底稿中证实的情况的差异，检查分析差异产生的原因。经过审阅，对审计方案作相应的调整或及时指导填制人做出相应的补充填制或补充查核。

第二，审核是否在审计过程中发现了在通常情况下预测不到的重大审计案件，以及是否需要对方案或人员进行相应的调整。

第三，审核审计项目的完成进度。

2）定稿审核是对审计工作底稿的总审核。其审核内容包括：

第一，审核审计工作底稿的内容是否完整，数字是否关联。

第二，对于具有法律意义的审计工作底稿，审核是否具备了法律证据的条件。

第三，审核审计证据的合理性；审核审计工作底稿是否足以支持审计报告的内容；审核重要的审计要点是否经过认真查核，并有足够的查核记录资料。

第四，审核结果是否正确，评估是否合理，稿内逻辑关系能否成立。

第五，审核审计工作是否遵循审计工作程序，审计查核工作是否按审计方案的要求认真执行，审计项目执行结果是否达到预期的目的。

第六，审核审计工作底稿的填制是否符合规范，签章是否齐全，书写是否符合要求。

审核完毕，如无不同意见，应签章以示负责；如有不同意见，须做出明确的表达，以指示填制人予以补充执行。

审计工作底稿是重要的审计档案。审计人员应当按照会计师事务所质量控制政策和程序的规定，及时将审计工作底稿归整为最终审计档案。审计工作底稿的归档期限为审计报告日后 60 天内。如果审计人员未能完成审计业务，审计工作底稿的归档期限为审计业务中止后的 60 天内。会计师事务所的审计工作底稿应当自审计报告日起，至少保存 10 年。

第三节　审计的报告阶段

审计的报告阶段也称审计的终结阶段。审计人员在实施必要的审计程序，取得审计证据后，即进入审计的报告阶段，其主要的工作内容包括下述几个方面。

一、鉴定和评价审计证据

鉴定和评价审计证据是指将审计实施阶段收集到的分散状态的个别审计证据有机地联系起来，形成具有充分证明力的审计证据体系，评价审计中的重大发现，并以此得出正确的审计结论。这也是审计人员凭借专业知识及个人实践经验，对审计证据进行分析研究和综合运用的过程。

二、汇总审计差异

若审计人员在审计过程中发现被审计单位的会计处理方法与《企业会计准则》不一致，即审计差异，须进行汇总。审计差异按照是否需要调整账户记录分为核算错误和重分类错误。

审计项目负责人应根据审计重要性原则予以初步确定并汇总差异，建议被审计单位进行调整，使得经审计的财务报表所载信息能够公允地反映被审计单位的财务状况、经营成果和现金流量。首先是编制审计差异调整表，还需要将建议调整的不符事项、重分类错误以及未调整不符事项分别汇总至“账项调整分录汇总表”、“重分类调整分录汇总表”与“未更正错报汇总表”；其次要编制试算平衡表，用以确定审计人员考虑调整分录、重分类分录等内容以确定已审数与报表披露数；最后，试算平衡表编制完成后，应核对相应的钩稽关系。

三、复核审计工作底稿和财务报表

审计工作底稿是审计人员在审计工作中综合、分析、整理与审计有关的资料所形成的书面文件。审计工作底稿由审计人员独立填写，难免存在主观性和片面性，还必须对其进行分类、归纳、排序等。因此，通过对审计工作底稿的复核，可以保证审计工作的质量。

对财务报表总体合理性实施分析程序，确定经审计调整后的财务报表整体是否与对被审计单位的了解一致、是否具有合理性。

四、考虑持续经营假设

持续经营假设是指被审计单位在编制财务报表时，假定其经营活动在可预见的将来会继续下去，不拟也不必终止经营或破产清算，可以在正常的经营过程中变现资产、清偿债务。是否以持续经营假设为基础编制财务报表，对会计确认、计量和列报将产生很大影响。

审计人员的责任是：就被审计单位管理层在编制和列报财务报表时运用持续经营假设的适当性获取充分、适当的审计证据，并就持续经营能力是否存在重大不确定性得出结论。如果存在可能导致被审计单位不再持续经营的未来事项或情况，审计的固有限制对审计人员发现重大错报能力的潜在影响会加大。审计人员不能对这些未来事项或情况作出预测。相应地，审计人员未在审计报告中提及持续经营的不确定性，不能被视为对被审计单位持续经营能力的保证。

在计划审计工作和实施风险评估程序时，审计人员应当考虑是否存在可能导致对持续经营能力产生重大疑虑的事项或情况及相关的经营风险，评价管理层对持续经营能力作出的评估，并考虑已识别的事项或情况对重大错报风险评估的影响，实施追加审计程序，运用职业判断，确定是否存在与事项或情况相关的重大不确定性并考虑对审计意见的影响。

五、或有事项审计

或有事项，是指过去的交易或事项形成的，其结果须由某些未来事项的发生或不发生才能决定的不确定事项。常见的或有事项包括：未决诉讼或仲裁、债务担保、产品质量保证、亏损合同、重组义务、承诺、环境污染整治等。

或有事项审计所要达到的审计目标有：确定或有事项是否存在和完整；确定或有事项的确认和计量是否符合《企业会计准则》的规定；确定或有事项的列报或披露是否恰当。

六、期后事项审计

期后事项，是指财务报表日至审计报告日之间发生的事项，以及审计人员在审计报告日后知悉的事实。

审计人员应当保持应有的职业谨慎，充分关注以下两类期后事项对会计报表的影响：

（1）对财务报表有直接影响需要调整的事项。

（2）对财务报表没有直接影响但应予披露的事项。

审计人员应当设计和实施审计程序，获取充分、适当的审计证据，以确定所有在财务报表日至审计报告日之间发生的、需要在财务报表中调整或披露的事项均已得到识别。

在审计报告日后，审计人员没有义务针对财务报表实施任何审计程序。

在审计报告日后至财务报表报出日前，如果知悉了某项事实，且若在审计报告日知悉可能导致修改审计报告，审计人员应当：与被审计单位管理层和治理层讨论该事项；确定财务报表是否需要修改；如果需要修改，询问被审计单位管理层将如何在财务报表中处理该事项，以发表恰当的审计意见。

审计人员应在审计过程中获取被审计单位管理层关于持续经营、或有事项、期后事项、关联交易等的书面声明，作为必要的审计证据。书面声明不包括财务报表及其认定，以及支持性账簿和相关记录。

七、编写审计报告

审计报告是审计人员根据审计准则的规定，在执行审计工作的基础上，对审计事项发表审计意见的书面文件。

审计人员应当根据审计证据收集整理的情况，得出审计结论，书面表达审计意见，同时将已审财务报表附于审计报告之后，以便于审计报告阅读者及财务报表使用者正确理解和使用审计报告，并防止被审计单位替换、更改已审计的财务报表。

审计报告具有特定的要素和格式，撰写时先拟订初稿，经过复核程序后根据修改意见修改，再与被审计单位交换意见，然后再经过复核修改定稿后送交审计委托人。

八、提出管理建议书

管理建议书是审计人员在完成审计实施阶段后，针对所关注的被审计单位的内部控制缺陷，以书面形式向被审计单位治理层或管理层提出的改进意见。

九、将审计资料归档

在审计项目完成之后，审计人员应当将审计报告、审计工作底稿及各种审计证据等其他资料，按照一定的要求进行整理、归类、装订、立档。由此形成的审计档案既是审计业务的真实记录，也是衡量审计工作质量的标志，同时也是检查审计工作、研究审计历史的重要资料。

本章小结

本章主要介绍审计程序三个阶段（审计的准备阶段、审计的实施阶段和审计的报告阶段）的审计工作内容。审计准备阶段的主要工作内容包括：调查了解被审计单位的基本情况；签订审计业务约定书；初步评价被审计单位的内部控制系统；确定重要性水平；分析审计风险；编制审计计划。审计的实施阶段的主要工作内容包括：对被审计单位内部控制制度进行调查和评价；对被审计单位内部控制制度进行控制测试；对财务报表及凭证、账簿进行实质性测试；收集审计证据，形成审计工作底稿。审计的报告阶段的主要工作内容包括：鉴定和评价审计证据；汇总审计差异；复核审计工作底稿和财务报表；考虑持续经营假设；或有事项审计；期后事项审计；编写审计报告；提出管理建议书；将审计资料归档。

本章重要术语

审计程序	审计准备阶段	审计实施阶段
审计报告阶段	审计业务约定书	重要性
审计风险	重大错报风险	财务报表层次的重大错报风险
认定层次的重大错报风险	检查风险	审计计划
总体审计策略	具体审计计划	审计证据
审计工作底稿	或有事项审计	期后事项审计

第五章　内部控制及其评审

引　言

本章主要介绍审计人员如何了解、记录、测试和评价被审计单位的内部控制，并在此基础上评估被审计单位的重大错报风险，指出风险识别要求和风险应对策略。

学习目标

学完本章后，您将能够：

1. 理解内部控制的定义、目标和要素；
2. 掌握内部控制测试、风险评估的评价方法；
3. 描述被审计单位的内部控制；
4. 分析评价被审计单位的内部控制薄弱环节，指出重大错报风险所在；
5. 掌握内部控制审计报告意见类型及管理建议书内容。

现代审计已经由以制度为基础的内部控制测试审计发展为以风险评估为导向的风险导向审计，但是不管是制度基础审计还是风险导向审计，对被审计单位的内部控制首先要进行了解与评价，进而对内部控制进行测试，根据测试结果确定对实质性测试的时间、范围的影响。

第一节　内部控制概述

一、内部控制的定义与目标

（一）内部控制的定义

内部控制是被审计单位为了合理保证财务报告的可靠性、经营的效率和效果以及对法律法规的遵守，由治理层、管理层和其他人员设计和执行的政策和程序。从广义来讲，一个单位的内部控制是指单位的内部管理控制系统，包括为保证单位正常运营所采取的一系列必要的管理措施。

（二）内部控制的目标

建立健全内部控制是被审计单位管理当局的会计责任。具体来说，内部控制应当实现以下目标：

（1）合理保证企业经营管理合法合规。

（2）保证财务报告及相关信息真实完整，保证所有交易和事项以正确的金额在恰当的会计期间及时记录于适当的账户，使会计报表的编制符合会计准则的相关要求。

（3）保证资产安全，对资产和记录的接触、处理均经过适当的授权，账面资产与实存资产定期核对相符。

（4）促进单位实现发展战略。

二、内部控制要素

内部控制包括管理当局设计和实施的、为实现管理当局的控制目标提供合理保证的五类控制。这些控制被称为内部控制要素，具体包括：控制环境、风险评估、控制活动、信息与沟通、内部监督。每个内部控制要素都包含大量的控制措施。审计人员主要关注的是旨在防止或者发现财务报表重大错报的内部控制要素。

（一）控制环境

任何单位的控制都存在于一定的控制环境中。

所谓控制环境，是对单位内部控制的建立和实施有重大影响的客观与外在因素的统称。内部控制环境是单位实施内部控制的基础，一般包括治理结构、机构设置及权责分配、内部审计、人力资源政策、企业文化等。控制环境包括治理职能和管理职能，以及治理层和管理层对内部控制及其重要性的态度、认识和措施。控制环境设定了单位的内部控制基调，影响员工对内部控制的认识和态度，良好的控制环境是实施有效内部控制的基础。

控制环境的构成要素有：

（1）对诚信和道德价值观念的沟通与落实。

（2）对胜任能力的重视。

（3）治理层的参与程度。

（4）管理层的理念和经营风格。

（5）组织结构。

（6）职权与责任的分配。

（7）人力资源政策与实务。

审计人员了解了控制环境的各组成部分后，将会根据了解到的信息来评价管理层和董事会对内部控制重要性的态度和了解程度。在人力资源政策内容中，应特别关注单位的关键岗位员工的强制休假制度和定期岗位轮换制度以及掌握国家秘密或重要商业机密的员工离岗的限制性规定。

（二）风险评估

任何经济组织在经营活动中都会面临各种各样的风险，风险对组织的生存和竞争能力产生影响。

风险评估，是指管理层识别并采取相应行动和措施，来管理和控制对经营、财务报告、符合性目标有影响的内部或外部风险，包括风险识别和风险分析。风险识别包括对外部因素（如技术发展、竞争、经济变化）和内部因素（如员工素质、单位活动性质、信息系统处理的特点）进行检查。风险分析涉及估计风险的重大程度、评价风险发生的可能性、考虑如何应对风险等。

可能产生风险的事项和情形包括：

（1）监管及经营环境的变化。

（2）新员工的加入。

（3）新信息系统的使用或对原系统进行升级。

（4）业务的快速发展。

（5）新技术的应用。

（6）新生产型号产品的开发和利用及其业务活动。

（7）单位重组。

（8）发展海外经营。

（9）新的会计准则的运用。

被审计单位的风险评估过程包括识别与财务报告相关的经营风险，以及针对这些风险所采取的措施。审计人员应当了解被审计单位的风险评估过程和结果。

（三）控制活动

审计人员应当了解被审计单位的控制活动，以足够评估认定层次的重大错报风险和针对评估的风险设计进一步的审计程序。

单位应当结合风险评估结果，通过手工控制与自动控制、预防性控制与发现性控制相结合的方法，运用相应的控制措施，将风险控制在可承受范围之内。

控制措施一般包括：不相容职务分离控制、授权审批控制、会计系统控制、财产保护控制、预算控制、运营分析控制和绩效考评控制等。

（1）不相容职务分离控制。单位要全面系统地分析、梳理业务流程中所涉及的不相容职务，采取相应的分离措施，形成各司其职、各负其责、相互制约的工作机制。

（2）授权审批控制。单位根据常规授权和特别授权的规定，明确各岗位办理业务和事项的权限范围、审批程序和相应责任。

单位应当编制常规授权的权限规定，规范特别授权的范围、权限、程序和责任，严格控制特别授权。常规授权是指单位在日常经营管理活动中按照既定的职责和程序进行的授权。特别授权是指企业在特殊情况、特定条件下进行的授权。

单位各级管理人员应当在授权范围内行使职权和承担责任。单位对于重大的业务和事项，应当实行集体决策审批或者联签制度，任何个人不得单独进行决策或者擅自改变集体决策。

（3）会计系统控制。单位要严格执行国家统一的会计准则制度，加强会计基础工作，明确会计凭证、会计账簿和财务会计报告的处理程序，保证会计资料真实完整。

（4）财产保护控制。企业要建立财产日常管理制度和定期清查制度，采取财产记录、实物保管、定期盘点、账实核对等措施，确保财产安全。单位应当严格限制未经授权的人员接触和处置财产。

（5）预算控制。单位要实施全面预算管理制度，明确各责任单位在预算管理中的职责权限，规范预算的编制、审定、下达和执行程序，强化预算约束。

（6）运营分析控制。单位要建立运营情况分析制度，经理层应当综合运用生产、购销、投资、筹资、财务等方面的信息，通过因素分析、对比分析、趋势分析等方法，定期开展运营情况分析，发现存在的问题，及时查明原因并加以改进。

（7）绩效考评控制。单位要建立和实施绩效考评制度，科学设置考核指标体系，对单位内部各责任部门和全体员工的业绩进行定期考核和客观评价，将考评结果作为确定员工薪酬以及职务晋升、评优、降级、调岗、辞退等的依据。

单位应当根据内部控制目标，结合风险应对策略，综合运用控制措施，对各种业务和事项实施有效控制。单位还应当建立重大风险预警机制和突发事件应急处理机制，明确风险预警标准，对可能发生的重大风险或突发事件，制定应急预案、明确责任人员、规范处置程序，确保突发事件得到及时妥善处理。

（四）信息与沟通

信息与沟通是单位及时、准确地收集、传递与内部控制相关的信息，确保信息在企业内部、企业与外部之间进行有效沟通。信息与沟通的质量直接影响到管理层对经营活动作出正确决策和编制可靠的财务报告的能力。重要信息应当及时传递给董事会、监事会和经理层。

审计人员应当从下列方面了解与财务报告相关的信息：

（1）在被审计单位经营过程中，对财务报表具有重大影响的各类交易。

（2）在信息技术和人工系统中，交易生成、记录、处理和报告的程序。

（3）与交易生成、记录、处理和报告有关的会计记录、支持性信息和财务报表中的特定项目。

（4）信息系统如何获取除各类交易之外的对财务报表具有重大影响的事项和情况的

信息。

（5）被审计单位编制财务报告的过程，包括作出的重大会计估计和披露。

（五）内部监督

内部监督是单位对内部控制建立与实施情况进行监督检查，评价内部控制的有效性，发现内部控制缺陷时，应当及时加以改进。管理层的重要职责之一就是建立和维护控制并保证其持续有效运行，对控制的内部监督可以实现这一目标。

内部监督分为日常监督和专项监督。日常监督是指企业对建立与实施内部控制的情况进行常规、持续的监督检查；专项监督是指在企业发展战略、组织结构、经营活动、业务流程、关键岗位员工等发生较大调整或变化的情况下，对内部控制的某一或者某些方面进行有针对性的监督检查。专项监督的范围和频率应当根据风险评估结果以及日常监督的有效性等予以确定。

单位应当制定内部控制缺陷认定标准，对监督过程中发现的内部控制缺陷，应当分析缺陷的性质和产生的原因，提出整改方案，采取适当的形式及时向董事会、监事会或者经理层报告。

内部控制缺陷包括设计缺陷和运行缺陷。单位应当跟踪内部控制缺陷整改情况，并就内部监督中发现的重大缺陷，追究相关责任单位或者责任人的责任。

单位应当结合内部监督情况，定期对内部控制的有效性进行自我评价，出具内部控制自我评价报告。

被审计单位通过持续的监督活动、专门的评价活动或两者相结合，实现对控制的监督。既可以利用内部审计，也可以利用与外部有关各方沟通或交流所获取的信息，监督相关的控制活动，及时发现内部控制存在的问题，及时采取措施予以纠正。

审计人员通常会在被审计单位整体层面了解对控制的监督，也会在业务流程层面了解有关业务流程的具体监督活动。

三、了解内部控制的方法

审计人员可采用文字描述法、调查问卷法、流程图法对被审计单位的内部控制进行了解和记录，并形成审计工作底稿。这些方法可单独使用，也可结合使用。

（一）文字描述法

文字描述法是指审计人员运用文字书面描述被审计单位的内部控制情况。恰当的文字描述包括以下四个方面：

（1）系统中各凭证和记录的来源；

（2）进行的所有处理；

（3）系统中各凭证和记录的处理；

（4）与控制风险评价相关的内部控制的说明。

用文字描述法描述内部控制具有灵活性的特点，它可以用来描述各种类型的业务，也可以用来描述内部控制制度中的特殊情况。该方法的缺点是描述内容不够直观，特别是对于较为复杂的业务，有时不易描述清楚。

（二）调查问卷法

调查问卷法是指审计人员根据被审计单位的业务类型、业务循环、内部控制等，将内部控制的必要事项，特别是与确保会计记录的准确性和可靠性、确保资产的安全和完整有关的主要事项作为调查项目，并系统地以表格形式罗列。

调查问卷法示例见表 5—1。

表 5—1　　销货业务内部控制调查表

被审计单位名称：　　　　索引号　　页次
　　　　　　　　　　　　编制人　　日期
被审计期间：　　　　　　复核人　　日期

问题	回答			取得方式	评注
	是	否	不适用		
一、登记入账的销货确系已发运给实有其人的顾客					
登记入账的销货是否有已经审批的发运单和顾客订单为依据	√				章某检查所附的凭证
二、销货业务已经过适当的审批					
1. 对顾客赊销是否经负责人批准	√				由总经理批准
2. 任何商品出厂是否都要求有事先编号的书面发运单	√				
三、现有销货业务都已登记入账					
1. 发运单是否由企业采用适当的方式予以控制，以保证所有发货都已开票收款	√				
2. 发运单是否均预先编号并登记入账	√				已预先编号，但未登记入账，需进一步检查
3. 销货发票是否均预先编号并登记入账	√				
四、登记入账的销货确系订购的数额，且已正确开票收款					
1. 销货发票和发运单所列的数量是否核对相符		√			需指派人员进行核对
2. 销货发票是否经过单价检查、乘积复核和加总复核	√				
3. 是否定期给常年顾客发出对账单		√			需函证
五、销货业务已及时登记入账					
登记入账的日期与发运单的日期是否经过比较核对		√			制度中存在弱点，需进一步检查
六、销货业务在明细账中的记录与总账相符					
明细账是否加总复核，是否与总账核对相符	√				

（三）流程图法

流程图是用符号和图形来表示被审计单位经济业务和文件凭证在组织机构内部有序流转的图示。恰当的流程图的特征与文字描述的特征相同。

流程图法可以简洁地表明客户内部控制制度的概况，审计人员可以将其作为评价内部控制的一个分析工具，清楚了解内部控制的运行情况并便于确定内部控制的缺陷。流程图比文字描述更直观、更易让人理解；而且更新流程图也比更新文字描述容易。

四、内部控制的局限性

内部控制存在固有局限性，无论如何设计和执行，只能对财务报告的可靠性提供合理的保证。内部控制存在的固有局限性包括：

第一，在决策时人为判断可能出现错误和由于人为失误而导致内部控制失效。

第二，可能由于两个或更多的人员串通或管理层凌驾于内部控制之上而被规避。

第三，如果被审计单位内部行使控制职能人员的素质不适应岗位要求，也会影响内部控制功能的正常发挥。

第四，受某项控制成本制约，若预计控制成本大于控制效果而导致产生损失时，没有必要设置控制环节或控制措施。

第二节　内部控制测试、审计与评价

一、控制测试的含义与要求

（一）控制测试的含义

控制测试是指用于评价内部控制在防止或发现并纠正认定层次重大错报方面的运行有效性的审计程序。它与“了解内部控制”不同。“了解内部控制”包含两层含义：一是评价控制的设计；二是确定控制是否得到执行。测试控制运行的有效性与确定控制是否得到执行所需获取的审计证据是不同的。

在实施风险评估程序以获取控制是否得到执行的审计证据时，审计人员应当确定控制是否存在、被审计单位是否正在使用。

控制测试并非在任何情况下都需要实施。当存在下列情形之一时，审计人员应当实施控制测试：

(1) 在评估认定层次重大错报风险时，预期控制的运行是有效的；

(2) 仅实施实质性程序并不能提供认定层次充分、适当的审计证据。

只有认为控制设计合理、能够防止或发现和纠正认定层次的重大错报时，审计人员才有必要对控制运行的有效性实施测试。

如果认为仅实施实质性程序获取的审计证据无法将认定层次重大错报风险降至可接受的低水平，审计人员应当实施相关的控制测试，以获取控制运行有效性的审计证据。

（二）控制测试的要求

在测试控制运行的有效性时，审计人员应当从下列三个方面获取审计证据：

（1）控制在所审计期间的相关时点是如何运行的；

（2）控制是否得到一贯执行；

（3）控制由谁或以何种方式执行。

在了解控制是否得到执行时，审计人员只需抽取少量的交易进行检查或观察某几个时点。但在测试控制运行的有效性时，需要抽取足够数量的交易进行检查或对多个不同时点进行观察。

二、内部控制审计

内部控制审计，是指审计组织接受委托，对特定基准日内部控制设计与运行的有效性进行审计。它既可以由民间审计承担，也可以由内部审计实施。下面主要从民间审计角度阐述。

建立健全和有效实施内部控制，评价内部控制的有效性，是企业董事会的责任。按照单位内部控制审计指引的要求，在实施审计工作的基础上对内部控制的有效性发表审计意见，是注册会计师的责任。

注册会计师可以单独进行内部控制审计，也可以将内部控制审计与财务报表审计整合进行（以下简称整合审计）。内部控制审计同样需要进行控制测试。

（一）控制测试的程序

控制测试与了解内部控制的目的不同，但两者采用审计程序的类型通常相同，在测试控制设计与运行的有效性时，应当综合运用询问适当人员、检查相关文件、观察经营活动、穿行测试和重新执行等方法。控制测试的程序为：

第一，询问职员。尽管询问本身不足以测试控制运行的有效性，但是询问仍然是一种获得证据的恰当的形式。审计人员应当将询问与其他审计程序结合使用。

第二，检查凭证、记录和报告。被审计单位的内部控制有许多都留有书面的痕迹和证据线索，审计人员检查这些凭证、记录和报告以确定被审计单位的控制是否完整、有效。

第三，观察与控制相关的活动。与控制相关的活动不一定有书面线索，对于那些没有书面证据的控制，审计人员通常在年度内的不同时点观察它们的执行情况。

第四，穿行测试与重新执行内部控制程序。选择某个控制环节或控制点将控制重新执行一遍，例如，重新编制银行存款余额调节表，以确定单位是否定期地进行银行存款日记账与银行对账单的核对。穿行测试（walk through test）是指针对单位存在的很多笔的同类型的交易、事项，选择其中的一项或几项，重新按顺序操作一遍，在操作、执行的过程中测试业务的整个处理流程是否存在错误、舞弊。

（二）控制测试的时间安排

对控制有效性测试的实施时间越接近基准日，提供的审计证据越有力。为了获取充分、适当的审计证据，审计人员应当在下列两个因素之间作出平衡，以确定测试的时间：

（1）尽量在接近基准日实施测试；

（2）实施的测试需要涵盖足够长期间。

整改后的内部控制需要在基准日之前运行足够长时间，审计人员才能得出整改后的内部控制是否有效的结论。因此，在接受或保持内部控制审计业务时，审计人员应当尽早与被审计单位沟通这一情况，并合理安排控制测试的时间，留出提前量。

（三）获取书面声明

审计人员应当获取经被审计单位签署的书面声明，内容应当包括：

（1）被审计单位董事会认可其对建立健全和有效实施内部控制负责；

（2）被审计单位已对内部控制进行了评价，并编制了内部控制评价报告；

（3）被审计单位没有利用审计人员在内部控制审计和财务报表审计中执行的程序及其结果作为评价基础；

（4）被审计单位根据内部控制标准评价内部控制有效性得出的结论；

（5）被审计单位已向审计人员披露识别出的所有内部控制缺陷，并单独披露其中的重大缺陷和重要缺陷；

（6）被审计单位已向审计人员披露导致财务报表发生重大错报的所有舞弊，以及其他不会导致财务表发生重大错报但涉及管理层、治理层和其他在内部控制中具有重要作用的员工的所有舞弊；

（7）审计人员在以前年度审计中识别出的且已与被审计单位沟通的重大缺陷和重要缺陷是否已经得到解决，以及哪些缺陷尚未得到解决；

（8）在基准日后，内部控制是否发生变化或者是否存在对内部控制产生重要影响的其他因素，包括对内部控制产生重要影响的其他因素，以及被审计单位针对重大缺陷和重要缺陷采取的所有纠正措施。

三、内部控制评价

审计人员在识别和了解并测试了内部控制后，获取了相应的审计证据，接下来需要对内部控制进行评价。

（一）内部控制评价的主要内容

内部控制评价主要包括以下内容：评估组织内部控制的适当性、合法性及有效性；识别与确认内部控制重大缺陷或存在严重风险的业务环节；评估组织非正式的控制及其有效性；评估组织的业务控制流程及其运作效率。

（二）书面沟通内部控制缺陷

内部控制存在的缺陷包括设计缺陷和运行缺陷。设计缺陷是指缺少为实现控制目标所必需的或现有控制设计不适当、即使正常运行也难以实现预期的控制目标。运行缺陷是指现存设计或执行的控制没有按设计意图运行，或执行人员没有获得必要授权或缺乏胜任能力，无法有效地实施内部控制。

审计人员要特别关注内部控制缺陷，应当评价其识别的各项内部控制缺陷的严重程度，以确定这些缺陷单独或组合起来是否构成重大缺陷。表明内部控制可能存在重大缺陷的迹象，主要包括：审计人员发现董事、监事和高级管理人员舞弊；单位更正已经公布的财务报表；审计人员发现当期财务报表存在重大错报，而内部控制在运行过程中未能发现该错报；单位的审计委员会和内部审计机构对内部控制的监督无效。

重大缺陷是内部控制中存在的、可能导致不及时防止或发现并纠正财务报表出现重大错报的一项控制缺陷或多项控制缺陷的组合。

重要缺陷是内部控制中存在的、其严重程度不如重大缺陷但足以引起负责监督被审计单位财务报告的人员（如审计委员会或类似机构）关注的一项控制缺陷或多项控制缺陷的组合。

一般缺陷是内部控制中存在的、除重大缺陷和重要缺陷之外的控制缺陷。

对于重大缺陷和重要缺陷，审计人员应当以书面形式在出具内部控制审计报告之前与管理层和治理层沟通。

审计人员应当以书面形式与管理层沟通其在审计过程中识别的所有其他内部控制缺陷，并在沟通完成后告知治理层。在进行沟通时，审计人员无须重复自身、内部审计人员或被审计单位其他人员以前书面沟通过的控制缺陷。

四、重大错报风险评估

审计人员在对内部控制评价和进一步测试的基础上，对被审计单位的财务报表的重大错报风险进行评估。

重大错报风险，是指财务报表在审计前存在重大错报的可能性。在设计审计程序以确定财务报表整体是否存在重大错报时，审计人员应当从财务报表层次和各类交易、账户余额、披露认定层次考虑重大错报风险。

（一）识别和评估财务报表层次和认定层次的重大错报风险

财务报表层次的重大错报风险，是指通常与控制环境有关，并与财务报表整体存在广泛联系，可能影响多项认定，但难以界定于某类交易、账户余额、披露的具体认定的重大错报风险。例如，在经济不稳定的国家和地区开展业务、资产的流动性出现问题、重要客户流失、融资能力受到限制等，可能导致审计人员对被审计单位的持续经营能力产生重大疑虑。又如，管理层缺乏诚信或承受异常的压力可能引发舞弊风险，这些风险与财务报表整体相关。

认定层次的重大错报风险，是指可以界定于某类交易、账户余额、披露的具体认定的重大错报风险。例如，被审计单位存在较多的或重大的关联方交易，表明关联方及关联方交易的披露认定可能存在重大错报风险；如果被审计单位存在复杂的联营或合资，表明长期股权投资账户的认定可能存在重大错报风险。

（二）识别和评估重大错报风险的审计程序

第一，在了解被审计单位及其环境的整个过程中识别风险，并考虑各类交易、账户余额及披露。例如，宏观经济的低迷可能预示被审计单位的应收账款的回收有问题。

第二，将识别的风险与认定层次可能发生错报的领域相联系。例如，销售困难促使被审计单位被迫将产品的市场价格降低，可能导致年末存货成本高于其可变现净值而需计提存货跌价准备。

第三，考虑识别的风险是否重大，即考虑风险造成后果的严重程度。产品市场价格下降，并不一定意味着年末存货跌价问题严重、存货计价认定发生错报的风险较高，而是要看价格下降幅度的大小、该产品在被审计单位销售收入中所占比例的大小、被审计单位其他产品销售的毛利率大小等因素的影响，应当具体情况具体分析。

第四，考虑识别的风险导致财务报表发生重大错报的可能性。在某些情况下，尽管识别的风险重大，但仍不至于导致财务报表发生重大错报。

（三）可能表明被审计单位存在重大错报风险的事项和情况

审计人员应当关注下列可能表明被审计单位存在重大错报风险的事项和情况，并考虑这些事项和情况导致的风险是否重大，评估该风险导致财务报表发生重大错报的可能性：

（1）在经济不稳定的国家或地区开展业务。

（2）在高度波动的市场开展业务。

（3）在严厉、复杂的监管环境中开展业务。

（4）持续经营和资产流动性出现问题，包括重要客户流失。

（5）融资能力受到限制。

（6）行业环境发生变化。

（7）供应链发生变化。

（8）开发新产品或提供新服务，或进入新的业务领域。

（9）开辟新的经营场所。

（10）发生重大收购、重组或其他非经常性事项。

（11）拟出售分支机构或业务分部。

（12）复杂的联营或合资。

（13）运用表外融资、特殊目的实体以及其他复杂的融资协议。

（14）重大的关联方交易。

（15）缺乏具备胜任能力的会计人员。

（16）关键人员变动。

（17）内部控制薄弱。

（18）信息技术战略与经营战略不协调。

（19）信息技术环境发生变化。

（20）安装新的与财务报告有关的重大信息技术系统。

（21）经营活动或财务报告受到监管机构的调查。

（22）以往存在重大错报或本期期末出现重大会计调整事项。

（23）发生重大的非常规交易。

（24）按照管理层特定意图记录的交易。

（25）应用新颁布的会计准则或相关会计制度。

（26）会计计量过程复杂。

（27）事项或交易在计量时存在重大不确定性。

（28）存在未决诉讼和或有负债。

（四）控制环境对评估财务报表层次重大错报风险的影响

财务报表层次的重大错报风险很可能源于薄弱的控制环境。薄弱的控制环境带来的风险可能对财务报表产生广泛影响，难以限于某类交易、账户余额和披露，审计人员应当采取总体应对措施。

（五）控制对评估认定层次重大错报风险的影响

由于控制有助于防止或发现并纠正认定层次的重大错报，审计人员在评估重大错报风险时，应当将所了解的控制与特定认定相联系，它们可能是直接相关，也可能是间接相关。例如，销售经理对分地区的销售网点的销售情况进行复核，与销售收入完整性的认定只是间接相关，相应地，该项控制在降低销售收入完整性认定中的错报风险方面的效果，要比与该认定直接相关的控制（如将发货单与开具的销售发票相核对）的效果差。

（六）考虑财务报表的可审计性

审计人员在了解被审计单位内部控制后，可能对被审计单位财务报表的可审计性产生怀疑。如果通过对内部控制的了解发现下列情况，并对财务报表局部或整体的可审计性产生疑问，审计人员应当考虑出具保留意见或无法表示意见的审计报告：

（1）被审计单位会计记录的状况和可靠性存在重大问题，不能获取充分、适当的审计证据以发表无保留意见。

（2）对管理层的诚信存在严重疑虑。

必要时，审计人员应当考虑解除业务约定。

（七）对风险评估的修正

审计人员对认定层次重大错报风险的评估应以获取的审计证据为基础，并可能随着不断获取审计证据而作出相应的变化。

评估重大错报风险与了解被审计单位及其环境一样，也是一个连续和动态地收集、更新与分析信息的过程，贯穿于整个审计过程的始终。

（八）审计人员应对重大错报风险时的考虑

审计人员应对重大错报风险时，应当遵守以下规定：

（1）审计人员应当针对财务报表层次的重大错报风险制定总体应对措施，包括向审计项目组强调在获取审计证据过程中保持职业怀疑的必要性，分派更有经验或具有特殊技能的审计人员或利用专家，向审计项目组提供更多督导，对拟实施审计程序的性质、时间和范围作出总体修改等。

（2）审计人员应当针对认定层次的重大错报风险设计和实施进一步的审计程序，包括测试控制的执行有效性以及实施实质性测试程序。

（3）审计人员应当评价风险评估的结果是否适当，并确定是否已经获取充分、适当的审计证据。

（4）审计人员应当将实施关键的程序形成审计工作底稿。

风险应对的最终目的是将审计风险降至可接受的水平。

第三节　内部控制审计报告及管理建议书

审计人员应当将对内部控制的意见、建议以及评估结论等记录于审计工作底稿中，并据此提出改进内部控制的建议，若有必要可编制管理建议书。

一、内部控制审计报告

（一）内部控制审计报告的构成要素

审计人员在完成内部控制审计工作后，应当出具内部控制审计报告。标准内部控制审计报告应当包括下列要素：

（1）标题。

（2）收件人。

（3）引言段。

（4）企业对内部控制的责任段。

（5）审计人员的责任段。

（6）内部控制固有局限性的说明段。

（7）财务报告内部控制审计意见段。

（8）非财务报告内部控制重大缺陷描述段。

（9）审计人员的签名和盖章。

（10）会计师事务所的名称、地址及盖章。

（11）报告日期。

（二）内部控制审计报告的意见类型

1. 无保留意见

符合下列所有条件的，审计人员应当对财务报告内部控制出具无保留意见的内部控制审计报告：

（1）企业按照《企业内部控制基本规范》、《企业内部控制应用指引》、《企业内部控制评价指引》以及企业自身内部控制制度的要求，在所有重大方面保持了有效的内部控制。

（2）审计人员已经按照《企业内部控制审计指引》的要求计划和实施审计工作，在审计过程中未受到限制。

审计人员认为财务报告内部控制虽不存在重大缺陷，但仍有一项或者多项重大事项需要提请内部控制审计报告使用者注意的，应当在内部控制审计报告中增加强调事项段予以说明。

审计人员应当在强调事项段中指明，该段内容仅用于提醒内部控制审计报告使用者关注，并不影响对财务报告内部控制发表的审计意见。

带强调事项段的无保留意见的内部控制审计报告的格式示例如下：

标题	**内部控制审计报告**
收件人	ABC股份有限公司全体股东：
引言段	按照《企业内部控制审计指引》及中国注册会计师执业准则的相关要求，我们审计了ABC股份有限公司（以下简称××公司）××年×月×日的财务报告内部控制的有效性。
管理层对财务报表的责任段	一、企业对内部控制的责任 按照《企业内部控制基本规范》、《企业内部控制应用指引》、《企业内部控制评价指引》的规定，建立健全和有效实施内部控制，并评价其有效性，是企业董事会的责任。
审计人员的责任段	二、注册会计师的责任 我们的责任是在实施审计工作的基础上，对财务报告内部控制的有效性发表审计意见，并对注意到的非财务报告内部控制的重大缺陷进行披露。

	三、内部控制的固有局限性
内部控制固有局限性的说明段	内部控制具有固有局限性，存在不能防止和发现错报的可能性。此外，由于情况的变化可能导致内部控制变得不恰当，或对控制政策和程序遵循的程度降低，根据内部控制审计结果推测未来内部控制的有效性具有一定风险。
	四、财务报告内部控制审计意见
审计意见段	我们认为，××公司按照《企业内部控制基本规范》和相关规定在所有重大方面保持了有效的财务报告内部控制。
	五、非财务报告内部控制的重大缺陷
非财务报告内部控制重大缺陷描述段	在内部控制审计过程中，我们注意到××公司的非财务报告内部控制存在重大缺陷（描述该缺陷的性质及其对实现相关控制目标的影响程度）。由于存在上述重大缺陷，我们提醒本报告使用者注意相关风险。需要指出的是，我们并不对××公司的非财务报告内部控制发表意见或提供保证。本段内容不影响对财务报告内部控制有效性发表的审计意见。
	六、强调事项
强调事项段	我们提醒内部控制审计报告使用者关注，（描述强调事项的性质及其对内部控制的重大影响）。本段内容不影响已对财务报告内部控制发表的审计意见。
会计师事务所名称、地址审计人员姓名报告日期	××会计师事务所（盖章）　　中国注册会计师：×××（签名并盖章） 中国注册会计师：×××（签名并盖章） 中国××市　　二○×二年×月×日

2. 否定意见

审计人员认为财务报告内部控制存在一项或多项重大缺陷的，除非审计范围受到限制，应当对财务报告内部控制发表否定意见。

审计人员出具否定意见的内部控制审计报告，还应当包括下列内容：

（1）重大缺陷的定义。

（2）重大缺陷的性质及对财务报告内部控制的影响程度。

3. 无法表示意见

审计人员审计范围受到限制的，应当解除业务约定或出具无法表示意见的内部控制审计报告，并就审计范围受到限制的情况以书面形式与董事会进行沟通。

审计人员在出具无法表示意见的内部控制审计报告时，应当在内部控制审计报告中指明审计范围受到限制，无法对内部控制的有效性发表意见。

审计人员在已执行的有限程序中发现财务报告内部控制存在重大缺陷的，应当在内部控制审计报告中对重大缺陷做出详细说明。

内部控制审计报告，没有“保留意见”的意见类型，因为被审计单位的内部控制若存在重大缺陷就应出具否定意见的报告，若是一般缺陷，因为不重要，就可以出具无保留意见的报告。

二、管理建议书

（一）管理建议书的概念

管理建议书，是指审计人员针对审计过程中注意到的、可能导致被审计单位会计报表产生重大错报或漏报的内部控制重大缺陷提出的书面建议，是审计增值的一种具体体现形式。

管理建议书是审计过程中的副产品，出具管理建议书并不需要追加执行额外的审计程序，也不会增加审计的时间和成本，更不会影响审计的风险，但会增加审计价值，提高审计服务、审计监督质量。

（二）管理建议书的内容与作用

1. 管理建议书的内容

管理建议书应包括以下基本内容：

（1）标题：管理建议书。

（2）收件人：被审计单位管理层。

（3）会计报表审计目的及管理建议书的性质。审计目的是对会计报表发表审计意见。根据业务约定，审计报告是约定的内容，而管理建议书不是审计人员必须提供的，是审计人员的一种服务增值。管理建议书仅指出了审计人员在审计过程中注意到的内部控制重大缺陷，这与专门对内部控制发表审计意见的内部控制审核业务不同，该建议书不是对内部控制发表的鉴证意见，因此，管理建议书中所提出的建议不具有强制性和公证性，仅供被审计单位管理层内部参考。

（4）内部控制重大缺陷及其影响和改进建议。管理建议书中要指出审计人员在审计过程中注意到的内部控制设计及运行方面的重大缺陷，包括前期建议改进但本期仍然存在的重大缺陷。要指明内部控制重大缺陷对会计报表可能产生的影响以及改进建议，必要时，可说明管理层对上述缺陷及建议所作出的反应。管理建议书中反映的内部控制缺陷，可按其对会计报表的影响程度排列。

（5）使用范围及使用责任：仅供被审计单位管理层内部参考。

（6）签章：审计人员签章，加盖会计师事务所或审计部门公章。

（7）日期：审计人员外勤工作结束日。

2. 管理建议书的作用

管理建议书具有下列作用：

（1）提高审计服务质量，为被审计单位提供审计附加值。一份有深度且贴近实际的管理建议书，可以促进被审计单位及时查漏补缺，完善内部控制，改进管理，提高被审计单位的经营管理效率，为被审计单位提供审计增值。

（2）有利于和审计客户保持良好关系，民间审计还可巩固与拓展审计市场和咨询市场。高质量的审计服务能促进与客户保持良好关系，也可吸引潜在客户，带来潜在审计与咨询业务。而对国家审计和内部审计而言，高质量的审计业务与被审计单位、部门的工作配合及和谐发展成正相关关系。

本章小结

本章阐述了内部控制的定义、目标和五大要素，介绍了评价内部控制的程序、方法以及内部审计及测评的相关内容，同时还重点介绍了重大错报风险的识别、评估和应对策略，要求审计人员应当针对内部控制测试与风险评估过程中发现的内部控制、风险管理的设计与执行方面的重大缺陷，及时以书面或口头形式与被审计单位管理层或治理层沟通。若业务约定需审计人员对被审计单位的内部控制进行审计，审计人员还要出具内部控制审计报告，针对内部控制重大及重要的缺陷，还可提供管理建议书。

本章的内容是本课程的重点和难点。作为会计专业的学生，无论将来选择的职业是会计还是审计，都必须具备建立健全内部控制制度以及风险评估、风险应对的能力，同时还要针对审计过程中发现的内部控制重大缺陷，给出改进建议。

本章重要术语

内部控制	控制环境	风险评估	职责分离
内部控制测评	内部控制审计	穿行测试	文字描述法
调查问卷法	流程图法	控制测试	实质性程序
重大错报风险评估	内部控制审计报告	管理建议书	

第六章　审计抽样

引　言

本章介绍了审计抽样的概念及种类，分析了统计抽样和非统计抽样、属性抽样和变量抽样的相关概念，介绍了各种审计抽样技术方法的基本步骤和结果评价，重点介绍了审计抽样在细节测试中的运用步骤和三种主要方法。

学习目标

学完本章后，您将能够：

❶ 了解审计抽样的各种基本概念；

❷ 掌握审计抽样的步骤和方法；

❸ 比较各种审计抽样方法，并能在细节测试中运用这些方法。

第一节　审计抽样的含义和种类

一、审计抽样的含义

审计抽样，是指审计人员对某类交易或账户余额中低于百分之百的项目实施审计程序，使所有抽样单元都有被选取的机会，为审计人员针对整个总体得出结论提供合理基础。

审计抽样应具备三个基本特征：对某类交易或账户余额中低于百分之百的项目实施审计程序；所有抽样单元都有被选取的机会；审计测试的目的是评价该账户余额或交易的某一特征。

审计抽样技术的运用意味着审计人员不可能也没有必要对被审计单位的所有经济业务和会计记录进行全面详细的审查，而只需恰当地检查部分经济业务和会计记录，并在此基础上推断和估计审计对象的整体情况。

审计抽样对控制测试和实质性测试都适用，但它并不适用于所有的审计程序。例如，审计抽样在顺查、逆查和函证等审计程序中被广泛运用，但通常不宜用于询问、观察和分析性程序。

二、审计抽样的种类

依据不同的标准，审计抽样可以划分为不同的种类。按抽样决策的依据不同，可以将审计抽样划分为统计抽样和非统计抽样；按审计抽样所了解的总体特征的不同，可以将审计抽样划分为属性抽样和变量抽样。

（一）统计抽样和非统计抽样

1. 统计抽样

统计抽样是依据概率论和数理统计原理确定需要抽查的样本量，随机选取样本，并由样本的审查结果来推断总体的抽样技术。

统计抽样需要使用概率论和数理统计知识，并需要企业具有健全的内部控制制度。企业具有健全的内部控制制度，则会计上发生错误和舞弊的可能性就会减少，即使发生错误和舞弊，通过统计抽样也能迅速发现。

统计抽样能够科学地确定样本规模，避免出现样本过多或过少的现象；统计抽样总体中各项目被抽中的机会是均等的，样本的选取是随机的，可以防止主观判断，能较客观地反映总体特征；统计抽样能够计算抽样误差在预定范围内的概率，并根据抽样推断的要求，把误差控制在预定范围内；统计抽样能够客观地评估审计结果和审计工作质量，从而使审计工作规范化，提高审计效率。

2. 非统计抽样

非统计抽样也称判断抽样，是指审计人员根据执业经验和判断能力来确定样本进行审查，并以样本的审查结果推断总体的审计抽样方法。这种方法是否有效，取决于审计人员的经验和主观判断能力。

非统计抽样简单灵活、易于操作，但审计风险较大，适用于工作经验丰富、判断能力强的审计人员。

上述两种抽样技术若运用得当，均可以提供审计所要求的充分、适当的证据，并且都存在某种程度的抽样风险和非抽样风险，采用哪种抽样技术，主要取决于审计人员对成本、效果方面的考虑。非统计抽样可能比统计抽样花费的成本要小，但统计抽样的效果则可能比非统计抽样要好得多。

（二）属性抽样和变量抽样

1. 属性抽样

属性抽样是指在精确度和可靠程度一定的条件下，为了测定总体特征的发生频率而采用的一种抽样方法。属性抽样适用于控制测试，通过对样本的审核来推断总体差错或舞弊的发生频率，证明被审计单位的内部控制是否有效地执行，而不必作出错误数额大小的估计。如在材料购进是否都经过购买批准的内部控制测试中，我们得到的测试结果为“是”或者“不是”，而不是其购买金额。

2. 变量抽样

变量抽样是用来估计总体金额的一种方法。变量抽样适用于实质性测试的统计抽样，通过检查会计报表各项目金额的真实性和正确性，来取得支持或作出审计结论所需的直接证据。

在审计实务中，经常存在同时进行控制测试和实质性测试的情况，这时需要同时采用属性抽样和变量抽样两种抽样方法，称为双重目的抽样。

三、抽样风险和非抽样风险

审计人员在运用抽样技术进行审计时，有两方面的不确定性因素：一个是直接与抽样相关的因素，由此造成的不确定性称为抽样风险；另一个是与抽样无关的因素，由此造成的不确定性称为非抽样风险。

（一）抽样风险

抽样风险是指审计人员依据抽样结果得出的结论，与审计对象总体特征不相符合的可能性。抽样风险是选取的样本不能代表总体的可能性。抽样风险与样本量成反比，增加样本量可以降低抽样风险。

1. 控制测试产生的抽样风险

在进行控制测试时，会产生两种抽样风险：

（1）信赖不足风险。该风险是指抽样结果使审计人员没有充分信赖实际上应予信赖的内部控制的可能性。

（2）信赖过度风险。该风险是指抽样结果使审计人员对内部控制的信赖超过了实际上可予信赖程度的可能性。

2. 实质性测试产生的抽样风险

在进行实质性测试时，也会产生两种抽样风险：

（1）误拒风险，也称“α风险”。该风险是指抽样结果表明账户余额存在重大错误而实际上并不存在重大错误的可能性。

（2）误受风险，也称“β风险”。该风险是指抽样结果表明账户余额不存在重大错误而实际上存在重大错误的可能性。

信赖不足风险与误拒风险一般会导致审计人员执行额外的审计程序，降低审计效率；信赖过度风险与误受风险很可能导致审计人员形成不正确的审计结论。信赖过度风险和误受风险对审计人员来说是最危险的风险，因为它们使审计无法达到预期的效果。

（二）非抽样风险

非抽样风险是指审计人员因采用不恰当的审计程序和方法，或因误解审计证据等而未能发现重大错报漏报的可能性，如审计人员未能识别样本中的错误、运用不当或无效的审计程序、错误解释样本结果等。无论是抽样审计还是详细审计，都无法消除非抽样风险。不过非抽样风险可以通过对审计程序的详细计划及适当的指导和监督来有效降低。

四、审计抽样与专业判断的关系

在审计抽样过程中，无论是统计抽样还是非统计抽样，都离不开审计人员的专业判断。审计抽样不能减少或取代专业判断。

在运用审计抽样时仍存在许多不确定因素，这些不确定因素要由审计人员凭专业的判断来加以解决，所以审计抽样并不排除专业判断。例如审计人员在决定使用审计抽样时，必须依靠专业判断去决定是使用统计抽样还是使用非统计抽样。而在统计抽样全过程中，审计人员均须运用专业判断，例如确定审计对象总体，并明确其特征；决定所采用的选样方法；对抽样结果进行质量上和数量上的评价等。在实际审计工作中，往往把统计抽样和非统计抽样结合起来运用，也就是说，审计抽样附加上专业判断，这样才能收到较好的审计效果。

第二节　审计抽样的基本步骤

审计人员在运用审计抽样方法时，需要经过下述四个基本步骤。

一、样本设计

样本设计是指审计人员在具体审计计划指导下，围绕样本的性质、样本数量、抽样方法、抽样工作质量要求所进行的计划工作。在进行样本设计时应当考虑下述三个方面的因素。

（一）确定审计目标，定义“误差”

审计目标是决定样本设计的前提因素。审计人员在设计样本时，应当首先考虑将要取得的审计证据的特征及构成误差的条件，正确地界定误差和审计对象总体，并确定采用何种审计程序。其中，最为关键的是，根据具体审计目的定义“误差”。一般来说，在进行控制测试时，测试的目标是要评价控制是否有效运行，从而支持评估的重大错报水平，误差是指审计人员认为使控制程序失去效能的所有控制失效事件，是控制偏差；在细节测试中，测试的目标往往是确定相关认定是否存在重大错报，通常将误差界定为错报的金额或错报的相对比率。

（二）定义审计对象总体与抽样单位

审计对象总体是指审计人员为形成审计结论，拟采用抽样方法审计的经济业务及有关会计或其他资料的全部项目。审计人员在确定审计对象总体时，应确保其相关性和完整性。相关性是指审计对象总体必须符合具体的审计目标。例如，如果审计目的在于审查应收账款余额是否多计，则审计对象总体应确定为应收账款明细账；如果审计目的是审查应付账款余额是否少计，则审计对象总体不仅要包括应付账款明细账，还应包括期后付款、未付发票及足以提供应付账款少计证据的其他项目。完整性是指审计对象总体必须包括被审计经济业务或资料的全部项目。

抽样单位是构成审计对象总体的个别项目。审计人员应当根据审计目的及被审计单位的实际情况确定抽样单位。审计人员依据不同的要求和方法，从审计对象总体中选取出若干抽样单位，这就构成了不同的样本。例如，在确定应收账款账面价值时，审计人员可以将货币单位（元）作为抽样单位，也可以将每个应收账款明细账余额作为抽样单位；在对被审计单位的购货业务进行控制测试时，可以把每一张发票作为抽样单位。

（三）确定样本规模

样本规模是指组成样本的项目数。样本是指从总体中抽取进行审查的并具有代表性的项目的集合，组成样本的项目数称为样本规模。在确定样本规模时，审计人员应当考虑能否将抽样风险降至可接受的低水平。

在审计抽样中，样本规模过小，就不能反映出总体的特征，审计人员就无法获取充分的审计证据；样本规模过大，审计成本加大，审计效率降低。样本规模的确定受到可接受的抽样风险、可信赖程度、可容忍误差等多种因素的影响。

1. 可接受的抽样风险

样本规模受审计人员可接受的抽样风险水平的影响，审计人员在设计样本时，应将风险作为一个重要因素加以考虑。可接受的风险水平越低，需要的样本规模越大。

2. 可信赖程度

可信赖程度通常用预计结果能够代表审计对象总体特征的百分比来表示。例如，抽样结果有95%的可信赖程度，就是指抽样结果有95%的可能性代表了总体的特征，有5%的可能性没有代表总体特征。用1减去可信赖程度就是风险。在审计过程中，审计人员对可信赖程度要求越高，需选取的样本量就越大。

3. 可容忍误差

可容忍误差是审计人员认为抽样结果可以达到审计目的而愿意接受的审计对象总体的最大误差，审计人员应当在审计计划阶段，根据审计重要性原则，合理确定可容忍误差。可容忍误差越小，需选取的样本量就越大。

4. 预期总体误差

审计人员应根据以前年度审计所发现的误差、被审计单位经营业务和经营环境的变化、内部控制的评价及分析性复核的结果等，来确定审计对象的预期总体误差。如果预期总体误差大，则应当选取较大的样本量；如果预期总体误差小，则样本量也较小。

5. 分层

分层是将某一审计对象总体划分为若干具有相似特征的次级总体的过程。审计人员可以利用分层表重点审计可能有较大错误的项目，并减少样本量。对总体采用分层法，可以按经济业务的重要性来分，也可以按经济业务的类型等来分。分层主要适用于内部各组成部分具有不同特征的总体。分层可提高抽样效率并减少审计风险。

例如，为函证应收账款，可以将应收账款账户按其金额的重要性分为三层，即账户金额在 10 000 元以上的为第一层，账户金额为 5 000 元～10 000 元的为第二层，账户金额在 5 000 元以下的为第三层。对应收账款账户金额在 10 000 元以上的账户应全部进行肯定式函证。

二、样本选取

样本选取是审计抽样技术的重要环节。审计人员在选取样本时，应使审计对象总体内所有项目均有被选取的机会，以使样本能够代表总体。只有如此，才能保证由抽样结果推断出的总体特征具有合理性、可靠性。如果有意识地选择总体中某些具有特殊特征的项目而对其他项目不予考虑，就无法保证所选样本的代表性。

在审计实务中，常用的选样方法有随机选样、系统选样和任意选样等几种。

（一）随机选样

随机选样是对审计对象总体或次级总体的所有项目，按随机规则选取样本。随机选样通常运用随机数表或计算机产生的随机数来进行。随机数表就是随机产生的由 0 到 9 这 10 个数字所组成的多个几位数字，并将这些数字随机地纵横排列成多行多列的数表。表 6—1 列示了部分随机数表。

表 6—1　部分随机数表

列号 / 随机数 / 行号	1	2	3	4	5
1	10481	45011	01536	02011	81647
2	23368	48573	25595	85313	30995
3	24430	48360	22527	97256	76393
4	42467	93093	06243	61680	07856
5	39590	39975	81837	16656	06121

续前表

行号 \ 随机数 \ 列号	1	2	3	4	5
6	77924	08907	11008	42751	27756
7	99562	72905	56420	69994	98872
8	96301	91977	05463	97872	18876
9	89759	14342	63661	10281	17453
10	85475	36857	53342	53988	53060
11	48018	69578	88231	33276	70997
12	63553	40961	48235	03427	49626
13	19429	93069	52636	92737	88974
14	16365	61129	87529	85689	48237
15	27119	97336	71048	08178	77233

利用随机数表选样的步骤为：

(1) 对被审计总体内的每一项目编号，并建立随机数表与项目编号的一一对应关系。有时被审计总体各项目本身就是顺序编号的单据，如凭证号、支票号、发票号等，这种对应关系就很容易建立；如果没有事先编号，则需要按一定的方法编号才能建立对应关系。

(2) 在随机数表上确定一个起点和选号路线，起点和选号路线可随机选择，但一经选定不得改变。

(3) 从起点开始，按选定路线选出随机数，并查出与其对应的项目编号，若在总体编号范围内，则表示应将编号的项目选为样本；若在总体编号范围外，则舍去。如果选取的数码出现重复，应在不放回抽样的情况下重新补选。

假定审计人员拟对某被审计单位连续编号 500 至 5000 的现金支票进行随机选样，选出一组样本量为 20 的样本。

第一，审计人员确定只用随机数表所列数字的前 4 位数与现金支票的号码一一对应。

第二，确定第 1 列第 1 个数为起点，选号路线从第 1 列开始，依次至第 5 列，按照这一顺序选出的 20 个号码为：1048，2336，2443，4246，3959，4801，1942，1636，2711，4501，4857，4836，3997，890，1434，3685，4096，2559，2252，624。

第三，将与选取的号码对应的 20 张支票作为选定样本进行审查。

(二) 系统选样

系统选样，又称等距选样，是指先计算抽样间隔，确定选样起点，然后按照间隔顺序选取样本的一种选样方法。例如，审计人员希望采用系统选样方法从 2 000 张凭证中选出 100 张作为样本。首先计算出选样间隔为 20（=2 000÷100），假定审计人员确定随机起点为 542，则审计人员每隔 20 张凭证选取一张，共选取 100 张凭证作为样本即可。如542为第一张，则往下的顺序为522，502……；往上的顺序为562，582……。系统选样方法使用方便，可用于无限总体。但使用系统选样方法要求总体必须是随机排列的，否则容易发生较大的偏差。

（三）任意选样

任意选样是不考虑金额大小、资料取得的难易程度及个人偏好，以任意的方式选取样本。使用任意选样时，审计人员要避免由于项目性质、大小、外观和位置的不同引起的偏差。任意选样的缺点在于很难完全无偏见地选取样本项目，其结果有时缺乏合理性和可靠性。

当存在下列情形之一时，审计人员要考虑选取全部项目进行测试：(1) 总体由少量的大额项目构成；(2) 存在特别风险且其他方法未提供充分、适当的审计证据；(3) 由于信息系统自动执行的计算或其他程序具有重复性，对全部项目进行检查符合成本效益原则。对全部项目进行检查，通常更适用于细节测试。

根据对被审计单位的了解、评估的重大错报风险以及所测试总体的特征等，审计人员可以确定从总体中选取特定项目进行测试。选取的特定项目可以包括：(1) 大额或关键项目；(2) 超过某一金额的全部项目；(3) 被用于获取某些信息的项目；(4) 被用于测试控制活动的项目。需要注意的是，根据判断选取特定项目，不是审计抽样，容易产生非抽样风险。对按照这种方法所选取的项目实施审计程序的结果，不能推至整个总体。

三、实施审计程序

选取样本后，审计人员应当针对选取的每个项目，实施符合具体审计目标的审计程序。如果选取的项目不适合实施审计程序，审计人员通常使用替代程序。例如，测试应收账款的余额是否正确时，会采用函证这种审计程序，如果积极式函证未收到回函，审计人员就会实施审查销售发票、销售合同等替代审计程序。如果因凭证缺失等原因导致审计人员无法对所选取的项目实施已设计的审计程序，且不能针对该项目实施适当的替代审计程序，审计人员通常考虑将该项目视作误差。

四、评价抽样结果

审计人员在对样本实施必要的审计后，需要对抽样结果进行评价，具体包括下述程序和内容。

（一）分析样本误差

分析样本误差的要点如下：

第一，根据预先确定的构成误差的条件，确定某一有问题的项目是否为一项误差。

例如，在检查应收账款的余额时，发现被审计单位将某顾客应收账款错记在另一顾客应收账款明细账户中，但这并不影响应收账款的余额，因此在评价抽样结果时，不能认为这是一项误差。

第二，审计人员按照既定的审计程序，无法对样本取得审计证据时，应当实施替代审计程序，以获取相应的审计证据。例如，对应收账款的积极式函证没有收到回函时，审计人员必须审查期后收款的情况，以证实应收账款的余额。如果审计人员无法或者没有执行替代审计程序，则应将该项目视为一项误差。

第三，如果某些样本误差项目具有共同的特征，则应将这些项目作为一个整体，实施相应的审计程序，并根据审计结果，进行单独评价。

第四，在分析抽样结果时，对所发现的误差，应该考虑误差的性质、原因及其对其他相关审计工作的影响。例如，在控制测试中，对样本误差可作如下的定性分析：

（1）审查误差是否超过审计范围，看其是关键的还是非关键的。

（2）分析每一个关键误差的性质和原因，看其是故意的还是非故意的，是系统的还是偶然的，是频繁的还是不频繁的，以及其是否影响到货币金额等。

（3）确定这些误差对其他控制测试以及实质性测试的影响。

（二）推断总体误差

审计人员应根据抽样中发现的误差，采用适当的方法，推断审计对象总体误差。

当总体划分为几个层次时，应先对每一层次做个别的推断，然后将推断结果加以汇总。

由于存在多种抽样方法，审计人员根据样本误差推断总体误差的方法应与所选用的抽样方法一致。

（三）重估抽样风险

审计人员应将总体误差同可容忍误差进行比较，并将抽样结果同从其他有关审计程序中所获得的证据相比较。

如果推断的总体误差超过可容忍误差，经重估后的抽样风险不能接受，应增加样本量或执行替代审计程序。如果推断的总体误差接近可容忍误差，应考虑是否增加样本量或执行替代审计程序。

在进行控制测试时，审计人员如果认为抽样结果无法达到对所测试的内部控制的预期信赖程度，应考虑增加样本量或修改实质性测试程序。

（四）形成审计结论

审计人员在抽样结果评价的基础上，应根据所取得的证据，确定审计证据是否足以证实某一审计对象的总体特征，从而得出审计结论。

第三节　审计抽样在细节测试中的运用

在细节测试中运用的审计抽样技术，主要是变量抽样法。变量抽样法是对审计对象总体的货币金额进行实质性测试时所采用的抽样方法。变量抽样法可用于确定账户金额的多少（如应收账款、应付账款的金额），以及用于确定是否存在重大误差（如存货的实际库存数与盘点数的差异）等。变量抽样法主要有单位平均估计抽样、比率估计抽样和差额估计抽样三种方法，这些方法均可通过分层来实现。

一、单位平均估计抽样

单位平均估计抽样是通过抽样审查确定样本的平均值，再根据样本平均值推断总体的平均值和总值的一种抽样方法。这种方法适用范围十分广泛，即使被审计单位提供的数据不完整、可靠，甚至在被审计单位缺乏基本的经济业务或事项账面记录的情况下均可以使用。

假定审计人员打算通过抽样函证来测试被审计单位应收账款账面价值的正确性。被审计单位应收账款有 3 000 个顾客，期末应收账款余额为 1 340 000 元。审计人员对应收账款账面价值进行实质性测试所运用的抽样及评价步骤如下：

第一，确定审计对象总体及抽样单位。

根据被审计单位实际情况，审计对象总体为 3 000 个应收账款明细账户，每一个应收账款明细账户为一个抽样单位。

第二，定义误差。

根据审计目标，将误差定义为账面价值与实际价值的货币差额。

第三，确定可信赖程度、误拒风险和误受风险水平及可容忍误差。

可信赖程度系数是在审计人员预定的可信赖程度下，正态分布所对应的标准差的倍数。可信赖程度、可信赖程度系数与误拒风险的关系见表 6—2。

表 6—2　　可信赖程度、可信赖程度系数与误拒风险关系表

可信赖程度	可信赖程度系数	误拒风险
80%	1.28	20%
85%	1.44	15%
90%	1.64	10%
95%	1.96	5%
99%	2.58	1%

本例中，考虑到内部控制及抽样风险的可接受水平，审计人员确定可信赖程度为95%，则误拒风险为5%，相应的可信赖程度系数为1.96。

在实务中，审计人员依据对控制风险的评价，通常在5%～30%的范围内指定误受风险。误受风险水平与样本量呈反向变化关系，即误受风险越小，需要的样本量越大。在本例中，审计人员将误受风险定为20%。

可容忍误差是审计人员愿意接受的最大误差，它也是审计人员确定账户余额的重要性水平的金额。本例中，考虑到货币金额的重要性，审计人员确定可容忍误差为60 000元。

第四，确定计划抽样误差。

计划抽样误差是指可容忍误差与预期总体误差之间的差额。计划的抽样误差越大，所需的样本量越小。计划抽样误差也可按下列公式计算：

$$P=R\times 可容忍误差$$

其中，P为计划抽样误差，R为计划抽样误差与可容忍误差的比率，可根据特定的误拒风险和误受风险水平来确定。在实务中，该比率可以通过查表（见表6—3）得到。

表6—3　计划抽样误差与可容忍误差比率表

误受风险	误拒风险			
	20%	10%	5%	1%
5%	0.437	0.5	0.543	0.609
10%	0.5	0.561	0.605	0.668
15%	0.511	0.612	0.653	0.712
20%	0.603	0.661	0.7	0.753
25%	0.653	0.708	0.742	0.791
30%	0.707	0.756	0.787	0.829

在本例中，误拒风险和误受风险分别为5%和20%，因此R为0.7，则：

计划抽样误差＝0.7×60 000＝42 000（元）

第五，估计总体标准差。

为确定样本量，在单位平均估计抽样下，必须预先估计总体标准差。估计总体标准差有三种方法：一是用上年度审计得到的标准差来估计本年度的标准差；二是依据可获得的账面价值资料来估计标准差；三是审计人员可预先选取30～50个较小的初始样本进行审查，再根据这些样本的标准差来估计本年度的总体标准差。

估计总体标准差的计算公式如下：

$$S=\sqrt{\frac{\sum_{i=1}^{n}(X_i-\overline{X})^2}{n-1}}$$

式中：S——估计总体标准差；

X_i——第 i 个初始样本的审定值；

$\overline{X}$——初始样本审定值的平均值；

n——初始样本量。

在本例中，审计人员依据去年审计的情况，估计总体标准差为 100 元，且审计人员决定不进行分层。

第六，确定样本量。

根据统计学的原理，样本量可由下列公式确定：

$$n=\left(\frac{U\times S\times N}{P}\right)^2$$

式中：U——可信赖程度系数；

S——估计总体标准差；

N——总体项目个数；

P——计划抽样误差；

n——放回抽样的样本量。

放回抽样是指样本选取后将其放回总体之中，还有被抽到的机会。在审计工作中，一般采取不放回抽样，则在样本量 n 和总体规模 N 之比大于 0.05 时，采用一个有限修正系数进行调整。调整后的样本量 n' 可通过下列公式计算：

$$n'=\frac{n}{1+(n/N)}$$

在本例中，样本量为：

$$n'=\frac{n}{1+(n/N)}=\frac{196}{1+(196/3\ 000)}=184$$

第七，选取样本并进行审计。

审计人员采用随机选样方法，从应收账款明细账中选取 184 个顾客作为样本，并发出函证。假定函证结果表明，样本的审计价值总额为 81 328 元，平均值为 442（=81 328÷184）元，实际样本标准差为 90 元。

第八，评价抽样结果。

对抽样结果进行评价时，首先应推断出总体金额，并计算推断的总体误差。在本例中，审计人员推断的总体金额和总体误差为：

推断的总体金额＝样本平均值×总体项目个数
＝442×3 000
＝1 326 000（元）

推断的总体误差＝账面价值－推断总体金额
＝1 340 000－1 326 000
＝14 000（元）

然后，计算实际抽样误差。在不放回抽样下，实际抽样误差可按下列公式计算：

$$P' = N \times U \times \frac{S_1}{\sqrt{n}} \times \sqrt{1 - \frac{n'}{N}}$$

式中：P'——实际抽样误差；

S_1——实际样本审计价值的标准差。

在本例中，实际抽样误差为：

$$P' = 3\ 000 \times 1.96 \times \frac{90}{\sqrt{184}} \times \sqrt{1 - \frac{184}{3\ 000}} = 37\ 798\text{（元）}$$

由于实际抽样误差 37 798 元比计划抽样误差 42 000 元要小，审计人员可得出以下结论：有 95%的把握保证 3 000 个应收账款账户的真实总体金额落在 1 326 000 元±37 798元之间，即 1 288 202 元到 1 363 798 元之间。根据以上抽样结果，被审计单位应收账款账面价值1 340 000元落在总体估计价值范围内，表明应收账款金额没有重大的错报。这时，审计人员应将推断的总体误差 14 000 元视为审计差异，并在对会计报表发表意见时予以考虑。

如果抽样结果表明被审计单位应收账款账面价值没有落入总体估计价值范围之内，审计人员应分析原因，并采取以下措施：(1) 增加样本量；(2) 要求被审计单位详细检查应收账款，并适当调整账面价值。

二、比率估计抽样

比率估计抽样是通过样本实际价值与账面价值之间的比率关系来推断总体价值与账面价值的比率，进而估计总体价值的一种抽样方法。采用该方法时，审计人员首先要确定每个样本项目的实际价值，然后再计算样本实际价值之和与样本账面价值之和的比率，并以该比率乘以总体账面价值，从而求出总体价值的估计金额。比率估计抽样的计算公式如下：

$$\text{比率} = \frac{\text{样本实际价值之和}}{\text{样本账面价值之和}}$$

估计的总体价值＝总体账面价值×比率

当误差与账面价值成比例关系时，通常运用比率估计抽样。

假设被审计单位的应收账款账面总值为 1 340 000 元，共计 2 000 个账户，审计人员希望对应收账款总额进行估计，现选出 100 个账户，账面价值为 200 000 元，审计后认定的价值为 196 000 元。

使用比率估计抽样时，审计人员确定的样本实际价值与账面价值的比率为：

比率＝196 000÷200 000＝98%

估计的总体价值＝1 340 000×98%＝1 313 200（元）

三、差额估计抽样

差额估计抽样是通过样本实际价值与账面价值的差额来推断总体价值与账面价值的差额，进而对总体价值作出估计的一种抽样方法。采用该方法时，审计人员先计算样本实际价值与账面价值的差额的平均值，然后再以这个平均差额乘以总体项目个数作为总体差额的估计数，从而求出总体价值的估计金额。差额估计抽样的计算公式如下：

$$平均差额=\frac{样本实际价值与账面价值的差额}{样本量}$$

$$估计的总体差额=平均差额\times总体项目个数$$

当误差与账面价值不成比例关系时，通常运用差额估计抽样。

审计人员在使用比率估计抽样法和差额估计抽样法时，用来确定样本量的计算方法与单位平均估计抽样法基本相同。

本章小结

本章介绍了审计抽样的分类、概念及运用。

审计抽样按抽样决策的依据不同，可划分为统计抽样和非统计抽样；按抽样所了解的总体特征的不同，又可划分为属性抽样和变量抽样。

样本的科学设计是统计抽样的关键环节。样本设计时应当考虑如下因素：审计目标与定义的“误差”、审计对象总体与抽样单位、可接受的抽样风险、可信赖程度、可容忍误差、预期总体误差、分层。样本的选取常用的方法有随机选样、系统选样和任意选样等。

审计人员在对样本实施必要的审计后，需要对抽样结果进行评价。评价抽样结果的具体步骤为：分析样本误差、推断总体误差、重估抽样风险、形成审计结论。

审计抽样在细节测试中的运用方法主要是变量抽样法。变量抽样法有单位平均估计抽样、比率估计抽样和差额估计抽样三种方法，这些方法均可通过分层来实现。

本章重要术语

审计抽样	统计抽样	非统计抽样	属性抽样
变量抽样	审计对象总体	抽样单位	抽样风险
信赖不足风险	信赖过度风险	误拒风险	误受风险
非抽样风险	可信赖程度	可容忍误差	分层
随机选样	系统选样	任意选样	单位平均估计抽样
比率估计抽样	差额估计抽样		

第七章 审计报告

引 言

本章介绍了审计报告的含义、种类和编写要求，对各类审计机构主要审计项目的审计报告作出概要介绍，并重点介绍了审计报告的构成要素和出具不同审计意见类型审计报告的确认条件及表述要求。

学习目标

学完本章后，您将能够：

1. 了解审计报告的意义、作用和撰写步骤及要求；
2. 理解各种审计意见类型的审计报告的内容与结构；
3. 掌握民间审计的不同审计意见类型的审计报告的撰写要求及格式。

第一节 审计报告概述

一、审计报告的含义和种类

（一）审计报告的含义

审计报告是审计机构及审计人员在审计工作结束后，就被审计单位的财务报表和经济活动情况发表审计意见并向审计委托人或授权人所报送的书面文件。

（二）审计报告的种类

审计报告可按不同的标准，划分为不同种类。

1. 标准审计报告和非标准审计报告

按格式和措辞，审计报告可分为标准审计报告和非标准审计报告。

标准审计报告，是指不附加说明段、强调事项段和任何修饰性用语的无保留意见的审计报告。

非标准审计报告包括：带强调事项段无保留意见的审计报告，保留意见的审计报告，否定意见的审计报告，无法表示意见的审计报告。

2. 简式审计报告和详式审计报告

按详略程度，审计报告可分为简式审计报告和详式审计报告。

在我国，国家审计机关和内部审计机构通常都要撰写详式审计报告，而简式审计报告通常用于注册会计师实施的财务报表审计，其格式规范、篇幅较短、内容概括、语言简练扼要。

二、审计报告的作用

审计报告是审计工作的最终总结，也是整个审计工作质量的集中反映。其作用具体表现在以下几个方面：

第一，审计报告可以为政府有关部门了解、掌握企业财务状况和经营成果提供依据。

第二，审计报告可以为银行及其他金融机构进行信贷决策提供依据。

第三，审计报告是企业的投资者和其他债权人作出投资决策的重要依据。

第四，审计报告也是总结审计过程和结果、评价审计人员工作、控制审计质量的重要依据。

三、审计报告的编写要求

（一）撰写各类审计报告的基本要求

1. 格式内容要规范

审计报告是审计人员完成审计工作后，向有关方面提供审计成果的最终文件，因此其撰写的格式与内容要符合有关法规、制度、准则的规定，应用规定要切合具体审计实际。

2. 责任界限要分明

审计报告应当分清被审计单位管理层、治理层及有关人员的会计责任或其他法律责任，以及审计人员、审计机构的审计责任。

3. 审计证据要充分适当

审计报告所列的事实必须证据确凿充分，数据准确可靠，引用资料必须经过反复核实、确定，以事实为根据，凭数据说话，以体现审计工作的客观公正。

4. 关键、重点要突出

审计报告要抓住被审计单位经济活动的主要方面和主要矛盾，坚持重要性原则，对重点、关键问题要充分披露，以便使审计报告使用者充分理解、正确判断，选择相应决策与措施。

5. 措辞文字要准确

审计报告作为书面文件，阐述时其措辞文字一定要恰当、准确、明晰，报告成文要慎重斟酌、反复修改。

6. 意见建议要具体

审计意见表述要清晰明了、规范合理，写明发表审计意见基础的相关经济活动真相，以及得出审计结论的依据，从而说明提出审计意见的理由，再提出改善管理切实可行的审计建议。

7. 报告使用要恰当

审计报告是审计人员对被审计单位于特定时期内与经济活动相关的所有重大方面发表审计意见，不同的审计主体实施的不同的审计项目有不同的审计报告使用者，应当在审计报告中明确审计报告的使用范围及商业保密，以降低审计报告的使用风险。

（二）审计报告的撰写步骤

审计报告的撰写分为下述四个步骤。

1. 整理和分析审计工作底稿

在外勤审计过程中，审计人员所积累的审计工作底稿是分散的、不系统的。编制审计报告时，审计人员应根据委托审计的内容、范围和要求，对审计工作底稿进行整理和分析，全面总结审计工作；回顾是否有遗漏的环节，检查审计计划的实施情况，着重研究审计中发现的问题；对审计工作底稿作出综合结论，形成书面记录。

2. 调整被审计单位会计报表

审计人员对于被审计单位会计处理不当、期后事项和或有损失等事项，有的应提请被审计单位调整会计报表，有的应提请被审计单位在会计报表附注中加以披露。如审计报告用于对外公布目的，除被审计单位会计报表不需调整外，审计人员应在报送审计报告时附送被审计单位调整后的会计报表。

3. 确定审计报告意见的类型和措辞

除专门要求说明外，审计报告不应将被审计单位已调整的事项再作说明。受托的审计项目中，如果有一部分或某项内容已由其他审计机构进行了审计，确定审计意见时应注意划清与其他审计机构及其审计人员之间的责任，不应对受托项目的全部内容发表审计意见，并在审计报告中予以说明。审计项目负责人按照法规与准则的规定正确地确定审计意见的类型，准确地表述审计意见。

4. 撰写和出具审计报告

审计报告由审计项目负责人撰写。审计报告完稿后，应经审计机构的业务负责人进行复核，并提出修改意见。如审计证据不足难以发表审计意见，则应要求审计人员追加审计程序，以确保审计证据的充分性与适当性。最后由单位或审计机构负责人审核、签发，出具审计报告。

第二节　审计报告的构成要素及不同意见类型

一、审计报告的基本构成要素

根据不同的审计目标和审计内容，各类审计机构出具不同意见类型的审计报告，相应有不同审计报告的内容和结构。

审计报告的基本构成要素包括以下几个方面：

（1）标题。包括审计准则规定的统一标题或特定审计项目反映具体审计目的与内容的专项标题。

（2）收件人。审计报告的收件人是指审计项目委托人或授权人。

（3）引言段。引言段应当说明被审计单位的名称和审计的范围及内容已经过审计。

（4）管理层对财务报表的责任段。

（5）审计人员的责任段。

（6）审计意见段（含结论、建议）。具体包括：财务报表是否按照适用的会计准则和相关会计制度的规定编制，是否在所有重大方面公允反映了被审计单位的财务状况、经营成果和现金流量；经济活动的有效性和合理性；特定事项的合法性、真实性。

（7）报告人地址及其签名、盖章。报告人是指审计机构及有资质签章的审计人员。

（8）报告日期。

二、确定审计报告意见类型

根据审计结果和被审计单位对有关问题的处理情况，审计人员会形成不同审计意见并出具不同意见类型的审计报告。审计人员出具的无保留意见的审计报告且不附加说明段、强调事项段或任何修饰性用语，称为标准审计报告。非标准审计报告是指标准审计报告以外的其他意见类型的审计报告，包括带强调事项段的无保留意见审计报告和非无保留意见审计报告。非无保留意见的审计报告包括保留意见审计报告、否定意见审计报告和无法表示意见审计报告。

审计人员在出具保留意见、否定意见和无法表示意见的审计报告时，要判断财务报表错报金额或因审计范围受到限制的影响是否重大，即重要性水平。在其他条件相同的情况下，重要性水平是考虑审计报告类型的重要依据，重要性和审计意见类型之间的关系可见表7—1。

表 7—1　　重要性和审计意见类型之间的关系

错报水平与重要性水平比较	从正常报表使用者的决策角度考察重要性水平	审计意见类型
低于	使用者的决策不会受影响	无保留意见
接近于	有问题的信息对报表使用者具体决策具有重要影响，但财务报表整体仍然是公允的	保留意见
高于	大部分或所有使用者基于财务报表所作的决策都会受到严重影响，财务报表整体有失公允	否定意见

另外，错报的性质也是确定审计报告类型时应考虑的因素。如果某项错报金额或审计范围受到限制对被审计单位财务报表并不重要，预计也不会对未来各期财务报表产生重要影响，审计人员就可出具无保留意见的审计报告。若审计范围受到严重限制，应该出具无法表示意见的审计报告，或者取消审计业务约定。

（一）错报金额与重要性水平的比较

重要性取决于在具体环境下对错报金额和性质的判断，如果一项错报单独或连同其他错报可能影响财务报表使用者依据财务报表作出的经济决策，则该项错报是重大的。审计人员对重要性水平的评估取决于被审计单位及其环境、财务报表项目的性质和自身的职业判断。重要性水平的判断基础通常包括资产总额、净资产、营业收入、净利润等。例如，审计人员可以采用资产总额的0.5％～1％、净资产的1％、营业收入的0.5％～1％或净利润的5％～10％等来确定重要性水平。验证重要性水平是否合适的方法是将其纳入财务指标体系的计算中，观察其对财务指标的影响。测试时，运用的财务指标既涉及资产负债表又涉及利润表和其他财务资料时更有用，如净资产收益率等。

下面将错报金额或审计范围受到限制的影响与重要性水平进行比较，以判断出具审计报告的类型。

1. 错报金额或审计范围受到限制的影响不重要

当被审计单位会计政策的选用、会计估计的作出或财务报表的披露不符合适用的会计准则和相关会计制度的规定时，或因审计范围受到限制，无法获取充分、适当的审计证据，但所涉金额不大，远远低于重要性水平，不至于影响财务报表使用者的决策，因而审计人员认为该金额并不重要时，就可以出具无保留意见的审计报告。

2. 错报金额或审计范围受到限制的影响重要，但就财务报表整体而言是公允的

当被审计单位会计政策的选用、会计估计的作出或财务报表的披露不符合适用的会计准则和相关会计制度的规定时，或因审计范围受到限制，无法获取充分、适当的审计证据，所涉金额超过重要性水平，在某些方面影响财务报表使用者的决策，但对财务报表整体而言仍然是公允的时，审计人员可以出具保留意见的审计报告。

3. 错报金额重要或审计范围受到严重限制且影响广泛，以致财务报表整体公允性存在问题

当被审计单位会计政策的选用、会计估计的作出或财务报表的披露不符合适用的会计准则和相关会计制度的规定时，或因审计范围受到严重限制，无法获取充分、适当的审计证据，金额超过重要性水平且影响广泛，将会全面影响财务报表使用者的决策时，审计人员应当出具否定意见或无法表示意见的审计报告。例如，被审计单位在资产负债表日拥有的存货错报金额很大，对财务报表许多项目乃至整个财务报表都会产生影响时，审计人员应当出具否定意见或无法表示意见的审计报告。总之，一项错报金额或审计范围受到限制所涉及的影响牵扯性越广，审计人员出具否定意见或无法表示意见审计报告的可能性就越大。

（二）错报的性质

错报的性质不同，对财务报表使用者的决策产生的影响不一样，对审计人员出具审计报告类型的影响也不一样。从性质上看，以下列举的错报通常认为是严重的：

（1）非法交易或舞弊。

（2）对当期影响不大，但对将来各期影响重大。

（3）具有心理效应（如小额利润相对于小额亏损，存款结余相对于透支）。

（4）根据合同责任判断影响重大（如违反合同某一条款导致银行收回贷款）。

（5）对遵守国家有关法律、法规和规章影响重大（如商业银行的资本充足率、首次发行股票公司的净资产收益率）。

三、标准审计报告

标准审计报告是指审计人员出具的无保留意见类型的审计报告，且不附加说明段、强调事项段或任何修饰性用语。标准无保留意见审计报告包含的审计报告要素齐全。

标准审计报告的格式示例如下：

	审计报告
收件人	ABC 股份有限公司全体股东：
	一、对财务报表出具的审计报告①
	（对合并财务报表出具的审计报告）②
引言段	我们审计了后附的 ABC 股份有限公司（以下简称 ABC 公司）财务报表（或合并财务报表），包括 20×1 年 12 月 31 日的资产负债表，20×1 年度的利润表、现金流量表和股东权益变动表以及财务报表附注。
管理层对财务报表的责任段	（一）管理层对财务报表的责任 编制和公允列报财务报表是 ABC 公司管理层的责任，这种责任包括：（1）按照企业会计准则的规定编制财务报表，并使其实现公允反映；（2）设计、执行和维护必要的内部控制，以使财务报表不存在由于舞弊或错误导致的重大错报。
审计人员的责任段	（二）注册会计师的责任 我们的责任是在执行审计工作的基础上对财务报表发表审计意见。我们按照中

国注册会计师审计准则的规定执行了审计工作。中国注册会计师审计准则要求我们遵守中国注册会计师职业道德守则，计划和执行审计工作以对财务报表是否不存在重大错报获取合理保证。

审计工作涉及实施审计程序，以获取有关财务报表金额和披露的审计证据。选择的审计程序取决于注册会计师的判断，包括对由于舞弊或错误导致的财务报表重大错报风险的评估。在进行风险评估时，注册会计师考虑与财务报表编制和公允列报相关的内部控制，以设计恰当的审计程序，但目的并非对内部控制的有效性发表意见。审计工作还包括评价管理层选用会计政策的恰当性和作出会计估计的合理性，以及评价财务报表的总体列报。

我们相信，我们获取的审计证据是充分、适当的，为发表审计意见提供了基础。

（三）审计意见

意见段

我们认为，ABC 公司财务报表在所有重大方面按照企业会计准则的规定编制，公允反映了 ABC 公司 20×1 年 12 月 31 日的财务状况以及 20×1 年度的经营成果和现金流量。

二、按照相关法律法规的要求报告的事项

要求报告的事项

（本部分报告的格式和内容，取决于相关法律法规对其他报告责任的规定。）

会计师事务所名称、地址

审计人员姓名

报告日期

××会计师事务所
（盖章）

中国注册会计师：×××
（签名并盖章）
中国注册会计师：×××
（签名并盖章）

中国××市　　　　二○×一年×月×日

① 如果审计报告中不包含“按照相关法律法规的要求报告的事项”，则不需要加入此标题。

② 在审计合并财务报表的情况下适用此标题。引言段、责任段、意见段中提及的财务报表均为合并财务报表、合并财务状况变动表及合并现金流量表。

四、非标准审计报告

非标准审计报告是指标准审计报告以外的其他审计报告，包括带强调事项段的无保留意见的审计报告和非无保留意见的审计报告。非无保留意见的审计报告包括保留意见的审计报告、否定意见的审计报告和无法表示意见的审计报告。

（一）带强调事项段的无保留意见审计报告

审计报告的强调事项段是指审计人员在审计意见段之后增加的对重大事项予以强调的段落。

强调事项应当同时符合下列条件：一是可能对财务报表产生重大影响，但被审计单位进行了恰当的会计处理，且在财务报表中作出充分披露；二是不影响审计人员发表的审计意见。

审计人员在审计意见段之前增加说明段，用来说明发表保留意见、否定意见和无法表示意见的理由；而在意见段之后增加强调事项段，只是增加审计报告的信息含量，提高审计报告的有用性，不影响发表的审计意见。如果以强调事项段代替发表审计意见，就会导致审计报告意见类型出现混乱。

增加强调事项段的情形有下述几种。

1. 对持续经营能力产生重大疑虑

当存在可能导致对持续经营能力产生重大疑虑的事项或情况，但不影响已发表的审计意见时，审计人员应当在审计意见段之后增加强调事项段对此予以强调。

如果认为被审计单位在编制财务报表时运用持续经营假设是适当的，但可能导致对持续经营能力产生重大疑虑的事项或情况存在重大不确定性时，审计人员应当考虑：

（1）财务报表是否已充分描述导致对持续经营能力产生重大疑虑的主要事项或情况，以及管理层针对这些事项或情况提出的应对计划。

（2）财务报表是否已清楚指明可能导致对持续经营能力产生重大疑虑的事项或情况存在重大不确定性，被审计单位可能无法在正常的经营过程中变现资产、清偿债务。

如果财务报表已作出充分披露，审计人员应当出具无保留意见的审计报告，并在审计意见段之后增加强调事项段，强调可能导致对持续经营能力产生重大疑虑的事项或情况存在重大不确定性的事实，并提醒财务报表使用者注意财务报表附注中对有关事项的披露。

2. 有重大不确定事项存在

当存在可能对财务报表产生重大影响的不确定事项（持续经营问题除外），但不影响已发表的审计意见时，审计人员应当考虑在审计意见段之后增加强调事项段对此予以强调。

不确定事项是指某事项的结果依赖于未来行动或事项，不受被审计单位的直接控制，但可能影响财务报表的事项。审计人员在理解不确定事项时，应当把握以下特征：

（1）不确定事项的结果依赖于未来行动或事项。

（2）不确定事项不受被审计单位的直接控制，在管理层批准财务报表日，不可能获得更多信息消除该不确定事项。

（3）不确定事项可能影响财务报表，并且产生影响的日期并不遥远，可以预计在未来时日得到解决。

例如，被审计单位受到其他单位起诉，指控其侵犯专利权，要求其停止侵权行为并赔偿造成的损失，法院已经受理但尚未审理。该诉讼事项就是一种不确定事项。因为诉讼事项的结果依赖于法院的判决或原告采取的行动，不受被审计单位直接控制，也不以被审计单位的意志为转移。但该诉讼事项一旦被法院审理并作出判决，则可能会给被审计单位带来损失。

由于增加强调事项段是为了提醒财务报表使用者关注某些事项，并不影响审计人员的审计意见，为了使财务报表使用者明确这一点，审计人员应当在强调事项段中指明，该段内容仅用于提醒财务报表使用者关注，并不影响已发表的审计意见。

（二）非无保留意见的审计报告

如果认为下列情况对财务报表的影响是重大的或可能是重大的，审计人员应当出具非无保留意见的审计报告：

第一，审计人员与管理层在被审计单位会计政策的选用、会计估计的作出或财务报表的披露方面存在分歧。

第二，审计范围受到不同程度的限制。

下面以无保留意见的审计报告为基础，介绍非无保留意见的审计报告。

1. 保留意见的审计报告

如果认为财务报表整体是公允的，但还存在下列情形之一，审计人员应当出具保留意见的审计报告：

（1）会计政策的选用、会计估计的作出或财务报表的披露存在分歧，不符合适用的会计准则和相关会计制度的规定，虽影响重大，但不至于出具否定意见的审计报告。

（2）因审计范围受到限制，不能获取充分、适当的审计证据，虽影响重大，但不至于出具无法表示意见的审计报告。

当出具保留意见的审计报告时，审计人员应当在审计意见段中使用“除……的影响外”等术语。如果因审计范围受到限制，审计人员还应当在注册会计师的责任段中提及这一情况。只有当审计人员认为财务报表就其整体而言是公允的，但还存在对财务报表产生重大影响的情形，才能出具保留意见的审计报告。如果审计人员认为所报告的情形对财务报表产生的影响极为严重，则应出具否定意见的审计报告或无法表示意见的审计报告。因此，保留意见的审计报告被视为审计人员在不能出具无保留意见的审计报告情况下最不严厉的审计报告。

如果会计政策的选用、会计估计的作出或财务报表的披露不符合适用的会计准则和相关会计制度的规定，审计人员在判断其影响是否重大时，应当考虑该影响所涉及的金额或性质，并与确定的重要性水平进行比较。

审计人员因审计范围受到限制而出具保留意见的审计报告，取决于无法实施的审计程序对形成审计意见的重要性。审计人员在判断重要性时，应当考虑有关事项潜在影响的性质和范围以及在财务报表中的重要程度。当审计人员因审计范围受到限制而出具保留意见的审计报告时，意见段的措辞应当表明保留意见是针对审计范围对财务报表可能产生的影响而不是针对审计范围限制本身。

保留意见的审计报告在注册会计师责任段的最后，表述“我们相信，我们获取的审计证据是充分、适当的，为发表保留意见提供了基础”。此外，增加一段“导致保留意见的事项”说明，同时将审计意见段的标题“审计意见”改为“保留意见”。举例如下：

> …………
>
> （三）导致保留意见的事项
>
> 如财务报表附注×所述，ABC公司于20×1年取得了XYZ公司30%的股权，因能够对XYZ公司施加重大影响，故采用权益法核算该项股权投资，于20×1年度确认对XYZ公司的投资收益×元，截至20×1年12月31日，该项股权投资的账面价值为×元。由于我们未被允许接触XYZ公司的财务信息、管理层和执行XYZ公司审计的注册会计师，我们无法就该项股权投资的账面价值以及ABC公司确认的20×1年度对XYZ公司的投资收益获取充分、适当的审计证据，也无法确定是否有必要对这些金额进行调整。
>
> （四）保留意见
>
> 我们认为，除“（三）导致保留意见的事项”段所述事项产生的影响外，ABC公司财务报表在所有重大方面按照企业会计准则的规定编制，公允反映了ABC公司20×1年12月31日的财务状况以及20×1年度的经营成果和现金流量。
>
> …………

在审计过程中，审计人员在以下情形下可能认为需要在审计报告中增加强调事项段：

（1）异常诉讼或监管行动的未来结果存在不确定性。

（2）提前应用（在允许的情况下）对财务报表有广泛影响的新会计准则。

（3）存在已经或持续对被审计单位财务状况产生重大影响的特大灾难。

强调事项段的使用限制在财务报表已列报或披露的事项上。强调事项段的过多使用会降低其有效性。

在审计报告中增加强调事项段不影响审计意见，一般应加在审计报告的最后一段。举例如下：

> …………
>
> （五）强调事项
>
> 我们提醒财务报表使用者关注，如财务报表附注×所述，截至财务报表批准日，XYZ公司对ABC公司提出的诉讼尚在审理中，其结果具有不确定性。本段内容不影响已发表的审计意见。
>
> …………

2. 否定意见的审计报告

如果认为财务报表没有按照适用的会计准则和相关会计制度的规定编制，未能在所有重大方面公允反映被审计单位的财务状况、经营成果和现金流量，审计人员应当出具否定意见的审计报告。

当出具否定意见的审计报告时，审计人员应当在审计意见段中使用“由于上述问题造成的重大影响”、“由于受到前段所述事项的重大影响”等术语。只有当审计人员认为财务报表存在重大错报会误导使用者，以致财务报表的编制不符合适用的会计准则和相关会计制度的规定，未能从整体上公允反映被审计单位的财务状况、经营成果和现金流量时，审计人员才出具否定意见的审计报告。

否定意见的审计报告，增加一段“导致否定意见的事项”说明，同时将审计意见段的标题“审计意见”改为“否定意见”。举例如下：

> …………
> （三）导致否定意见的事项
> 如财务报告附注×所述，20×1年ABC公司通过非同一控制下的企业合并获得对XYZ公司的控制权，因未能取得购买日XYZ公司某些重要资产和负债的公允价值，故未将XYZ公司纳入合并财务报表的范围，而是按成本法核算对XYZ公司的股权投资。ABC公司的这项会计处理不符合企业会计准则的规定。如果将XYZ公司纳入合并财务报表的范围，ABC公司合并财务报表的多个报表项目将受到重大影响。但我们无法确定未被XYZ公司纳入合并范围对财务报表产生的影响。
> （四）否定意见
> 我们认为，由于“（三）导致否定意见的事项”段所述事项的重要性，ABC公司的合并财务报表没有在所有重大方面按照企业会计准则的规定编制，未能公允反映ABC公司及其子公司20×1年12月31日的财务状况以及20×1年度的经营成果和现金流量。
> …………

3. 无法表示意见的审计报告

如果审计范围受到限制可能产生的影响非常重大和广泛，不能获取充分、适当的审计证据，以至于无法对财务报表发表审计意见，审计人员应当出具无法表示意见的审计报告。

当出具无法表示意见的审计报告时，审计人员应在其责任段表明，尽管其责任是在执行审计工作基础上对财务报表发表审计意见，但是由于“导致无法表示意见的事项段”中所属事项，无法获取充分、适当的审计证据以为发表审计意见提供基础。同时增加一段“导致无法表示意见的事项”说明，将审计意见段的标题“审计意见”改为“无法表示意见”。举例如下：

> …………
> （三）导致无法表示意见的事项
> 我们于20×2年1月接受ABC公司的审计委托，因而未能对ABC公司20×1年年初金额为×元的存货和年末金额为×元的存货实施监盘程序。此外，我们也无法实施替代审计程序获取充分、适当的审计证据。并且，ABC公司于20×1年9月采用新的应收账款电算化系统，由于存在系统缺陷导致应收账款出现大量错误。截至审计报告日，管理层仍在纠正系统缺陷并更正错误，我们也无法实施替代审计程序，以对截至20×1年12月31日的应收账款总额×元获取充分、适当的审计证据。因此，我们无法确定是否有必要对存货、应收账款以及财务报表其他项目作出调整，也无法确定应调整的金额。
> （四）无法表示意见
> 由于“（三）导致无法表示意见的事项”段所述事项的重要性，我们无法获取充分、适当的审计证据以为发表审计意见提供基础，因此，我们不对ABC公司财务报表发表审计意见。
> …………

只有当审计范围受到限制可能产生的影响非常重大和广泛，不能获取充分、适当的审计证据，以至于无法确定财务报表的合法性与公允性时，审计人员才应当出具无法表示意见的审计报告。无法表示意见不同于否定意见，它通常仅仅适用于审计人员不能获取充分、适当的审计证据。如果审计人员发表否定意见，必须获得充分、适当的审计证据。

本章小结

本章重点介绍了审计报告的编写要求和撰写步骤，不同意见类型审计报告的基本内容与结构，财务报表审计的标准审计报告和非标准审计报告的结构与内容。要求学习者能够看懂审计报告，理解不同类型审计报告的意见表述，利用审计报告改进工作，应用审计报告的基本要求与一般撰写步骤，完成工作实践中审计报告的编写任务。

在审计实践中，各种专项审计项目还在不断发展，审计报告的基本要求和撰写方法也在不断地完善、提高和创新。

本章重要术语

审计报告	审计报告意见类型	标准审计报告
非标准审计报告	无保留意见的审计报告	保留意见的审计报告
否定意见的审计报告	无法表示意见的审计报告	

第三部分

账务报表审计及其他鉴证实务

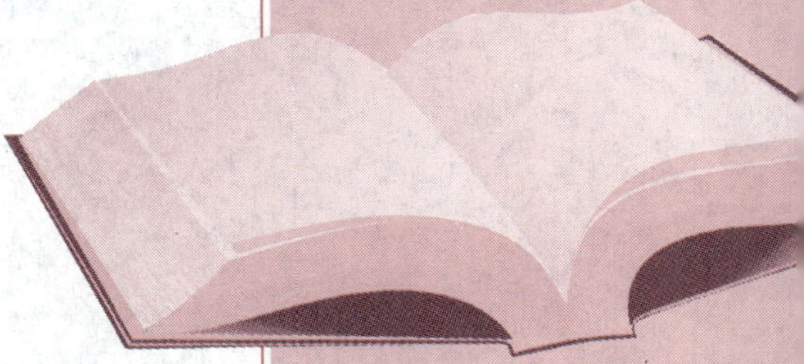

第八章 资产负债表审计

引 言

本章按照资产负债表的报表项目介绍对资产负债表的审计目标和审计内容。对货币资金审计、应收账款审计、存货审计、固定资产审计、负债审计和所有者权益审计的审计目标、控制测试、实质性程序等内容予以系统阐述并举例分析，重点是流动资产各项目的审查，难点是资产减值准备的审查。

学习目标

学完本章后，您将能够：

❶ 了解资产负债表各项目的审计目标；

❷ 了解资产负债表各项目内部控制制度评审的主要内容；

❸ 理解资产负债表各项目内部控制测试的要求；

❹ 掌握资产负债表各项目细节测试的内容。

第一节 资产审计

一、货币资金审计

货币资金流动性强，是企业中最活跃的资金，也是企业的重要支付手段和流通手段，因而是流动资产的审查重点。

(一) 货币资金的审计目标

货币资金的审计目标包括：

(1) 确定货币资金的内部控制制度是否存在、有效并一贯被执行。

(2) 确定会计报表所列金额是否真实，是否为被审计单位所拥有。

（3）确定货币资金的会计记录是否正确无误，金额是否正确，计量是否无误，明细账和总账是否一致，是否有被贪污或挪用现象。

（4）确定货币资金的收支是否真实，货币计价是否正确，是否符合我国《现金管理暂行条例》和《银行结算办法》的规定。

（5）确定货币资金在会计报表上的披露是否恰当。

（二）货币资金的内部控制测试

审计人员要对企业的内部控制制度进行调查了解，看内部控制制度是否存在、有效和一贯被执行。内部控制制度的控制测试就是通过一定的程序，采用抽样的方式，对内部控制制度运行效果进行的测试。其目的就是要验证内部控制制度是否可以信赖，有哪些严重缺陷，然后根据测试结果，确定或修正实质性测试的程序。货币资金内部控制制度的控制测试一般分为下述三个步骤。

1. 了解和描述货币资金内部控制制度的内容

通过调查询问和实地了解，对内部控制制度的内容从以下三个方面加以描述：

（1）书面说明。将调查所得用文字逐条说明。

（2）编制调查表。将内部控制中每一项内容用表格列示出来，逐条说明其执行情况。如：现金出纳和现金账是否规定分别管理；现金支票与支票印鉴是否规定分别保管；支付现金是否有规定的审批手续等。

（3）绘制流程图。将货币资金的业务处理程序用图解形式表达出来，可以通过流程图，采用一定符号，将业务处理程序和凭证进行联结，并用简要的文字说明将内部控制制度表达出来。绘制流程图的主要优点是形式简明，便于找出薄弱环节，也便于评审。但绘制流程图需要一定的技术，有一定难度，所以评价时要与其他两种方法相互结合，对不同业务环节，也可使用不同的方法。流程图的绘制可以是对一项业务进行单独绘制，也可以将几项业务结合起来绘制。

2. 测试货币资金的内部控制制度

（1）对某些资金流程进行重点抽查。

对现金的收支、费用的开支、备用金的管理等应按制度规定的程序作重点的抽查。如审查现金日记账、银行存款日记账，看其是否存在计算错误，是否有不正当的费用支出，是否有非正常的重要货币资金收支等。

（2）对某些重要的业务内容进行验算。

如对银行存款余额调节表进行复算，核对调节表是否正确，在途存款是否调整；对购进业务和销售业务进行追踪检查，检查每一环节是否按制度规定进行货币资金的收支业务，是否按规定办理审批和复核工作，是否执行我国《现金管理暂行条例》和《银行结算制度》。

（3）了解实际的操作过程。

如支付款项时是否核对凭证，开具支票是否符合规定手续等。

3. 评价货币资金的内部控制制度

对内部控制制度进行测试以后，审计人员就可以初步提出评审的意见。主要应从以下几个方面评价：一是评价内部控制制度的弱点，应把薄弱环节作为控制的重点；二是评价内部控制制度的合理性，考虑现有内部控制制度的效果，是否影响工作效率；三是评价内部控制制度的有效性，考虑贯彻得是否有力。

总的来说，评价内部控制制度就是评价内部控制制度可以信赖的程度，提出存在的问题和改进意见，以此作为确定审计重点和调整审计计划的依据。

（三）货币资金的细节测试

1. 现金审计

现金审计主要从下述三个方面进行：

（1）审查现金收付业务是否合法、合规。

这一审查的内容包括：

1）现金收支是否符合规定范围。

2）现金收支是否符合规定程序，应经审批的费用支出是否经过批准。

3）现金收入是否全部存入银行，有否存在坐支的情况。

4）会计与出纳是否分工，是否职权分离，手续是否清楚。

（2）库存现金监盘。

库存现金监盘应该由审计人员、会计和出纳人员共同进行。一般选择在出纳业务结束以后进行，但不事先通知日期。清点时，要求出纳人员将现金收付凭证全部登记入账，结出库存现金余额，同时将全部现金分类清点后放入保管箱中等待清查，然后填列现金清点清单。对于尚未入账的临时性借条，均应核对清楚，查明原因，暂存的未领工资或寄存现金均不得计入实存数中。对不同地点的现金（包括备用金）均应同时监盘，监盘结束以后应填列库存现金监盘表，并要求参与监盘的人员予以签章。

（3）审查现金账务是否真实、正确。

这一审查的内容包括：

1）现金收支凭证是否与原始凭证相符，现金日记账是否与总账相符，总账是否与资产负债表相符，是否有跨期入账事项。

2）记账凭证是否符合填写要求，金额计算是否正确，凭证账册保管是否严密及是否存在遗失的情况。

3）现金结算是否符合《现金管理暂行条例》的规定。近年来，由于管理不严，企业使用现金情况很不正常，巨额现金结算十分普遍，白条顶库、坐支现金、公款私存、企业之间相互拆借现金时有发生，其原因有制度本身与现实不相适应的问题，有放松监管的问题，也有思想认识上的偏差，促使管理失控。在审计工作中，应该分清是非，坚持原则。如确因业务需要而扩大现金使用，应经开户银行审核同意；对非法使用现金和建立小金库等，应予以揭露并依法进行严肃处理。

2. 银行存款审计

银行存款的细节测试主要从下述四个方面着手：

（1）审查银行存款收支业务是否合法、合规。

这一审查的内容包括：

1）审查银行存款的收支事项是否以规定的合法凭证为依据，按规定应审批的支款事项是否经过审批。

2）对大额银行存款收支事项进行审查，看其是否有不符合规定的收入和支出。

3）审查开具支票与加盖印鉴是否分别管理，有否签发不填金额的空白支票，有否签发远期支票和收支跨期入账情况，有否出借账户的行为。

（2）审查银行存款账务是否真实、正确。

这一审查的内容包括：

1）审查银行存款日记账的收支发生额及结存额是否与总账相符，总账与资产负债表余额是否相符。

2）审查外币收付账项的汇兑结算是否正确，使用汇率是否符合规定。

（3）验算银行存款余额调节表。

银行存款余额必须与银行对账单核对相符，但是往往由于双方存在未达账项或者记账错误，需要由会计人员编制调节表进行调整后才能核对相符。审计时，审计人员应向会计人员索取最近月份的调节表，分币种、分户头逐户逐笔核对，查明银行对账单的每笔收付金额是否与银行存款日记账相等，是否有收付同时增加或同时遗漏等情况，调整后余额是否相符，计算有否错误。要对银行已收或已付而企业尚未入账、或者企业已收或已付而银行尚未入账的金额逐笔查明原因，并检查是否于下月初自动调整，检查后填表说明。如发现差错或有意挪用款项或出借银行账户等违法行为，应认真做好记录。

（4）函证银行存款余额。

银行存款余额虽然可与银行的对账单相核对，但有的账户由于长期未用，或者存款余额已经为零，对此，银行一般不发对账单，所以仍需向银行函证，确认其正确性。

3. 其他货币资金审计

其他货币资金是指企业除现金、银行存款以外的其他各种货币资金，包括外埠存款、银行汇票存款、银行本票存款、在途货币资金和信用证存款等。它们与银行存款的不同，主要在于存放地点和用途，具体审计程序与银行存款审计基本相同。首先，要函证存款余额，证实存款的确实存在；其次，要查证各项存款存入时是否合法，是否是业务的正常需要。需要重视的是，外埠存款远离所在单位，不易管理，审查时还应查明以下各项：

（1）采购资金的使用是否符合规定用途，是否有被非法占用或转移的情况。

（2）因存款多余而退回的外地存款，是否及时办理转账手续。

二、债权审计

企业在购销活动中形成各种债权性资产，主要包括应收账款、应收票据、其他应收款和预付账款。

（一）债权的审计目标

债权的审计目标包括：

（1）审查应收及预付款项内部控制制度的健全性和有效性。

（2）确定应收及预付款项余额的真实性和反映的恰当性；确定其是否存在，是否为企业所有。

（3）确定坏账损失、坏账准备的合法性以及账务处理的正确性。

（4）确定应收及预付款项发生、收回的正确性、合法性和及时性。

（二）债权的内部控制测试

审计人员通过对货运文件、销货发票、应收账款账龄等的抽查和分析，来评价企业应收及预付款项内部控制制度的执行情况。其主要内容包括下述几个方面。

1. 编制应收及预付款项内部控制制度说明

编制应收及预付款项内部控制制度说明的常用方法有编写书面说明、编制内部控制问卷和内部控制流程图等。

2. 抽查内部控制制度规定的重要事项

（1）抽查销货发票并与销货通知单、顾客订货单及货运文件相核对，以证明销货的品种、规格、数量和计价等是否相符，赊销商品是否经过核准，所有发出商品是否均已开具发票。

（2）抽查应收票据登记簿，查看应收票据是否逐一登记，票据贴现利息是否计算正确，账务记录是否相符。

（3）抽查销货退回和折让通知单，查看是否按规定进行审批，金额计算是否正确。

（4）抽查坏账的转销，查看坏账损失是否符合规定的条件，是否按规定进行审批。

3. 对债权内部控制制度进行评价

通过评价，审计人员可以将债权内部控制制度的重要缺陷部分在管理建议书中予以说明，并据以确定细节测试的程序。

（三）债权的细节测试

1. 应收账款的细节测试

（1）获取或编制应收账款明细表。

应收账款明细表一般包括客户名称、期初余额、本期发生数、本期收回（转销）数及期末余额等栏目。编制的目的主要是便于审计人员掌握和分析应收账款的全貌，确定明细分类账余额的正确性。应收账款明细表可以由会计人员编制，也可以由审计人员编制。但审计人员必须对报表进行复核，要求账户期初、期末余额和借贷发生额相符。金额较小的应收账款可以合并编表。为了判断应收账款回收的可能性和坏账提取是否恰当，一般可在明细表中编列账龄分析或逾期分析。使用哪种方法，可根据审计需要决定。

（2）函证应收账款。

直接向欠款人函询应收账款的余额是十分有效的方法。近年来，我国经济迅速发展，商业信用数量扩大，有的相互拖欠，形成三角债，至今尚未完全清理，因此债权人和债务人双方相互进行深入核对是十分必要的。函证的方式有肯定式和否定式两种。前者在函证信中要求回答函询余额是否正确，便于审计人员作出判断；后者只要求欠款人在不同意函证余额时才予以回答，手续比较简便。但根据一般经验，越是复杂的欠款，欠款人往往越不愿作出正面答复，如果采用否定式函证，往往容易混淆是非。因此，对拖欠时间较长、原因复杂的应收账款，应采用肯定式函证的方法。函证时可以抽样函证，也可以全面函证。此外，还应对函证结果进行差异分析，必要时对差错比较大或者没有复信的进行第二次查询，以确定应收账款是否归企业所有。

（3）坏账准备和坏账损失的审查。

坏账损失的核算一般有两种方法：一种是直接转销法，就是在实际发生坏账时，作为期间费用核销；另一种是备抵法，就是按期估计坏账损失，计入期间费用，同时建立"坏账准备"账户，待坏账实际发生时，冲销坏账准备。对坏账准备的审查主要从两个方面进行：一是要审查坏账准备是否按规定的方法和比例提取，其计算是否准确；二是要审查坏账准备的列支是否按会计制度规定办理，有无任意列支的情况。对坏账损失的审查也从两个方面进行：一是要确认坏账损失的核销是否符合规定，列支金额是否正确；二是要确认坏账损失后又收回的应收账款是否及时入账，有无被侵吞、挪用的情况。

（4）审查应收账款会计处理的合法性和正确性。

1）审查应收账款的发生是否属于销售商品和提供劳务所形成。

2）审查商品赊销、销货折扣和折让、坏账损失等是否经过审批。

3）审查结算期前后应收账款的入账时期，是否有虚增或虚减销售现象，是否有年度结算后大量退货的现象。

4）审查应收账款的明细账是否与总账相符，资产负债表中应收账款项目是否与"应收账款"和"预收账款"账户的期末借方余额合计数相符。

2. 应收票据的细节测试

应收票据的细节测试与应收账款有很多相似之处，除上面所述各点外，一般还应注意：

（1）监盘库存票据。审计人员对库存票据应逐笔进行核对，注意票据的种类、号数、签发日期、到期日、票面金额、合同交易号、付款人、承兑人、背书人以及利率、贴现日期、贴现率、收款日期、收回金额等是否与应收票据登记簿相符。注意票据是否到期、背书是否相符。根据会计制度规定，票据到期，如果付款人无力偿还票款，票据持有人应将到期票据的票面金额转入应收账款，审查时要注意是否按规定执行。

(2) 审查应收票据的利息收入和贴现利息。审查应收票据时，应编制应收票据明细表，并据以计算当年应计的利息金额。如果计算的利息金额与账面所列金额不符，应加以分析。对票据贴现的利息支出也应进行计算，并与财务费用账面数相核对。

(3) 查明票据贴现所带来的或有负债是否在资产负债表上正确反映。商业承兑汇票的贴现会给企业带来或有负债，成为企业的潜在负债，在审计时应查明这项或有负债是否在资产负债表上正确列示。

3. 预付账款及其他应收款的细节测试

预付账款是企业按购货合同的规定预付给供货单位的货款。由于预付账款是企业在购货环节上发生的，所以其审计可以结合购货业务一起进行，应审查购货款是否根据协议、合同的规定预付，凭证和账务处理是否齐全、正确。如发现差错，应查明原因。

其他应收款是指企业除应收账款、应收票据、预付账款以外的其他各种应收、暂付款项，包括各种赔款、罚款、存出保证金、备用金及向职工收取的各种垫付款项。其审计程序一般与应收账款相似。

三、存货审计

存货项目由于其自身的复杂性早已成为舞弊者趋之若鹜的理想对象，同时也引起了审计人员的特别关注。自从1938年美国著名的麦克森·罗宾斯药材公司审计案发生后，美国注册会计师协会就将存货监盘列为公司审计必须进行的重要程序之一。

存货是企业在生产经营过程中为销售或耗用而储存的各种资产。存货品种繁多，占用资金比重很大，而且流动性强，周转快，对企业的资产和损益有很大影响。因此存货审计工作的任务重大，需要花费较高的技术和较多的精力。

(一) 存货的审计目标

存货的审计目标包括：

(1) 确定企业存货是否存在，是否为企业所有。

(2) 确定企业存货的内部控制制度是否健全，是否有效地被遵守执行。

(3) 确定企业存货收发程序是否合法、合理，计价是否适当，增减变动的记录是否完整。

(4) 确定企业存货在资产负债表上的反映是否恰当。

(二) 存货的内部控制测试

对存货进行内部控制测试，首先要了解并描述存货内部控制制度，然后对内部控制制度实施重点抽查。为了验证其实施情况，可以选择要点进行如下抽查。

1. 材料购进业务

抽查一批或几批材料购进业务，从订购、运输、入库、结算等各个环节，审查是否有明确的分工审批制度，是否有严密的凭证流转制度，货物的定价和计算是否正确，账账、账实是否相符。

2. 成本核算制度

对自制存货成本，抽取成本计算单样本，对各项直接材料、直接人工、制造费用的开支和分配逐一进行核对，审查手续是否健全、分配是否适当、计算是否正确。对发出成本的计算，要审查计算方法是否前后一致、成本金额是否正确。对采用计划成本的企业，要抽查计划成本的确定是否正确、成本差异的计算是否正确。

3. 对存货的控制

抽查存货的核对记录，审核存货的账实是否经常进行核对、账实差异是否进行调整、永续盘存记录是否完整。通过调查和抽查，对存货内部控制制度进行评价，列入记录，并对实质性测试计划作出调整。

（三）存货的细节测试

1. 对存货进行实地监盘

第一，做好盘点的准备工作。盘点工作必须有一个周密的盘点计划，选择比较有利的盘点时间，创造有利的客观环境和有利的物资准备。例如，盘点时间应选择接近结账日期，尽可能停止业务活动并建立盘存小组，尽量吸收熟悉业务和技术的工作人员参加。所有存货必须整理分类，计量器具必须经过校验，盘点的表格、标签和清单必须事先准备齐全，对已收和付出的存货应登记入账。

第二，全面开展监盘，并由审计人员监督、抽查。各种商品、产品和原材料原则上应在同一时期进行盘点，但包装物、低值易耗品等不同类别的存货可以分别进行。盘点工作一般由企业工作人员进行，审计人员参与监督和抽查，抽查的比例一般不低于存货总量的10%。盘点时，不仅要注意数量，而且要注意质量和包装，不能有账外物资。

第三，对盘点结果做好记录，整理成工作底稿。盘点结束后，审计人员应将盘点情况及盘点结果写成书面材料，填制好各种盘点表格，经企业经办人员会签后作出记载并整理成审计工作底稿。在盘点和制表时要注意账面数量、金额是否与盘存数量在同一截止日期，如发现尚未入账数字，应予以调整。

对清查出来的报废、报损、残损、伪劣产品应编制单独的检查盘存表，写明损失程度、损失原因及损失金额并提出处理意见，列入审计工作底稿。

2. 审查存货收发业务是否合理与合法

企业材料、产品的收发必须做到国家规定的合理与合法。收购物资必须符合企业的经营范围，数量、计价必须合理，不得损害国家、企业和消费者的利益。手续必须清楚，不得为偷税、漏税、贪污、盗窃留下可乘之机。如在进货环节上要审查是否有审批、复核等手续，是否有人检查存货的来源、价格和质量，对大量积压商品物资是否检查其产生的原因。在领料、发料和加工过程中，应注意领料定额和收付手续，防止发生小仓库和加工单位的不合理占用。对发出商品要审查其内部控制制度，防止物资损失。

3. 审查各种存货的计价是否正确

存货的计价办法比较复杂，计算不当，容易影响效益和资产负债表的正确性。如外购存货有不同的计价内容，入账时有实际成本法和计划成本法。发出存货的成本计算有先进先出法、加权平均法和个别计价法等。这些方法各有不同的特点，审计人员应针对企业情况，审查有关方法的适应性和正确性，审查其计价的一贯性，审查是否有根据不同的要求随时改变计价办法用以调节利润的情况。另外，还要审查存货的跌价准备核算是否准确。

4. 审查账务处理的正确性和会计报表反映的恰当性

在审计中要查明存货的收发是否合法，是否正确入账，明细账和总账是否一致，存货的产权是否全部为企业所有，是否有被抵押的物资，是否有提前入账或推迟入账的发票。存货应在会计报表上得到恰当的反映，存货总数应该与有关科目的总数相符。凡是有关存货计价方法上的变动、存货质量上的问题以及存货成本上的重大变动，均应在附注中说明。

5. 对存货进行分析性审查

存货在流动资产中所占分量很大，其资金周转的快慢直接影响到企业的损益。因此在审计时应该重视存货资金的周转情况。一般可以通过计算销货成本与平均存货的比率，分析企业的存货周转率（次数），或通过平均存货与日销售成本的比较，计算企业的存货周转期。在确保企业正常需要量的前提下，存货周转率越快，说明存货的利用效率越好。

四、固定资产及在建工程审计

（一）固定资产及在建工程审计的意义

固定资产及在建工程在企业资产总额中一般占有较大的比重，其入账价值的确定特别是借款费用的资本化、折旧的提取、资产的安全和完整等对企业的生产经营及当期收益影响极大。因此，对固定资产及在建工程进行审计，有利于提高会计信息的质量，有利于保护固定资产的安全和完整，保证固定资产的及时更新和修理，促使企业提高固定资产的利用效率。

（二）固定资产及在建工程的审计目标

1. 固定资产审计目标

（1）确认固定资产是否确实存在，是否归被审计单位所有。

（2）确认固定资产增减变动记录是否完整。

（3）确定固定资产的计价、折旧政策及计提方法是否恰当。

（4）确定固定资产清理的记录是否完整、正确。

（5）确定固定资产盘盈、盘亏是否真实，记录是否完整、正确。

（6）确认固定资产、累计折旧、固定资产清理和盘盈盘亏、固定资产减值准备在会计报表上的披露是否恰当等。

2. 在建工程审计目标

（1）确定在建工程是否存在。

（2）确定在建工程是否归被审计单位所有。

（3）确定在建工程增减变动的记录是否完整。

（4）确定在建工程的期末余额是否正确。

（5）确定在建工程在会计报表上的披露是否恰当。

（三）固定资产的内部控制测试

对固定资产实施内部控制测试，其目的是查明被审计单位固定资产内部控制是否有效运行。通常，审计人员将实施固定资产内部控制测试的重点放在以下几个方面：

（1）查明固定资产的取得是否与预算相符、有无重大差异。审计人员可从明细账追查至有关文件、凭证，或从购置、处置资料、凭证顺查至明细账，查明固定资产的增减变动是否与预算一致。

（2）查明固定资产的取得和处置是否经过授权批准。

（3）查明资本性支出和收益性支出的区分在实际执行中是否符合有关规定。特别注意有无混淆低值易耗品与固定资产的界限、有无混淆大修理费用和日常修理费用等情况。

（4）查明固定资产的增减变动是否存在真实、完整的会计记录。

（5）评价固定资产的内部控制。评价的重点在于：固定资产内部控制执行情况能在多大程度上确保被审计单位会计记录的可靠性和正确性；内部控制的有效执行能在多大程度上保护固定资产的完整性。

审计人员可以根据评价结果，修改、完善细节测试的审计程序，并以适当方式针对薄弱环节向被审计单位管理当局提出相应的改进意见。

（四）固定资产的细节测试

1. 审查固定资产的实存数与保管情况

审查固定资产的实存数与保管情况的目的在于确定每项固定资产的实际状况。包括固定资产是否确实存在，其账面余额是否真实；是否确实归被审计单位所有；固定资产的手续是否完备，有无抵押情况。

审查时，通常执行下列程序：

(1) 获取或编制固定资产及其累计折旧分类汇总表，复核加计数是否正确。汇总表的具体内容是：固定资产类别、固定资产和累计折旧的期初余额、本期增加数、本期减少数、期末余额以及折旧计提方法和折旧率。审计人员根据此表，逐项进行审计。

(2) 核对固定资产账簿与账卡。核对内容是：各固定资产卡片余额及有关内容与明细账核对；明细账与总账核对。应做到账账、账卡核对相符，并将汇总表中有关栏目的内容或汇总余额与总账和会计报表项目的有关数据进行核对。如果不符，应追查原始凭证并查明原因，及时处理，或进行实物全面盘点。

(3) 实地监盘固定资产。在固定资产账账、账卡核对一致的基础上，审计人员应对年末账面固定资产进行实地监盘，以确定固定资产是否实际存在，查明其管理和使用情况。

实地监盘，重点抽查下列固定资产：本期新增加的固定资产，如自制设备、房屋改扩建等；易于搬动，可用于日常生活的固定资产，如电视机、家具等；用途较广，易于拆装的固定资产，如电动机、台钻等；附属设备、附属物及备件；长期不需用、未使用、停用或封存的固定资产等。对于内部控制不健全或虽健全但有效性差的，审计人员可实行抽查盘点。

监盘时应根据固定资产账卡逐项盘点，也可以实地监盘数据为出发点，追查至明细账。盘点完毕，应编制固定资产实物盘点工作底稿。对盘盈、盘亏的固定资产，应查明原因，分清责任，及时入账，并报经批准进行处理。

(4) 验证固定资产的所有权。审计人员应汇集不同的证据，验证各类固定资产是否确归被审计单位所有。例如，对外购固定资产，应审核采购发票；对于房地产，应审核其有关合同、产权证明、税单、抵押贷款还款凭据等。

(5) 审查固定资产的保存状况和利用状况。审计人员应根据固定资产有关会计账簿的记录，调查了解固定资产的分布和使用情况。

2. 实施分析性复核

根据被审计单位业务的性质，审计人员可以选择以下方法对固定资产实施分析性复核程序：计算固定资产原值与本期产品产量的比率，并与以前期间相比较，可能发现闲置固定资产或已减少固定资产未在账户上注销的问题；比较本期各月之间、本期与以前各期之间的修理及维护费用，可能发现资本性支出与收益性支出在区分上存在的错误；比较本期与以前各期的固定资产增加和减少的数额，深入分析其差异，并根据被审计单位以往的生产经营情况和今后的生产经营趋势判断差异产生的原因是否合理；分析固定资产的构成及其增减变动情况，与在建工程、现金流量表、生产能力等相关信息交叉复核，检查固定资产相关金额的合理性和准确性。

3. 审查固定资产的增加情况

固定资产增加的形式有自行购置、自行建造、其他单位投资转入、更新改造、接受捐赠、盘盈、融资租赁、债务重组或以非货币交易方式取得等。其审计程序有：

（1）编制固定资产增加分析表。分析表的内容包括固定资产名称、单位、数量、原值、使用年限、残值、开始使用月份、计提折旧月份、折旧率、月折旧额、已提折旧、调整折旧和调整后折旧等。编制此表有利于审计工作的进行。

（2）审查固定资产增加的合法性。对购建固定资产的审计应查明：固定资产购建是否列入预算并经过授权批准，所确定的购建项目是否符合生产经营需要，资金来源是否合法；固定资产购建合同是否被严格执行；购建支出是否符合规定，固定资产利用程度是否符合预定的要求等。

对于以投资形式转入的固定资产，应重点查明固定资产的投入是否有相应的审批手续和合同，是否经过了资产评估；投入固定资产的品名、型号、规格、数量是否与合同所规定的一致；投入固定资产是否为企业所需，有无以次充好的现象等。

（3）审查固定资产计价的合规性。固定资产的计价主要是指固定资产增加时的入账价值，增加的途径不同，其原始价值计算方法也不同。审计人员在审核固定资产计价时，应区别不同情况，审查其支出与有关单证、账单等原始凭证是否相符。

（4）审查固定资产的所有权是否归属企业。

（5）审查固定资产的分类，查明资本性支出与收益性支出界限的遵守情况。审查时，应通过对固定资产的明细表、账卡、固定资产目录和购货发票等原始凭证及有关文件规定进行审查和核对，查明有无少计或多计固定资产的行为，查明固定资产的支出范围和支出内容是否合规。

（6）检查固定资产入账的对应账户，查明其记录是否正确。

4. 审查固定资产的减少情况

企业固定资产的减少包括出售、报废、毁损、向其他单位投资转出、盘亏等。为了保护固定资产的安全和完整，必须对固定资产的减少进行严格的审查，从而确定固定资产减少的合理性、合法性。固定资产减少的审查主要包括以下内容：

（1）编制固定资产减少分析表。该分析表类似于固定资产增加分析表。

（2）检查固定资产减少的合规性与合法性。固定资产的减少应经过批准和技术性分析及鉴定，均应有具体职能部门的报告，并经审批部门批准后，才可以处置。若是投资转出固定资产，一般还要签订投资合同和资产转让协议，投资合同或资产转让协议应规定作为投资转出或转让的资产的名称、数量、时间和金额等。

（3）审查固定资产减少的计价的正确性。通过审核和验证固定资产明细表、账卡、报废清单等凭证资料，审查固定资产的原价、累计折旧及净值的计算是否正确，有无多计或少计现象。

（4）审查所有减少的固定资产是否全部及时地进行了账务处理。要特别注意有无不入账的固定资产，通常采用以下程序；查明有无用新固定资产代替旧资产的情况；分析固定资产清理及营业外收支账户；查明有无让售固定资产的价款及报废资产的变价收入；查明当年有无因停产某种产品而停用的设备及其处置情况；向有关人员查询有无报废资产项目等。

5. 审查固定资产的折旧

审查固定资产折旧的目的是为确保企业正确计提折旧，正确核算产品成本，确定损益，保证固定资产更新，以及保证及时、足额上缴国家税金。

对固定资产折旧的审计主要是查明：企业的折旧政策和计提方法是否符合企业会计准则，且是否一贯遵循，折旧额的计算是否正确。其审计要点是：

（1）审查固定资产折旧政策及计提方法的合法性与合规性。审查时应主要查明以下内容：固定资产折旧政策及计提方法是否符合固定资产准则的有关规定；折旧政策与计提方法是否前后期一致，如不一致，应查明原因，并确定其对被审计单位年度损益的影响。

（2）审查固定资产折旧额的计提。审查的主要内容包括：取得或编制固定资产折旧计算表，并与有关资料核对一致；固定资产折旧计提范围是否符合有关规定，有无将不应计提折旧的固定资产计提折旧的情况；有无将应计提折旧的固定资产不计提折旧的情况；固定资产预计使用年限和预计残值是否合理；固定资产折旧率的确定是否符合规定；固定资产折旧额的计算是否正确；计提的折旧的分配是否合理，有无不按固定资产用途而任意计入成本、费用的情况，有无为调节本期成本、损益而多计或少计折旧费用的现象。

6. 审查固定资产减值准备

审查的主要内容包括：计提固定资产减值准备的方法是否恰当，固定资产减值准备的计提是否充分；固定资产减值准备增减变动的记录是否完整；固定资产减值准备期末余额是否正确；固定资产减值准备的披露是否恰当。

7. 审查固定资产及其累计折旧在会计报表上披露的恰当性

固定资产在资产负债表上应列示的项目有：固定资产净额和固定资产清理。在报表附注中还要披露固定资产原价、累计折旧、固定资产减值准备及其增减变动情况，用作抵押、担保的固定资产等情况，说明固定资产的计价和折旧方法。审计人员应依据审查的内容，确定上述内容在会计报表中披露的恰当性。企业确有准备处置的固定资产的，应当说明准备处置的固定资产名称、账面价值、公允价值、预计处置费用和预计处置时间。

（五）在建工程的审计程序

在建工程内部控制的测试可比照固定资产内部控制的测试进行。在建工程细节测试主要包括下述内容。

1. 验证在建工程的实有数

（1）获取或编制在建工程明细表，并与总账、明细账核对一致。

（2）实地监盘。根据在建工程明细表或账户余额构成内容，会同工程技术和管理人员到工程现场实地观察、了解工程项目的实际完工程度，鉴定工程质量及评估工程价值，查看未安装设备是否实际存在，检查是否存在已达到预定可使用状态但尚未按固定资产进行核算的情况，是否存在已交付使用但尚未办理竣工结算手续、未及时进行会计处理的项目。盘点结束后，应编制盘点表，并请企业管理人员签字，同时核对盘点表与在建工程明细表或明细账相符。

2. 审查在建工程的合规性和合法性

（1）审查本期在建工程增加业务的合规性和合法性。其审查内容为：

1）新建工程的计划或预算的编制是否合规、合理，是否符合国家规定的标准和手续，是否办理了报批手续，其资金来源是否符合规定。

2）出包工程合同是否合理、合法，承包价格是否合理，有无按规定进行招标。对非招标方式的出包工程，应严格审查有无舞弊等违法行为。

3）审查在建工程的成本是否真实。审查时应查验有关工程承包合同，审查付款对象和进度是否符合规定，同时还要审查是否取得了收款单位的发票或收据、借款费用资本化的会计处理是否正确。对于只有支取凭条或支票存根的付款，要深入审查，防止错弊。

4）审查在建工程的计价及会计处理是否合规、合法。包括对资本性支出和收益性支出的处理是否正确、有无乱挤成本等行为。

（2）审查本期在建工程减少业务的合规性和合法性。其审查内容为：

1）审查已完工项目实际成本及其账务处理的合规性和合法性；审查在建工程的成本构成和开支范围是否符合预算，是否合规、合法，有无乱挤、乱支成本和损失浪费情况；审查工程成本计算方法是否正确，有无任意估算和分配的情况；审查已完工工程是否按规定及时结转等。

2）审查报废工程的处理是否合规、合法。

3. 审查在建工程的计价和会计处理的正确性

（1）审查“在建工程”账户的核算范围是否正确。

（2）审查在建工程的成本估价是否合理，其会计处理是否合规、合法。

（3）审查与在建工程、工程物资等相关的信息在会计报表上披露的适当性，特别注意在建工程期末减值准备的计提是否正确、在建工程是否按账面价值披露。

五、长期投资审计

长期投资包括长期股权投资和持有至到期投资。

（一）长期投资的审计目标

长期投资的审计目标包括：

（1）确定企业是否存在长期投资的内部控制制度，并明确其是否有效且被一贯遵守。

（2）确定长期投资是否存在。

（3）确定长期投资是否归被审计单位所有。

（4）确定长期投资的增减变动及其收益（或损失）的记录是否完整。

（5）确定长期投资的计价方法（成本法或权益法）是否正确。

（6）确定长期投资的年末余额是否正确。

（7）确定长期投资在会计报表上的披露是否恰当。

（二）长期投资的内部控制测试

审计人员对企业长期投资内部控制的检查步骤如下：

（1）索取投资的授权批准文件，检查权限是否恰当、手续是否齐全；索取投资合同或协议，检查其是否合理、有效；索取被投资单位的投资证明，检查其是否合理、有效。

（2）观察并描述投资业务的职责分工；了解证券资产的保管制度，检查被审计单位自行保管时，存取证券是否进行详细的记录并由所有的经手人签字。

（3）了解企业是否定期进行证券投资资产的盘点；审阅盘核报告，检查盘点方法是否恰当，检查盘点结果与会计记录核对情况以及出现差异的处理是否合规。

（4）抽查投资业务的会计记录。从明细账抽取部分会计记录，按原始凭证到明细账、总账的顺序核对有关数据和情况，判断其会计处理过程是否合规、完整。

（5）观察与长期投资相关的岗位职务是否分离。

（三）长期投资的细节测试

审计人员在对长期投资内部控制制度审查和评价的基础上，实施长期投资的细节测试。其一般步骤如下：

（1）获取或编制长期投资明细表，复核加计其正确性，并与报表数、总账数和明细账会计数核对相符；向被投资单位函证投资金额、持股比例及发放股利情况。

（2）检查年度内投资增减变动的原始凭证，对于增加项目要核实其入账基础是否符合投资合同、协议的有关规定，会计处理是否正确；对于减少的项目要核实其变动原因及授权批准手续。

（3）盘点证券投资资产，向委托的专门保管机构函证，以证实投资证券的真实存在。

（4）检查投资的入账价值是否符合投资合同、协议的规定，会计处理是否正确，重大投资项目应查阅董事会有关决议并取证；检查长期股权投资的核算是否按规定采用权益法或成本法、期末长期投资是否计提减值准备；检查长期债券投资的溢价或折价是否按有关规定摊销。

（5）库存股票已提供质押或受到其他约束的，应取证并提请被审计单位作恰当披露；验明投资的披露是否恰当，注意一年内到期的长期投资是否列入流动资产。

六、无形资产、投资性房地产及其他长期资产审计

（一）无形资产审计

无形资产是指企业拥有或者控制的没有实物形态的可辨认非货币性资产，主要包括专利权、非专利技术、商标权、著作权、特许权等。无形资产是资产负债表中重要的资产项目，它是能够在企业的生产经营中长期发挥作用、为企业带来经济效益的资产。

1. 无形资产的审计目标

无形资产的审计目标包括：

（1）确定无形资产的内部控制制度是否存在、有效，且被一贯遵守。

（2）确定无形资产是否存在。

（3）确定无形资产是否归被审计单位所有、无形资产增减变动及其摊销的记录是否完整、无形资产的摊销政策是否恰当、无形资产减值准备的计提是否正确、无形资产的期末余额是否正确、无形资产的披露是否恰当。

2. 无形资产的内部控制测试

无形资产内部控制测试的主要内容有：无形资产业务有无授权批准手续；无形资产的购置、出售、转让、投资等是否订有合同；自创无形资产有无注册登记，是否同时存在总账和明细账记录，会计处理是否及时等。审计人员通常是通过编制调查表来了解无形资产的内部控制并对其进行测试与评价的。

由于无形资产通常在业务发生后才在会计报表上予以反映，并且无形资产业务的发生往往很少，因此在业务量不大的情况下，可以减少或不进行控制测试，而直接进行实质性测试。

3. 无形资产的细节测试

（1）无形资产账面价值的真实性审计。

获取或编制无形资产明细表，并将其与总账和相关明细账进行核对，如不相符应查明原因。连续审计时，还应核对期初余额与上年度审定的期末余额是否相符。

对无形资产的存在和所有权归属进行审查。由于无形资产没有实物形态，不可能进行实物盘点，因此在审计时对其实际存在作重点审查。为此，审计人员对每项无形资产都应验证、核对有关凭证和文件，如证明商标权、版权所有的证书，证明使用专有技术的合同协议等，确定其存在并归企业所有。倘有虚列或不当之处，应就查明的事实予以调整。如著作权，虽然法律对此给予了一定权利，但如果出版的作品已经过时，已不再有销路，也就没有存在的价值，其账面存在尚未摊销的价值，也应从无形资产中减除，以免有虚列之嫌。

（2）无形资产初始计量的审计。

企业取得无形资产有三条途径：外购、其他单位投资转入和自行开发。由于无形资

产不具有实物形态，所以对无形资产形成真实性的审查主要集中在无形资产有关原始凭证和证明文件上。对于外购的无形资产，审计人员可以审查交易双方签订的转让合同、支付凭证等。对于自制形成的无形资产要注意审查企业有关原始支付凭证和会计账簿。审计人员应注意被审计单位对收益性支出和资本性支出的划分以及无形资产的入账价值是否正确。

企业外购的无形资产，应按实际成本入账，包括购买价款、相关税费及直接归属于使该项资产达到预定用途所发生的其他支出；如果购买无形资产的价款超过正常信用条件延期支付，实质具有融资性质的，则取得时的成本以购买价款的现值为基础确定，实际支付的价款与购买价款的现值之间的差额，除按照借款费用准则应予以资本化外，应当在信用期间计入当期损益。接受投资取得的无形资产，应按评估确认或者合同约定的价格入账，但协议或合同价值不公允的除外。对自行开发的无形资产计价时，应当区分研究性支出和开发性支出，研究性支出在发生当期计入损益，开发性支出应当满足确认条件后才能确认为无形资产，其成本包括从开发到达到预定用途前实际发生的支出。审计时，应核对明细账借方金额、相应的原始凭证及有关文件，验证所有权的归属，审查无形资产的取得来源是否真实、可靠，计价是否合理、合规，有无虚列或多列价值造成资产和损益不真实的情况。如果存在商誉，应重点审查，验证商誉确认和计量的合理性。

(3) 无形资产投资、转让、出售的审计。

无形资产减少有无形资产投资和转让所有权、投资和转让使用权两种情况。投资和转让所有权会导致企业无形资产的减少，而投资和转让使用权只是增加企业的营业外收入，并不减少企业原有的无形资产。审查重点是：

1) 区分是所有权转让还是使用权转让。

2) 是否严格履约。

3) 作价是否合理，有无必要的核准手续。

4) 收入是否及时入账，账务处理是否正确。

5) 投资是否经过评估，作价是否合理且符合有关规定。

6) 账务处理是否正确、合规。

(4) 无形资产摊销的审计。

审计时，应查明被审计单位关于无形资产使用寿命的确定和摊销方法的选用是否合理。对于使用寿命有限的无形资产，其应摊销金额应当在使用寿命内系统合理地摊销；所选用的摊销方法应当反映与该项无形资产有关的经济利益的预期实现方式，无法可靠确定预期实现方式的，应当采用直线法摊销；摊销额应当计入当期损益。使用寿命不确定的无形资产不应摊销，应在期末进行减值测试。

(5) 无形资产在会计报表上披露的适当性审计。

会计报表中无形资产项目应按摊余价值列在非流动资产类下，注意审查无形资产减值准备的提取是否正确，是否按其账面余额与可收回金额孰低来提取，在报表上是否按其账面价值反映。

（二）投资性房地产审计

投资性房地产是指为赚取租金或资本增值或两者兼有而持有的房地产，主要包括已出租的土地使用权、持有并准备增值后转让的土地使用权和已出租的建筑物。投资性房地产应当能够单独计量和出售。

1. 投资性房地产的审计内容

随着经济的发展，房地产投资已逐渐成为企业的主要业绩来源。但是，将投资性房地产按一般固定资产、存货来核算，其账面价值与真实价值有很大差异。为了能够真实地反映投资性房地产，企业会计准则将其从原来的固定资产和无形资产中分离出来，单独确认、计量和列报。投资性房地产包括已出租的土地使用权、持有并准备增值后转让的土地使用权、已出租的建筑物，不包括自用房地产、作为存货准备出售的房地产。审计时应主要查明：投资性房地产的确认、计量模式的选择是否正确，折旧或减值的提取是否合理，各个年度之间的价值重估是否正确，重估价值的变动是否确认为收益等。

2. 投资性房地产的审计程序

投资性房地产源自固定资产或无形资产，其内部控制及其测试可比照进行，这里主要介绍细节测试。其内容包括：

（1）获取或编制投资性房地产明细表。将其与总账和相关账簿核对一致。

（2）审查投资性房地产的实存数与使用状况。通过核对投资性房地产账簿与账卡（必要时应实地考察），确定投资性房地产是否实际存在，并查明其分布、管理和使用情况，为评价投资性房地产的确认和计量模式是否正确提供依据。

（3）审查投资性房地产的所有权。审计人员应审核与投资性房地产有关的合同、产权证明、税单以及抵押贷款、还款凭据等不同的证据，验证各类投资性房地产是否确归被审计单位所有。

（4）审查投资性房地产的确认是否符合规定。查明所记录的投资性房地产有无虚列及遗漏的现象、其他资产和投资性房地产的转换是否符合投资性房地产会计准则的规定。

（5）审查投资性房地产的计量模式是否正确。投资性房地产有成本计量模式和公允价值计量模式，二者的主要区别在于：前者应计提折旧或摊销，后者不计提折旧或摊销，但应在期末进行减值测试，公允价值与原账面价值之间的差额计入当期损益。计量模式一经确定，不得随意变更，将成本计量模式改为公允价值计量模式的要按会计政策变更处理，已采用公允价值模式计量的不得转为成本计量模式。

（6）审查投资性房地产的计量是否正确。无论采用何种计量模式，投资性房地产应当按照成本进行初始计量：外购投资性房地产的成本，包括购买价款、相关税费和可直接归属于该资产的其他支出；自行建造投资性房地产的成本，由建造该项资产达到预定可使用状态前所发生的必要支出构成；以其他方式取得的投资性房地产的成本，按照相关会计准则的规定确定。

企业应当在资产负债表日采用成本模式对与投资性房地产有关的后续支出进行计量，如果与该投资性房地产有关的经济利益很可能流入企业，且该投资性房地产的成本能够可靠地计量，则有关的后续支出应当计入投资性房地产成本；如果不符合这两个条件，则应当在发生时计入当期损益。

（7）审查其他资产与投资性房地产相互转换的处理是否正确。

（8）审查投资性房地产处置的会计处理、减值提取是否正确，披露是否恰当。

（9）审查投资性房地产的相关披露是否恰当。

（三）其他长期资产审计

其他长期资产包括长期待摊费用、递延所得税资产和其他非流动资产等。审计其他长期资产时，应查明其他长期资产是否归企业所有、有无虚列或遗漏的情况、账务处理是否正确、摊销方法是否正确等。

长期待摊费用是指企业已经支出，但摊销期限在一年以上（不含一年）的各项费用，审计时应查明：费用的分类是否正确，有无虚列和遗漏的情况；计量是否正确，摊销方法的选择是否正确等。

审计人员还应检查将于一年内（含一年）摊销的长期待摊费用部分，是否填列在“一年内到期的非流动资产”项目。

第二节　负债审计

负债是指企业过去的交易或事项形成的现时义务，履行该义务预期会导致经济利益流出企业。企业负债业务的会计处理是否正确、恰当，不仅影响着企业净资产的多少，而且对损益的计算和偿债能力的反映产生直接的影响。企业的负债按承担经济责任的时间长短，可以划分为流动负债和长期负债。

负债审计是指审计人员对资产负债表中各项负债项目进行的正确性、完整性、合法合规性的审计，包括流动负债审计和长期负债审计。

一、流动负债审计

（一）流动负债审计的特点和目标

1. 流动负债审计的特点

流动负债是指将在一年（含一年）或者超过一年的一个营业周期内偿还的债务，包括短期借款、应付票据、应付账款、预收账款、应付职工薪酬、应交税费、应付股利、其他应付款等。

与资产审计相比，负债审计侧重于防止低估或漏列负债。这是因为低估或漏列负债通常与企业成本费用的虚减和低估相伴，从而达到虚增或高估净收益、粉饰会计报表的目的；再有，审查时低估或漏列负债不容易找到舞弊的书面证据，难以发现和证实会计人员的错弊。当然，企业出于不愿意缴纳税金等目的，也可能会将收入在应付账款等负债中隐藏起来，由此高估负债，影响会计信息对于报表使用者的有用性，所以审计人员在审计时不应忽视高估或虚增负债的现象和行为。

2. 流动负债的审计目标

（1）了解并确定有关流动负债的内部控制制度是否健全、有效。

（2）确定特定时期内发生的流动负债记录是否真实、完整。

（3）确定被审计单位有关流动负债的计价和计算是否正确。

（4）确定被审计单位所有流动负债的发生是否符合有关法律的规定、被审计单位是否遵守了有关债务契约的规定。

（5）确定被审计单位流动负债余额在会计报表上的分类和反映是否恰当。

由于流动负债项目很多，不同的负债项目又有不同的特点，因此，流动负债各项目的具体审计目标还必须根据实际情况来确定。

（二）流动负债的审计内容

1. 短期借款的审计

短期借款是企业向银行或其他金融机构等借入的期限在一年以下（含一年）的各种款项。目前，企业短期借款的一般形式主要有：流动资金借款、临时借款、票据贴现借款、预购定金借款和其他期限在一年以下（含一年）的借款。

（1）短期借款审计的内容。

对短期借款的审计主要包括以下几个方面：

1）索取或编制短期借款明细表。审计人员要首先取得或编制短期借款明细表，并将其与短期借款总账及其所属的各明细账核对相符，查明有无虚构债务等情况，在期末余额较大或审计人员认为必要时，可向债权人函证。

2）检查短期借款的增减。对年度内增加的短期借款，审计人员应审查借款合同及是否经授权批准，了解借款数额、借款条件、借款日期、还款期限、借款利率，并与相关会计记录相核对。对年度内减少的短期借款，审计人员应检查相关记录和原始凭证，核实还款数额。

3）检查有无到期未偿还的短期借款。审计人员应检查相关记录和原始凭证，检查被审计单位有无到期未偿还的短期借款。如有，应查明是否已向银行提出申请并经同意后办理延期手续，同时还要查明延期原因、理由是否恰当。

4）复算短期借款利息。审计人员应根据短期借款的利率和期限，复核被审计单位短期借款的利息计算是否正确，有无多算或少算利息的情况。如有未计利息或多计利息，应作出记录，必要时应进行调整。

5）检查外币借款的结算。如果被审计单位有外币短期借款，审计人员应检查：外币短期借款的增减变动是否按业务发生时的市场汇率或期初市场汇率折合为记账本位币金额；期末是否按市场汇率将外币短期借款余额折合为记账本位币金额；折算差额是否按规定进行会计处理；折算方法是否保持一贯性。

6）检查短期借款在资产负债表上的披露是否恰当。企业应在资产负债表上单独列示短期借款，对于因抵押取得的短期借款，应在资产负债表附注中揭示，审计人员应注意被审计单位对短期借款项目的披露是否充分。

（2）短期借款审计中常见的错弊。

短期借款审计中常见的错弊通常有：

1）短期借款手续不完备、不合理。

2）短期借款利息计算不合理。

3）短期借款取得时没有担保、没有物资抵押。

4）短期借款没有按规定用途使用。

2. 应付票据的审计

应付票据是指由出票人签发的，委托付款人在指定日期无条件支付确定的金额给收款人或持票人的票据。它通常是因企业购买材料、商品或接受劳务供应等开出、承兑的商业汇票，包括银行承兑汇票和商业承兑汇票。随着商业活动的票据化，商业票据业务将越来越多，应付票据也将成为一个重要的审计领域。

（1）应付票据审计的内容。

对应付票据的审计主要包括以下几个方面：

1）索取或编制应付票据明细表。审计人员首先取得或编制应付票据明细表，并将其与应付票据登记簿、总账及其所属的各明细账核对相符。应付票据明细表一般应列示票据类别及编号、出票日期、面额、到期日、收款人名称、利率、付息条件以及抵押品的名称、数量和金额等。在核对时，审计人员应注意被审计单位有无漏报、错报票据；有无漏列作为抵押的资产；有无属于应付账款的票据；有无漏计、多计或少计应付利息费用等情况。

2）函证应付票据。审计人员应选择应付票据重要项目（包括零账户），函证其余额是否正确，并根据回函情况，编制与分析函证结果汇总表。对未回函的，可再次函证，也可采用其他替代审计程序以确定应付票据的真实性。

3）审查逾期未兑付的应付票据。审计人员应查明逾期未兑付应付票据的原因，是否已转入应付账款项目，其中带息应付票据是否已停止计息；确定是否存在抵押票据的情形，并提请被审计单位进行必要的披露。

4）实施分析性复核。其目的是证实应付票据的完整性和合理性，以及发现需要加以特别关注的方面。

5）检查应付票据备查簿，抽查若干重要的原始凭证，确定其是否真实，会计处理是否正确。

6）审查带息应付票据利息是否足额计提，其会计处理是否正确。

7）审查外币结算的应付票据，检查其采用的折算汇率是否正确。

8）确定应付票据是否在资产负债表中充分披露。

应付票据在资产负债表中一般应单独列示，并对其金额、到期日、担保资产在资产负债表附注中加以详细说明。

（2）应付票据审计中常见的错弊。

应付票据审计中常见的错弊通常有：

1）非商品交易使用商业汇票结算方式的违法违规现象。

2）应付票据利息计算不正确。

3）应付票据到期未及时偿还票据额，而是结转到“应付账款”账户。

4）应付票据入账不及时或者不入账。

5）应付票据在会计报表列示和报表说明中不真实。

3. 应付账款的审计

应付账款是指因购买材料、商品和接受劳务供应等而应付给供应单位的款项。应付账款是购销双方由于取得物资（接受劳务）与支付货款在时间上不一致而产生的负债。

（1）应付账款审计的内容。

对应付账款的审计主要包括以下几个方面：

1）索取或编制应付账款明细表。审计人员首先要取得或编制应付账款明细表，复核加计其正确性，并与报表数、总账数和明细账合计数核对是否相符。

2）执行分析性复核。审计人员通过执行分析性复核程序，可以发现应付账款记录的异常之处，从而判断被审计单位是否存在错误和舞弊的可能性，以便确定审计的重点。审计人员一般通过计算应付账款对流动负债的比率和应付账款对进货的比率来实现分析性复核。如果比率值异常偏低，则被审计单位可能低列或漏列应付账款。

3）函证应付账款。应付账款一般不需要函证，这是因为函证不能保证查出未入账的应付账款，而且，审计人员能够取得购货发票等外部凭证来证实应付账款的金额。但如果控制风险较高、某一应付账款金额较大或被审计单位处于经济困难阶段，则应对应付账款进行函证，以保证应付账款实有数的准确性。

进行函证时，审计人员应选择金额较大的债权人，以及那些在资产负债表日金额不大甚至为零、但为企业重要供货人的债权人作为函证对象。应付账款函证最好采用肯定式，并具体说明应付金额。同应收账款的函证一样，审计人员必须对函证的过程进行控制，要求债权人直接回函，并根据回函情况编制与分析函证结果汇总表，对未回函的，应考虑是否再次函证。如果存在未回函的重大项目，审计人员应采用替代审计程序。如可以检查决算日后应付账款明细账及现金和银行存款日记账，核实是否已支付，同时检查该笔债务的相关凭证资料，核实交易事项的真实性。

4）审查未入账的应付账款。为了防止企业低估负债，审计人员应审查企业有无漏列应付账款行为。审计人员应审查被审计单位在资产负债表日是否存在有材料入库凭证但未收到购货发票的经济业务；检查资产负债表日后收到的购货发票，关注购货发票的日期，确认其入账时间是否正确；检查资产负债表日后应付账款明细账贷方发生额的相应凭证，确认其入账时间是否正确。检查时，可通过询问被审计单位的会计和采购人员，查阅资本预算、工作通知单和基建合同来进行。如果审计人员通过有关审计程序发现某些未入账的应付账款，应将有关情况详细记入审计工作底稿，然后根据其重要性确定是否需建议被审计单位进行相应调整。

5）审查长期挂账的应付账款。检查应付账款长期挂账的原因，作出记录，注意其是否可能无须支付。对于确实无法偿付的应付账款，是否按制度规定转入了资本公积项目，相关依据及审批手续是否完备。

6）审查外币应付账款的折算。审计人员应检查外币应付账款的增减变动是否按业务发生时的市场汇率或期初市场汇率折合为记账本位币金额；期末是否按市场汇率将外币应付账款余额折合为记账本位币金额；折算差额是否按规定进行会计处理；折算方法是否保持一贯性。

7）审查应付账款是否存在借方余额。企业“应付账款”科目所属明细账的借方余额应在资产负债表的“预付账款”项目反映。因此审计人员应检查被审计单位有无应付账款的借方余额。如有，应查明原因，必要时建议被审计单位作重新分类调整。

8）审查应付账款在资产负债表中的披露是否恰当。一般来说，资产负债表中的“应付账款”项目应根据“应付账款”和“预付账款”科目所属明细账的期末贷方余额的合计数填列。审计过程中，如果审计人员发现被审计单位因重复付款、付款后退货、预付货款等导致某些账户借方出现较大余额时，审计人员应在工作底稿中编制重新分类的分录，以便将这些借方余额在资产负债表中列为资产。

（2）应付账款审计中常见的错弊。

应付账款审计中常见的错弊通常有：

1）应付账款有关账户余额账账不符。应付账款总账余额和明细账余额不符，企业“应付账款”账户余额与债权人“应收账款”账户余额不符。

2）销货退回不冲减应付账款。利用购货退回或假购进货物，贪污货款。

3）虚列应付账款数额。有的企业将不属于应付账款范围的开支列入“应付账款”账户，虚列该账项，然后再做转销或转账处理，从而达到各种不正当的目的。

4）利用应付账款贪污现金折扣。有的会计人员对于规定期内支付的应付账款，先按总价记入“材料采购”账户和“应付账款”账户，在付款期内付款时，对享有的现金折扣不予以扣除，按发票原价支付货款，然后从债权人处取得退款支票或现金。

4. 预收账款的审计

预收账款是买卖双方协议商定，由销货方向购货方预先收取的一部分款项。对预收账款的审计主要包括下述几个方面。

（1）索取或编制预收账款明细表。

审计人员首先取得或编制预收账款明细表，复核加计预收账款的正确性，并与报表数、总账数和明细账合计数核对是否相符。

（2）审查预收账款的实有数。

抽查预收账款的有关销售合同、仓库发运凭证、收款凭证，检查已实现销售的商品是否及时转销预收账款，确保预收账款期末余额的正确性和合理性。对于大额或账龄较长的预收账款，可以进行函证，并根据回函情况编制函证结果汇总表。对于回函金额不符的，应查明原因并作出记录或建议作适当调整；对于未回函的，应再次函证，或通过检查资产负债表日后已转销的预收账款是否与仓库发运凭证、销售发票相一致等替代审计程序，确定预收账款是否真实、正确。

（3）检查长期挂账的预收账款。

检查预收账款长期挂账的原因，作出记录，必要时提请被审计单位予以调整。

（4）审查外币预收账款的折算。

审计人员应检查外币预收账款的增减变动是否按业务发生时的市场汇率或期初市场汇率折合为记账本位币金额；期末是否按市场汇率将外币预收账款余额折合为记账本位币金额；折算差额是否按规定进行会计处理；折算方法是否保持一贯性。

（5）审查预收账款是否存在借方余额。

企业“预收账款”科目所属明细账的借方余额应在资产负债表的“应收账款”项目反映。因此审计人员应检查被审计单位有无预收账款的借方余额。如有，应查明原因，必要时建议被审计单位作重新分类调整。

（6）审查预收账款在资产负债表中的披露是否恰当。

资产负债表中的“预收账款”项目应根据“预收账款”和“应收账款”科目所属明细账的期末贷方余额的合计数填列。审计时，应注意查明资产负债表对预收账款的披露是否真实、公允。

5. 应付职工薪酬的审计

应付职工薪酬是企业为获取职工提供的服务而给予的各种形式的报酬以及其他相关支出。它包括：职工工资、奖金、津贴和补贴；职工福利费；社会保险费；住房公积金；工会经费和职工教育经费；非货币性福利；因解除与职工的劳动关系而给予的补偿；其他与获得职工提供的服务相关的支出等。

（1）应付职工薪酬审计的内容。

对应付职工薪酬的审计主要包括以下几个方面：

1）获取或编制应付职工薪酬明细表，复核加计其正确性，并与报表数、总账数和明细账合计数核对是否相符。

2）通过分析性复核，检查年度职工薪酬的合理性，有无异常变动情况，并查明原因，作出记录。

3）检查应付职工薪酬的支付凭证，查明工资、奖金、津贴、社会保险费、住房公积金等的计算是否符合规定，依据是否充分，有无授权批准和领款人签章，相应的会计处理是否正确。

4）审查分配的合理性，将应付职工薪酬的贷方发生额累计数和相关的成本、费用账户核对一致。

5）确定应付职工薪酬是否在资产负债表中充分披露。

（2）应付职工薪酬审计中常见的错弊。

应付职工薪酬审计中常见的错弊通常有：

1）应付职工工资计算不准确。

2）应付职工工资的发放程序不健全、管理不严。例如：发放工资手续不健全；职工领取工资后不签字；伪造职工名章；虚报冒领工资；利用发放工资为借口向银行套取现金；对于代领工资不入账处理等。

3）虚拟工资名单，从中套取私利。如职工调出、退休、死亡时不予以除名和转出；虚拟职工姓名和人数，从而多计、多发工资。

4）应付职工福利不按规定比例提取。

5）应付职工福利分配随意，以调节企业的成本费用。

6）应付职工福利不按规定使用用途支出使用。

6. 应交税费的审计

企业在一定时期内取得的营业收入、实现的利润、占用的国家资源以及从事其他应税项目经营，要按规定向国家缴纳相应的税费。企业的应交税费主要有增值税、消费税、营业税、资源税、所得税、土地增值税、城市维护建设税、房产税、土地使用税、车船使用税、教育费附加、矿产资源费等。

（1）应交税费审计的内容。

对应交税费的审计主要包括以下几个方面：

1）索取或编制应交税费明细表。审计人员首先取得或编制应交税费明细表，复核其加计数是否正确，并将其与应交税费报表数、总账及其所属的各明细账核对相符。注意进行应交税费审计时，不包括印花税、耕地占用税和其他不需要预计应交数的税费。

2）审阅被审计单位纳税鉴定或纳税通知及征、免、减税的批准文件，了解被审计单位适用的税种、计税基础、税率，以及征、免、减税的范围与期限，确认其在被审计期间内的应纳税内容。

3）核对期初未交税费与税务机关的认定数是否一致，如有差额，查明原因并作出记录，必要时建议作适当调整。

4）取得税务部门汇算清缴或其他确认文件、有关政府部门的专项检查报告、税务代理机构的专业报告、被审计单位纳税申报的有关资料等，分析其有效性，并与上述明细表及账面情况进行核对。必要时向主管税务机关函证应交税费的本期应交数和期末未交数。对于超过法定纳税期限的税项应取得主管税务部门的批准文件。

5）检查应交税费的计算是否正确，是否按规定进行了会计处理。

6）确定应交税费是否在资产负债表中作恰当披露。

（2）应交税费审计中常见的错弊。

应交税费审计中常见的错弊通常有：

1）企业采用的计税依据不正确。例如应纳税的营业额不正确；应纳税的销售额和销售数量不正确。

2）企业在计算应交税费时，所用税率不合理。例如没有根据税目选择合理的税率，而是选择较低的税率来达到减少交税的目的。

3）企业税收的减免不符合规定。例如利用税务部门制定的减免税收的条款，巧立或采用欺诈手段，虚拟减免税收的条件，从而减少纳税金额。

4）企业长期拖欠和不交税费。例如利用关系拉拢税务征管员，使“应交税费”科目贷方余额数字过大并长期挂账。

7. 应付股利的审计

应付股利是指企业经董事会、股东大会或类似机构决议确定分配的现金股利或利润。应付股利审查的内容主要有：

（1）获取或编制应付股利明细表，复核加计其正确性，并与报表数、总账数和明细账合计数核对是否相符。

（2）审阅股利分配的有关规定，了解股利分配和发放的合规性。

（3）审阅应付股利的发生额是否与利润分配方案相一致，会计处理是否正确。

（4）审查上年利润分配方案有无修改，有无按修改后的方案调整应付股利的期初数，有关会计处理是否正确。

（5）审查支付股利的原始凭证，相关会计处理是否正确。

（6）确定应付股利是否在资产负债表中充分披露。

8. 其他应付款的审计

其他应付款是企业除了应付票据、应付账款、应付职工薪酬等以外发生的应付、暂收其他单位或个人的款项。其他应付款审查的内容主要有：

（1）索取或编制其他应付款明细表，复核加计其正确性，并与报表数、总账数和明细账合计数核对是否相符。

（2）分项目审查各项其他应付款，对金额较大的和异常的明细账户余额，审查其原始凭证。审查时，要注意其他应付款发生的原因和具体内容是否属于本单位正常业务范围，有无弄虚作假、虚列账户的情况，特别注意用提取现金的方式减少其他应付款的情况。

（3）审查有无长期挂账的其他应付款，并查找长期挂账的原因，作出记录，必要时予以调整。

（4）确定其他应付款是否在资产负债表中充分披露。

二、长期负债审计

（一）长期负债的审计目标

长期负债是指偿还期在一年以上（不含一年）或超过一年的一个营业周期以上的负债，包括长期借款、应付债券、长期应付款等。与流动负债相比，它具有数额大、偿还期长等特点。

长期负债审计的目标是：

（1）了解并确定有关长期负债的内部控制制度是否健全、有效。

（2）确定特定时期内发生的长期负债记录是否完整、真实，是否为被审计单位所承担。

（3）确定被审计单位有关长期负债的计价和利息的计算以及相关的会计处理是否正确。

（4）确定被审计单位长期负债的发生是否符合有关法律的规定，被审计单位是否遵守了有关债务契约的规定。

（5）确定被审计单位长期负债余额在会计报表中的分类和反映是否恰当。

（二）长期借款的审计

长期借款是企业向银行或其他金融机构借入的期限在一年以上的各项借款。长期借款一般用于固定资产的购建、改建和大修理工程以及流动资产的正常需要等方面。

1. 长期借款审计的内容

长期借款同短期借款一样，都是企业向银行或其他金融机构借入的借款，因此长期借款的实质性测试与短期借款的实质性测试较为相似，其审计内容和方法可参照短期借款审计。所不同的是，针对长期借款的特点，在审计中还应注意：

（1）对于抵押和担保贷款，应审查抵押的资产是否归企业所有；其价值和实际情况是否与抵押契约中的规定相一致；担保事项的担保条件和担保契约是否具备和完善。

（2）对于借款费用的会计处理，长期借款的目的通常是购建大型固定资产。按照企业会计准则的规定，用借款购建固定资产，其间发生的借款费用（包括利息支出），在固定资产达到预定可使用状态前，计入所购建固定资产的成本，即借款利息资本化；在固定资产已达到可使用状态后，计入当期损益。审计人员需要对长期借款的用途进行审查核对，以确定借款利息资本化的会计处理是否正确。

（3）长期借款在资产负债表中应根据“长期借款”科目的期末余额扣除一年内到期的长期借款后的数额填列，该扣除数应当填列在流动负债下的“一年内到期的非流动负债”项目单独反映。审计人员应根据审计结果，确定被审计单位长期借款在资产负债表中的披露是否充分，并注意长期借款的抵押和担保是否已在会计报表附注中作了充分说明。

2. 长期借款审计中常见的错弊

长期借款审计中常见的错弊通常有：

（1）任意编造长期借款理由，借款计划编制不合理，没有履行必要的审批手续。

（2）长期借款没有按借款申请中的项目使用，与短期借款相互混淆使用。

（3）长期借款利息的计算和账务处理不正确，利息应资本化计入资产成本却计入期间费用以减少当年的利润总额，从而少交所得税。

（4）长期借款本息归还不及时，长期借款长期挂账，违反银行贷款的有关规定。

（三）应付债券的审计

应付债券是企业为筹集长期使用资金而实际发行的一种书面凭证，一般称为企业债券或公司债券，即发行期限在一年以上（不含一年）的应付长期债券。应付债券业务通常不多，但每一笔业务却可能是重要的，因此审计人员应重视对应付债券的审计工作。

1. 应付债券审计的内容

应付债券审计的内容有：

（1）获取或编制应付债券明细表。

同其他负债项目审计一样，审计人员应首先取得或编制应付债券明细表，并与总账和明细账核对相符。应付债券明细表通常包括债券名称、承销机构、发行日、到期日、债券总额（面值）、实收金额、折价和溢价及其摊销、应付利息、担保情况等。

（2）审查企业债券交易的有关原始凭证。

审计人员应审查债券交易的各项原始凭证，如企业现有的债券副本、发行债券收入现金的收据、汇款通知单、送款登记簿、抵押或担保契约、偿还债券的支票存根等，以确定应付债券发行的合法性和账面金额的正确性。

（3）检查应计利息、债券溢（折）价摊销及其会计处理是否正确。

审计人员检查债券溢价、折价、利息等账户分析表，以审查相关会计处理的正确性与合规性。该表可以由企业代为编制，审计人员加以审查，也可由审计人员自己编制。

（4）函证“应付债券”账户期末余额。

为了确定“应付债券”账户期末余额的真实性，审计人员如果认为有必要，可以直接向债权人及债券的承销人或包销人进行函证。函证的内容包括债券名称、发行日、到期日、已付利息期间、年内偿还的债券、资产负债表日尚未偿还的债券及审计人员认为应包括的其他重要事项等。

（5）审查到期企业债券的偿还。

对到期债券的偿还，审计人员应检查相关记录，检查其会计处理是否正确。

（6）审查应付债券在资产负债表中的披露是否充分。

应付债券在资产负债表中列示于非流动负债下，该项目应根据“应付债券”科目的期末余额扣除一年内到期的应付债券后的数额填列，该扣除数应当填列在流动负债下的“一年内到期的非流动负债”项目单独反映。审计人员应根据审计结果，确定被审计单位应付债券在资产负债表中的披露是否充分，并注意有关应付债券的类别是否已在会计报表附注中作了充分说明。

2. 应付债券审计中常见的错弊

应付债券审计中常见的错弊通常有：

（1）债券发行后不按发行合同、章程规定进行会计处理。

（2）债券溢价或者折价摊销的核算不正确。

（3）债券利息计算和账务处理不正确。

（4）债券发行的目的与债券筹集资金的使用不相符。

（四）长期应付款的审计

长期应付款是指企业除长期借款和应付债券以外的其他各种长期应付款项，包括以分期付款方式购入固定资产和无形资产发生的应付账款、应付融资租入固定资产的租赁费等。

1. 长期应付款审计的内容

长期应付款审计的内容有：

（1）取得或编制长期应付款明细表，复核加计其正确性，并与报表数、总账数和明细账合计数核对是否相符。检查长期应付款的内容是否符合企业会计准则的规定。

（2）检查各项长期应付款相关的契约，看有无抵押情况。对于融资租赁固定资产应付款，还应审阅租赁合约规定的付款条件是否履行、授权批准手续是否齐全，并作适当记录。

（3）向债权人函证重大的长期应付款。

（4）检查各项长期应付款本息的计算和会计处理是否正确。

（5）检查与各项长期应付款有关的汇兑损益是否按规定进行了会计处理。

（6）审查长期应付款在资产负债表中的披露是否恰当，注意一年内到期的长期应付款应列入“一年内到期的非流动负债”项目。

2. 长期应付款审计中常见的错弊

长期应付款审计中常见的错弊通常有：

（1）虚列“长期应付款”账户。

（2）“长期应付款”账户和“应付账款”账户相互混淆。

（3）长期应付款实际每期偿还数额与合同中要求的每期偿还数额不相符。

（4）利用“长期应付款”账户挪用公款，付款期满后继续付款。

第三节 所有者权益审计

一、所有者权益的审计目标

所有者权益的审计目标为：

第一，确定投入资本、资本公积的形成、增减及其他有关经济业务会计记录的合法性和真实性，为投资者及其他有关方面研究企业的财务结构、进行投资决策提供依据。

第二，确定盈余公积和未分配利润的形成和增减变动的合法性和真实性，为投资者及其他方面了解企业的增值、积累情况等提供资料。

第三，确定所有者权益在会计报表中的反映是否恰当。

二、投入资本及资本公积审计

（一）投入资本的审计

投入资本是企业的所有者投入企业的无须偿还、供长期周转使用的资产，是所有者在企业注册资本中的出资额，是企业注册登记的法定资本总额的来源。由于不同类型的企业，对投入资本核算所采用的账户不同，因而对投入资本的审计，往往按不同的被审计单位对象分为对实收资本的审计和对股本的审计。

1. 实收资本的审计

实收资本是指投资者按照企业章程或合同、协议的约定，实际投入企业的资本。实收资本增减变动主要是由于企业设立投入资本、增资扩股及需要减资等业务所形成的。企业实收资本审计的内容主要有下述几个方面：

（1）索取被审计单位合同、章程、营业执照及有关董事会会议记录。

审计人员应向被审计单位索取合同、章程、营业执照及有关董事会会议记录，并认真审阅其中的有关规定。

（2）索取或编制实收资本明细表。

审计人员应向被审计单位索取或自行编制实收资本明细表，作为永久性档案存档，以供本年度和以后年度检查投入资本时使用。实收资本明细表应当包括投入资本变动的详细记载及有关的分析评价。编制时需将每次变动情况逐一记载，并与有关原始凭证和会计记录进行核对。

（3）检查出资期限和出资方式、出资额。

审计人员应检查投资者是否已按合同、协议、章程约定的时间缴付出资额，其出资额是否经审计人员验证，对已验资者应查阅验资报告。

出资期限是投资者缴足其认缴资本的时间界限，包括合同期限和法律期限。合同期限要符合法律期限的要求。如果出资期限不符合规定的要求，则应通报给工商管理部门作出相应处理。出资方式是指各投资者认缴资本所采取的方式，包括货币资金方式出资、实物方式出资和无形资产方式出资等。投资者的出资方式必须严格遵守国家规定和企业合同、章程，不得擅自改变出资方式，否则将构成违反合同、章程的行为（已经董事会补充修改并报原审批机关批准的除外）。

（4）检查投入资本的真实性。

审计人员应通过审阅和核对有关原始凭证、会计记录，向投资者函证实际缴纳的资本额，对有关财产和实物的价值进行鉴定，确定投入资本的真实存在。

（5）检查实收资本的增减变动。

对于实收资本的增减变动，审计人员应查明原因，查阅其是否与董事会纪要、补充合同、协议及有关法律文件的规定一致。一般而言，企业的实收资本不得随意变更，如有必要增减，首先要具备一定的条件。如企业减资需要满足三个条件：第一，应事先通知所有债权人，债权人无异议；第二，经股东大会决议同意，并修改公司章程；第三，减资后的注册资本不得低于法定注册资本的最低限额。

（6）检查外币出资时实收资本的折算。

投资者以外币出资的，根据有关制度的规定，可以采用合同约定的汇率折合为记账本位币记账；合同没有约定的，按收到时的市场汇率折算。由于有关资产账户和实收资本账户所采用的折合汇率不同而产生的记账本位币差额，作为资本公积核算。

（7）审查实收资本在资产负债表中披露的恰当性。

企业的实收资本在资产负债表中单独列示，同时还应在会计报表附注中说明实收资本期初至期末间的重要变化，比如所有者的变更、注册资本的增减、各所有者出资额的变动等。审计人员应在实施上述审计程序的基础上，确定被审计单位资产负债表中的实收资本的反映是否正确，并确定有关投入资本是否在会计报表附注中予以分类揭示。

2. 股本的审计

股本是股份有限公司按照公司章程、合同和投资协议的规定向股东募集的资本，代表股东对公司净资产的所有权。通常股本不发生变化，只有在股份有限公司设立、增资扩股和减资时才发生变化。企业股本审计的内容主要有下述几个方面：

（1）审阅公司章程、实施细则和股东大会、董事会会议记录。

审计人员应向被审计单位索取公司章程、实施细则和股东大会、董事会会议记录的副本，并认真审阅有关股本的条款。审计人员应了解的资料包括核定股份和已发行股份的份数、股票面值、股票收回、股票分割及认股权证等。通过这些资料，审计人员可以确定被审计单位股本的交易是否符合有关的法规规定及股东大会或董事会的决议。

（2）检查出资方式是否合规。

审计人员应检查股东是否按照公司章程、合同、协议等规定的出资方式出资，各种出资方式的比例是否符合规定。

（3）索取或自行编制股本明细表。

审计人员应向被审计单位索取或自行编制股本明细表，作为永久性档案存档，以供本年度和以后年度检查股本时使用。股本明细表应当包括各类股本变动的详细记载及有关的分析评价。编制时需将每次变动情况逐一记载，并与有关原始凭证和会计记录进行核对。

（4）检查股票的发行、收回等交易活动。

检查与股票的发行、收回有关的原始凭证和会计记录，是验证股票发行、收回是否确实存在的重要步骤。应检查的原始凭证包括已发行股票的登记簿、向外界收回的股票、募股清单、银行存款对账单等。会计记录则主要包括银行存款日记账和总账、股本明细账与总账等。

（5）检查股票发行费用的会计处理。

根据《关于执行〈企业会计制度〉和相关会计准则有关问题解答（四）》的规定，股份有限公司发行股票支付的手续费或佣金等发行费用，减去发行股票冻结期间产生的利息收入后的余额，如股票溢价发行的，应从溢价中抵消；无溢价的，或溢价不足以支付发行费用的部分，应将不足支付的发行费用直接计入财务费用，不作为长期待摊费用处理。审计人员应检查相关会计记录和原始凭证，确定被审计单位对股票发行费用的会计处理是否正确。

（6）函证发行在外的股票。

审计人员应检查已发行的股票数量是否真实、是否均已收到股款或资产。我国目前股票发行和转让大都由企业委托证券交易所和金融机构进行。审计时，可采取向证券交易所和金融机构函证及查阅的方法来验证发行股份的数量，并与股本账面数额进行核对，确定是否相符。对个别自己发行股票、自己进行有关股票发行数量、金额及股东情况登记的企业，由于企业已在股票登记簿和股东名单上进行了记录，审计时，可以在检查这些记录的基础上，抽查其记录是否真实有据，核对发行的股票存根，看其数额是否与股本账上的数额相符。

（7）审查股本在资产负债表中披露的恰当性。

企业的股本在资产负债表中单独列示，审计人员应核对被审计单位资产负债表中的“股本”项目的数字是否与审定数相符，并确定是否在会计报表附注中披露与股本有关的重要事项，如股本的种类、各类股本金额及股票发行的数额、每股股票的面值、本会计期间发行的股票等。

（二）资本公积的审计

资本公积是企业收到投资者的超出其在企业注册资本（或股本）中所占份额的投资，以及直接计入所有者权益的利得和损失等。资本公积包括资本溢价（或股本溢价）和直接计入所有者权益的利得和损失等。

形成资本溢价（或股本溢价）的原因有溢价发行股票、投资者超额缴入资本等。

直接计入所有者权益的利得和损失主要由以下交易或事项引起：采用权益核算法下被投资单位除净损益外所有者权益的其他变动；以权益结算的股份支付；存货或自用房地产转换为投资性房地产；可供出售金融资产公允价值的变动；可供出售外币非货币性项目的汇兑差额；金融资产的重分类等。

1. 资本公积实有数的审计

审计人员应检查资本公积增减变动的内容及其依据，并查阅相关会计记录和原始凭证，确认资本公积增减变动的合法性和正确性。

2. 资本公积形成的审计

（1）审查资本溢价或股本溢价。

对于资本溢价，应检查是否在企业吸收新投资时形成，资本溢价数额的确定是否正确，其投资是否经董事会决定，并已报经原审批机关批准；对于股本溢价，应检查股票发行是否合法，是否经有关部门批准，股票发行价格与其面值的差额是否全部计入资本公积，发行费用是否已在溢价中扣除。

（2）审查其他资本公积。

审查其他资本公积的增减是否符合企业会计准则的规定，以及金额的确定是否正确。

3. 资本公积使用的审计

审计人员应审查资本公积有无挪作他用的情况。对资本公积转增资本，审计人员应审查转增资本是否经董事会决定并报经工商行政管理机关批准，并依此办理增资手续；会计处理是否及时、正确。所留存的该项公积金不得少于转增前公司注册资本的25%。用资本公积转增资本时，应冲减资本公积，同时按照转增前的实收资本（或股本）的结构或比例，将转增的金额记入“实收资本”（或“股本”）科目下各所有者的明细分类账。

4. 审查资本公积在资产负债表中披露的恰当性

企业的资本公积在资产负债表中单项列示，同时还应在会计报表附注中说明资本公积期末余额及期初至期末间的重要变化。

三、留存收益审计

留存收益是企业从历年实现的利润中提取或形成的留存于企业的内部积累，主要包括盈余公积和未分配利润两类。

（一）盈余公积的审计

盈余公积是企业按照规定从税后利润中提取的积累资金，是具有特定用途的留存收益，包括法定盈余公积、任意盈余公积等。盈余公积的审计内容如下所述。

1. 盈余公积实有数的审计

审计人员应获取或编制盈余公积明细表，分别列示法定盈余公积、任意盈余公积，并与明细账和总账的余额核对相符，同时逐项检查其原始凭证。

2. 盈余公积提取数的审计

审计人员应审查盈余公积提取是否符合规定并经过批准，提取手续是否完备，提取的依据（税后利润）是否真实、正确，提取项目是否完整，提取比例是否合法，有无多提或少提的情况。法定盈余公积是企业根据国家有关规定必须从税后利润中提取的盈余公积，提取比例不得低于税后利润的10%，但当计提的法定盈余公积累计数已达到注册资本的50%时，便不再提取。任意盈余公积按企业章程或董事会决定提取。提取盈余公积的依据主要是税后利润按规定作必要扣除后的余额，扣除的项目为弥补以前年度亏损等。

3. 盈余公积使用的审计

审计人员应主要审查盈余公积的使用是否符合规定用途，并经过批准。法定盈余公积和任意盈余公积可用于弥补亏损、转增资本和扩大企业生产经营，但必须符合国家规定的限制条件，如转增资本或分配股利后剩余额不得低于注册资本的25%，支付股利时支付比率不超过股票面值的6%；转增资本还必须经批准，依法办理增资手续，取得合法增资文件；弥补亏损也必须按批准数额转账。

4. 审查盈余公积在资产负债表中披露的恰当性

企业的法定盈余公积、任意盈余公积应合并在盈余公积中在资产负债表中列示。同时，还应在会计报表附注中说明盈余公积期末余额及期初至期末间的重要变化。审计人员对此应加以检查。

（二）未分配利润的审计

未分配利润是指企业实现的净利润经过弥补亏损、提取盈余公积和向投资者分配利润后留存在企业的历年结存的利润，是企业留于以后年度分配的利润。未分配利润审计的内容为：

（1）检查利润分配比例是否符合合同、协议、章程以及董事会会议纪要的规定，利润分配数额及年末未分配利润数额是否正确。

（2）根据审计结果调整本年损益数，直接增加或减少未分配利润，确定调整后的未分配利润数。

（3）检查未分配利润是否已在资产负债表中恰当披露。

本章小结

资产负债表审计包括资产审计、负债审计和所有者权益审计三部分内容。本章分别从审计目标、内部控制测试和细节测试等方面对资产负债表各项目的审计内容作了详细阐述。对审计中常见的错弊均作了分析与揭示，对有关的账务处理方法也作了说明。

本章重要术语

货币资金审计	债权审计	存货审计	固定资产及在建工程审计
投资性房地产审计	无形资产审计	应付票据审计	应交税费审计
应付债券审计	应付职工薪酬审计	长期借款审计	或有负债审计
实收资本审计	资本公积审计	盈余公积审计	未分配利润审计

第九章　利润表审计

引　言

本章主要介绍收入、成本费用和利润审计的目标、内容与方法。收入是企业经营成果的重要体现，费用是企业为了获取收入所发生的代价，而利润是企业的收入在补偿了费用后的余额。收入、费用与利润的审计是保证企业经营成果可靠性、准确性的重要手段。

学习目标

学完本章后，您将能够：

1. 了解与掌握主营业务收入、其他业务收入、营业外收入审计的程序和方法；
2. 了解与掌握成本费用审计的重要意义及审计内容，成本费用审计的程序和方法；
3. 理解与掌握利润和利润分配审计的内容和方法。

第一节　收入审计

收入是指企业在日常活动中形成的、会导致所有者权益增加的、与所有者投入资本无关的经济利益的总流入，包括主营业务收入和其他业务收入。其中，“日常活动”是指企业为完成其经营目标所从事的经常性活动以及与之相关的活动。收入的审计范围是利润表中所列的各个收入项目，从广义的角度来看，收入的审计范围还应包括投资收益和营业外收入等项目。

一、主营业务收入审计

主营业务收入是指企业按照营业执照上规定的主营业务内容经营所发生的营业收入，如工业企业的产品销售收入。主营业务收入审计是收入审计的一项重要内容。

（一）主营业务收入的审计目标

主营业务收入的审计目标一般包括：

（1）确定主营业务收入的确认与计量是否合理、正确和完整。

（2）确定销售退回、折扣和折让的内容、性质、数额是否正确和完整。

（3）确认主营业务收入的会计处理是否正确。

（4）确定销售退回、折扣和折让的计算和会计处理是否正确。

（5）确认主营业务收入在会计报表中的披露是否恰当。

（二）主营业务收入的实质性程序

主营业务收入的实质性程序一般包括下述内容。

1. 获取或编制主营业务收入明细表

审计人员应首先获取或编制主营业务收入明细表以及折扣和折让明细表，复核加计其是否正确，并与报表数、总账余额和明细账余额合计数核对相符。执行这一程序的目的有二：一是检验利润表中的主营业务收入数额是否与明细记录的每一个项目相一致；二是将此程序作为实质性测试的起点。主营业务收入明细表可向被审计单位索取或由审计人员自行编制。在审计时，审计人员必须将明细表上的数额汇总，并与总账和明细账相核对，如果不符，应查明原因并作出相应的调整。

2. 实施分析性复核

审计人员为了在总体上对主营业务收入的真实性作出初步判断，一般还应采用分析性复核程序，检查主营业务收入是否存在异常变动或重大波动。审计人员应根据主营业务收入明细表，编制主营业务收入分析表，并作如下比较分析：

（1）将本年度主营业务收入与上年度进行比较，分析产品销售结构和价格的变动是否正常。

（2）比较本年度各月份主营业务收入的波动情况，分析其变动趋势是否正常。

（3）比较本年度各月份销售利润率，并与企业历史数据和行业平均水平进行比较。如果发现异常现象和重大波动，应查明原因。

审计人员应特别注意年末前若干月份的收入变动情况，因为被审计单位管理层为了调剂本期和下期的盈利或为保持既定的盈利水平而操纵年末收入的可能性比较大。所以，对年末前若干月份的收入显著减少或增加必须重点审查，以核实是否存在漏记、隐瞒或虚记收入等情况。

例如，在美国涂料销售公司一案中，总裁迈克尔·温斯特（Michael Weinstein）为了对外融资，迫使公司会计人员以真实的顾客为基础精心虚构了大量销售收入，因而虚增利润 5 500 万美元。审计人员只通过了几步分析性程序就使之暴露出种种疑点：虽然销售收入和应收账款大幅增加，但现金流入却逐年减少；存货账户余额虽然是真实准确的，但存货与应收账款的比率显示应收账款增幅异常；另外，主营业务毛利率上升。这些预警信息引导审计人员进行深入仔细的实质性测试，结果，该公司的舞弊事件大白于天下。

3. 审查主营业务收入的确认

按照《企业会计准则第14号——收入》的规定，企业销售商品的收入，应在下列五项条件均能满足时予以确认：(1) 企业已将商品所有权上的主要风险和报酬转移给购货方；(2) 企业既没有保留通常与所有权相联系的继续管理权，也没有对已售出的商品实施控制；(3) 收入的金额能够可靠地计量；(4) 与交易相关的经济利益很可能流入企业；(5) 相关的已发生或将发生的成本能够可靠地计量。

因此，对主营业务收入的审计，应当依据上述产品销售收入确认的五个条件，并结合货款结算方式来进行。下面作简要介绍：

(1) 采用交款提货方式销售，在货款已经收到或取得收取货款的凭证，同时发票账单和提货单已交给购货方时，确认收入实现。审计人员应审查被审计单位是否收到货款或取得收取货款的权利，并已将发票账单和提货单交付购货单位。应特别注意有无扣压结算凭证，将当期收入转入下期入账，或者开假发票，将虚列的收入记账，在下期予以冲销的情况。

(2) 采用预收账款方式销售，在商品发出时确认收入实现，预收的货款应确认为负债。审计人员应审查被审计单位是否收到了货款，是否在货物发出之后确认收入。应注意是否存在开具虚假出库凭证、提前确认收入的情况。

(3) 采用托收承付方式销售，在商品已经发出并办妥托收手续时确认收入实现。审计人员应审查被审计单位是否发货，托收手续是否办妥。应注意发货发运凭证是否真实，托收承付结算回单是否正确。如果商品已经发出且办妥托收手续，但由于各种原因与发出商品所有权有关的风险和报酬没有转移的，企业不应确认收入。

(4) 采用其他单位代销方式销售，应以代销商品已经销售，并收到代销清单时确认收入实现。审计人员应查明有无编制虚假代销清单、虚增本期收入的情况。

(5) 采用分期收款方式销售，应按合同约定的收款日期分期确认收入。审计人员应审查本期是否收到货款，查明合同约定的本期应收款日期是否真实，是否存在已实现的收入不入账、少入账或缓入账的情况。

(6) 对长期工程合同收入，应根据完工百分比合法合理确认收入。审计人员应审查收入的计算、确认方法是否符合规定，并核对应计收入与实际收入是否一致。应注意查明有无随意确认收入、虚增或虚减本期收入的情况。

(7) 销售房地产。与一般的销售商品类似，在房地产已经移交，并将发票结算账单提交对方时，确认收入的实现。审计人员应审查已办理的移交手续是否符合规定，发票账单是否已交对方。注意查明被审计单位有无编造虚假移交手续、采用“分层套写”的方法开具假发票的行为，防止其高价出售、低价收账，从中贪污货款。

(8) 售后租回。售后租回本质上属于融资行为，不确认收入。售后租回是指销售商品的同时，销售方同意日后再租回所售商品。在这种销售方式下，应分别以下情况处理：如果售后租回交易形成一项融资租赁，售价与资产账面价值之间的差额应予递延，在“递延收益”账户核算，并按该项租赁资产的折旧进度进行分摊，作为折旧费用的调整；如果售后租回交易形成一项经营租赁，售价与资产账面价值之间的差额应予递延，在“递延收益”账户核算，并在租赁期内按照租金支付比例分摊。

(9) 以旧换新销售。以旧换新销售的商品按照销售商品收入确认条件确认收入，回收的旧商品作为购进商品处理。

(10) 售后回购。通常情况下，售后回购交易属于融资交易，商品所有权上的主要风险和报酬没有转移，收到的款项一般不能确认相关的销售商品收入，而应该确认为负债；回购价格大于原售价的差额，企业应在回购期间按期计提利息，计入财务费用。有确凿证据表明售后回购交易满足销售商品收入确认条件的，销售的商品按售价确认收入，回购的商品作为购买商品处理。

对上述主营业务收入确认的审查，主要采用抽查法、核对法和验算法。

4. 审查售价是否合理

审计人员应当获取商品价格目录，抽查售价是否符合价格政策，并注意销售给关联方或关系密切的重要客户的产品价格是否合理，有无低价或高价结算以转移收入的现象。

5. 审查销售折扣与折让业务的真实性与合法性

审计人员应取得被审计单位有关折扣与折让的具体规定和其他文件资料，与实际执行情况进行核对，并抽查较大的折扣与折让发生额，检查其是否经授权批准，是否真实、合法。审查销售退回手续是否符合规定，销售退回的商品是否已验收入库并登记入账，有无形成账外物资的情况。

6. 审查主营业务收入的会计处理是否正确

在审查主营业务收入时，应认真审查其会计处理过程。审计人员应抽取企业被审计期内一定数量的销售发票，进行从原始凭证到记账凭证、主营业务收入明细账的全过程审查。审计人员应核实有关记录、过账、加总是否正确，并将抽取的收入与应收账款明细账、现金或银行存款日记账、库存商品明细账相核对，以进一步确定发货日期、销售数量、品名、单价、金额等是否相符，从而证实主营业务收入会计处理的正确性、真实性和完整性。同时，还应审查销售退回、折扣和折让的数额计算及会计处理是否正确。

7. 审查销售截止的正确性

截止测试是广泛运用于货币资金、往来款项、存货、投资、主营业务收入和期间费用等诸多会计报表项目审计的一种实质性测试技术，在主营业务收入和存货项目中的运用最为典型。

虚增本年主营业务收入和应收账款的一个常用手段就是将下期的销售收入提前至本期予以确认，其目的是粉饰财务报告。因此，为防止销售记录截止的错误，审计人员应将资产负债表日前后若干天记录的销售业务与销售发票和发运凭证进行核对，这就是销售截止测试（sales cut off test），其目的是确定被审计单位主营业务收入会计记录的归属期是否正确，是否有将主营业务收入提前至本期或推迟至下期记账的情况。审计人员在审计中应该关注三个与主营业务收入确认有密切关系的日期：一是发票开具日期或者收款日期；二是记账日期；三是发货日期。主营业务收入截止测试的关键就是检查三者是否归属于同一会计期间。

针对上述三个重要日期，审计人员可以考虑采用三种审查程序实施主营业务收入的截止测试：

（1）以账簿记录为起点，从报表日前后若干天的账簿记录追查至记账凭证，检查发票副联与发运凭证，以证实已入账收入是否在同一期间已开具发票并发货。但此法只能发现多记的营业收入，而不能发现漏记的营业收入。

（2）以销售发票为起点，从报表日前后若干天的发票副联中抽取若干张样本，追查至发票凭证和账簿记录，以证实已开具发票的货物是否已发货并于同一会计期间确认收入。但此法只能发现漏记的营业收入，而不能发现多记的营业收入。

（3）以发运凭证为起点，从报表日前后若干天的发运凭证查至发票开具情况和账簿记录，确定营业收入是否已记录在恰当的会计期间。这种方法主要也是为了发现漏记的营业收入。

此外，审计人员还应结合对报表日应收账款的函询程序，通过复核资产负债表日后的重大销售退回，来查明有无未经认可的大额销售。

8. 查找未经记录的大额销售

审计人员应结合对报表日应收账款的函询程序，查明有无未经记录的大额销售。若有，应作出记录并提请被审计单位作出相应的调整。

9. 审查外币收入

对以外币结算的收入，审计人员应审查外币收入折算汇率是否正确、折算方法是否前后各期一致。

10. 检查有无特殊的销售行为

对特殊的销售行为，如委托代销、分期收款销售、售后回购、以旧换新、出口销售等，审计人员应确定恰当的审计程序并进行审核。

11. 确定主营业务收入是否在利润表中恰当披露

审计人员应审查利润表中的主营业务收入金额是否与审定数相符，主营业务收入确认所采用的会计政策是否已在会计报表附注中披露。

二、其他业务收入审计

（一）其他业务收入的审计目标

其他业务收入是企业主营业务之外的其他业务所产生的收入，如工业企业的材料出售收入、固定资产和包装物出租收入、无形资产转让收入等。在一般情况下，其他业务收入具有不经常、不定期、数额不稳定等特点。

其他业务收入审计目标一般包括：（1）确定其他业务收入的记录是否合理、正确和完整；（2）确定其他业务收入的计算和会计处理是否正确；（3）确定其他业务收入在会计报表中的披露是否恰当。

（二）其他业务收入的实质性程序

其他业务收入的实质性程序为：

（1）获取或编制其他业务收入明细表。审计人员应复核加计其是否正确，并与报表数、总账余额和明细账余额合计数核对相符。审计人员应注意其他业务收入是否具有相应的业务支出数。

（2）审查异常的其他业务收入项目。通过与上期其他业务收入项目比较，审计人员应了解重大波动产生的原因，分析其是否合理。对异常的其他业务收入项目，应追查入账依据及有关法律性文件是否充分。

（3）抽查大额其他业务收入项目。审计人员应根据其他业务收入明细表，抽查大额其他业务收入项目，检查原始凭证是否齐全、内容是否真实、合法，有无授权批准，有关成本、税金的计算是否正确、会计期间划分是否恰当，会计处理是否正确，是否符合收入实现原则和配比原则。

（4）实施截止测试。必要时，审计人员应实施截止测试，追踪到发票、收据等，确定其截止期的划分是否恰当，对于重大的跨期项目作必要的调整。

（5）确定其他业务收入是否已在利润表中进行恰当披露。

三、营业外收入审计

营业外收入是指与企业生产经营活动无直接关系的各项收入，如固定资产盘盈、处置固定资产净收益、处置无形资产净收益、非货币性交易收益、罚款净收入等。

营业外收入的审计目标一般包括：（1）确定营业外收入的记录是否完整；（2）确定营业外收入的计算和会计处理是否正确；（3）确定营业外收入在会计报表中的披露是否恰当。

对营业外收入的细节测试应以营业外收入明细账为依据，结合相关的账户，实施以下程序：（1）获取或编制其他业务收入明细表，并与总账和明细账核对相符；（2）审查营业外收入各主要项目数额的真实性和正确性；（3）抽查大额营业外收入，检查原始凭证是否齐全、有无授权批准、会计处理是否正确；（4）审查营业外收入截止期的正确性；（5）确定营业外收入是否已在利润表中作恰当披露。

审计人员在对收入审计过程中，还需对关联方及其交易给予充分关注，这部分内容将在第十一章详细阐述。

第二节　成本费用审计

一、成本费用审计的内容

（一）审查成本费用支出的合法性

为了保证成本费用核算水平的真实性，防止和杜绝乱挤乱摊成本的现象，需要审计人员对成本费用支出的合法性严格把关，即审查企业的成本费用支出是否符合企业会计准则的要求，是否确为成本计算对象的开支范围，开支水平是否符合国家的有关规定和标准等。总之，属于成本费用开支范围的，均应计入成本费用，不得少计、漏计；不属于成本费用开支范围的，均不应计入成本费用，即不得多计、重计和乱计。

（二）审查成本费用计算的合理性

成本计算过程就是生产经营费用的归集与分配过程。在制造企业，发生的各项生产费用要按成本核算对象、成本项目和各费用项目分别归集，月份终了，再按一定的分配标准分配，计入不同的产品成本和费用之中。如果月内既有完工产品，又有在产品，则发生的生产费用还要在完工产品与在产品之间进行分配，从而计算出产品的总成本和单位成本。审查成本费用核算的合理性，主要是审查企业是否按企业会计准则的要求进行了会计处理；是否正确贯彻了与营业收入配比的原则和权责发生制原则；是否正确地划分本期成本费用与下期成本费用之间的界限、产成品成本与在产品成本的界限，以及不同产品成本之间的界限；成本计算方法包括在产品成本的计算方法、各成本项目发生数额的确认方法等是否符合一贯性的要求，计算口径是否统一，等等。

（三）审查成本费用内部控制制度是否健全有效

完善的成本费用内部控制制度应由管理控制和会计控制两个分系统构成。

管理控制系统应包括的内容为：(1) 确定成本目标和计划；(2) 编制生产费用预算；(3) 制定资源消耗定额（包括料、工、费）；(4) 对完工产品的质量检验；(5) 对成本费用指标进行分解，建立成本费用的归口分级责任控制系统；(6) 定期进行成本计划执行情况的考核与评价。

（四）寻找企业降低成本费用的有效途径

在经营管理审计和经济效益审计中，寻找企业降低成本费用的有效途径是审计的一项主要内容。从经营角度分析，审计可论证新工艺方法的引进、替代材料的利用、新产品的开发取得预期效益的可能性；从管理角度分析，审计又可提出堵塞漏洞、减少支出的建议，并论证可能达到的效果。所有这些，都应是成本费用审计的工作内容。

二、成本费用审计的程序

进行成本费用审计有一定的难度。这就要求审计人员要有明晰的审计思路，以简明有效的程序和方法较好地完成审计任务。成本费用审计的程序具体包括：

(1) 了解企业的工艺流程，熟悉有关管理制度。

(2) 进行成本费用的内部控制测试评价。

(3) 进行费用支出情况的审查。

(4) 进行成本费用归集的审查。

(5) 进行成本费用分配的审查。

(6) 进行销售成本与费用结转的审查。

三、成本费用审计的方法

从整体上看，成本费用审计可遵循一般财务审计的方法，但是，着眼于成本费用核算的特点，成本费用审计又要在顺查法、逆查法的基础上有所扩展，并大量运用比较分析的方法，有重点地实施。

(一) 以成本费用的计划完成情况为线索，确定审计的重点

审计人员在进行审计时首先要进行成本费用实际执行结果与计划的比较分析，以查找计划与实际、本年实际与上年实际的数据差异，并将差异明显且无可解释理由的成本类别乃至成本项目作为审计的重点。

(二) 以各费用分配表为中心，确定费用发生与分配的合规性和合理性

成本费用核算最主要的内容是按各费用发生的实际情况编制费用归集与分配的汇总表格，并按表格计算的数据填制转账凭证，最终计算出产品成本。因此，以费用分配表为中心能够抓住问题的要害，有利于提高审计的效率。

(三) 与存货监盘和调查询证相结合，将发现的问题落在实处

成本费用审计绝非只是账表审查，它必须与实物盘点及实际调查结合起来，才能达到预想的目的。这就要求审计人员在审计时要与原材料、在产品、产成品的实际盘点相结合，以判断计入成本中原材料的数额是否正确、在产品成本乃至产成品成本是否真实可信。审计时，要进行大量的调查询证工作，以确定各种费用分配的方法、系数是否符合企业的实际情况，能否满足准确提供成本费用信息的要求等。

(四) 与内部控制制度相结合，使审计工作发挥更大的效能

对审计中发现的问题，要从健全内部控制制度的角度入手，及时反馈到被审计单位，促使其强化控制，提高管理水平。

四、生产成本项目的细节测试

（一）直接材料成本的审计

直接材料成本的审计一般应从审阅材料和生产成本明细账入手，抽查有关的费用凭证，验证企业产品直接耗用材料的数量、计价，以及材料费用分配是否真实、合理。其主要内容包括：

（1）审查产品成本计算单，检查直接材料成本的计算是否正确，材料费用的分配标准与计算方法是否合理和适当，是否与材料费用分配汇总表中该产品分摊的直接材料费用相符。

（2）审查直接材料耗用数量的真实性，检查有无将非生产用材料计入直接材料成本的情况。

（3）分析比较同一产品前后各年度的直接材料成本，如有重大波动应查明原因。

（4）抽查材料发出及领用的原始凭证，检查领料单的签发是否经过授权、材料发出汇总表是否经适当的人员复核、材料单位成本计价方法是否适当、是否正确及时入账。

（5）对采用定额成本或标准成本计价的企业，应检查直接材料成本差异的计算、分配与会计处理是否正确，并查明直接材料的定额成本、标准成本在本年度内有无重大改变。

（二）直接人工成本的审计

直接人工成本审计的内容主要包括：

（1）抽查产品成本计算单，检查直接人工成本的计算是否正确、人工费用的分配标准与计算方法是否合理和适当、是否与人工费用分配汇总表中该产品分摊的直接人工费用相符。

（2）将本年度直接人工成本与前期进行比较，查明其异常波动的原因。

（3）分析比较本年度各个月份的人工费用发生额，如有异常波动，应查明原因。

（4）结合应付工资的审查，抽查人工费用的会计记录及会计处理是否正确。

（5）对采用标准成本法的企业，应抽查直接人工成本差异的计算、分配与会计处理是否正确，并查明直接人工的标准成本在本年度内有无重大变更。

（三）制造费用的审计

制造费用是企业为生产产品或提供劳务而发生的间接费用，即生产单位为组织和管理生产而发生的费用，包括分厂和车间管理人员的工资、提取的职工福利费、折旧费、修理费、办公费、水电费、取暖费、租赁费、机物料消耗、低值易耗品摊销、劳动保护费、保险费、设计制图费、实验检验费、季节性和修理期间的停工损失以及其他制造费用。制造费用审计的基本要点包括：

（1）获取或编制制造费用汇总表，并与明细账、总账核对相符，抽查制造费用中的重大数额项目及例外项目是否合理。

（2）审阅制造费用明细账，检查其核算内容及范围是否正确，并应注意是否存在异常会计事项，如有，则应追查至记账凭证及原始凭证，重点查明企业有无将不应列入成本费用的支出（如投资支出、被没收的财物、支付的罚款、违约金、技术改造支出等）计入制造费用的情况。

（3）必要时，对制造费用实施截止测试，即检查资产负债表日前后若干天的制造费用明细账及其凭证，确定有无跨期入账的情况。

（4）审查制造费用的分配是否合理。重点查明制造费用的分配方法是否符合企业自身的生产技术条件，是否体现收益原则；分配方法一经确定，是否在相当期间内保持稳定，有无随意变更的情况；分配率和分配额的计算是否正确，有无以人为估计数代替分配数的情况；对按预定分配率分配费用的企业，还应查明计划与实际差异数是否及时调整。

（5）对于采用标准成本法的企业，应抽查标准制造费用的确定是否合理，计入成本计算单的数额是否正确，制造费用的计算、分配与会计处理是否正确，并查明标准制造费用在本年度内有无重大变动。

五、期间费用的审计

期间费用审计的内容一般为：费用的内部控制制度是否健全、完善，是否存在漏洞；费用的分类是否清楚、合理，各类费用之间是否有明确的界限，是否分类设置了相应的栏目；费用金额的计算与记录是否正确，有无漏计、多计、错计等混淆成本的现象；费用的账务处理是否及时准确，是否按各发生期记录，是否按期全部转入“本年利润”账户，等等。

（一）销售费用的审计

1. 销售费用的内部控制制度评审

销售费用是企业在销售产品和材料、提供劳务过程中发生的各种费用，包括保险费、包装费、展览费和广告费、产品维修费、预计产品质量保证损失、运输费、装卸费等以及为销售本企业产品而专设的销售机构的职工薪酬、业务费、折旧费等经营费用。

按上述费用的发生情况，销售费用内部控制制度评审的主要内容为：

（1）企业是否设有费用计划和预算，计划和预算是否针对不同的费用种类分别进行了编制，数据是否符合企业的实际情况。

（2）企业是否有对不同费用预算的分工负责制度，即发生是否有专人签字，会计期末是否有计划完成情况的考核分析制度。

（3）有关费用的会计核算资料是否完整、准确，是否对发生的费用都及时进行了登记，是否有专人审核，是否定期核对账目。

（4）对一些不经常发生、带有不确定性的业务，是否有应急的控制措施和事后的检查制度等。

2. 销售费用审计的主要内容

对销售费用的审计，要在对其内部控制制度进行评审的基础上，重点审计以下几个方面：

（1）销售费用的开支范围是否符合制度规定。即是否在会计核算的基础环节将销售费用与其他期间费用做了清楚的划分，企业是否将该记入“制造费用”、“辅助生产费用”等账户的业务列入了销售费用，是否混淆了销售费用与管理费用、财务费用的界限。

（2）销售费用的发生数额是否真实可靠。销售费用的发生有其特定内容，即费用难以直接与受益项目配比。因此，发生的销售费用数额要分清与代垫的运杂费、出租包装物及与有关的劳务等的区别，并在此基础上审查支付凭证与报销凭证的真实性和可靠性。

（3）审查销售费用是否合法、合理。在这方面尤其应该注意企业有关人员有无抬高费用水平以从中为个人牟取私利的行为，如借广告费、展览费之名，滥送样品，给职工发放实物等。面对这样的情况，审计人员应严格按照财经法规、管理制度的要求，剔除不合法的支出，保证销售费用的合法性和合理性。

（二）管理费用的审计

1. 管理费用的内部控制制度评审

管理费用的项目较多，发生频繁，容易产生错弊。因此，对管理费用的审计，一般是先考察其内部控制制度及费用开支的总括情况，并在此基础上确定审计的重点，然后再选择必要的项目进行详细审查。管理费用的内部控制制度评审的重要内容为：

（1）企业是否制定了必要的费用定额和开支标准，定额、标准是否符合国家法规制度的规定，是否符合本企业的实际情况。

（2）企业是否编制了年、季、月分项目的费用支出计划，计划制定的依据是否准确，是否既先进又合理，便于控制企业费用的执行情况。

（3）企业费用开支的日常控制程序是否完善，各职能部门对有关开支是否有清晰的审批权限，财会部门的审核与控制是否有力。

（4）企业是否有费用开支情况的定期分析制度，能否对费用计划执行过程中遇到的问题及时进行分析和处理，有无信息反馈的相关制度等。

2. 管理费用审计的主要内容

管理费用的内容复杂，这就需要我们对管理费用的项目进行分类，针对不同的管理费用，灵活实施审计。例如，管理费用中有一些发生时间规律、数额均衡的项目，如行政管理人员的工资、工会经费等，这些项目大都是每月发生一次，且数额均衡。对这样的费用项目，主要是查明与费用额有关的基础数据是否真实可靠，如职工人数与工资额，计提的经费比例、数额等。在审查这样的项目时，审计人员可采用总括计算费用支出水平，并有方向地抽取某一月份支出的数据进行详细检查，或者通过重点抽取某一费用项目进行详细检查的方式进行，以取得较好的审计效果。管理费用中还有一些项目属于特别项目，如聘请中介机构费、咨询费、诉讼费等，这些项目的发生要看是否有对应事项，或者年内只发生一次，或者不发生。对这样的业务事项要采用特别的审计方式，主要是审计业务事项的真实性，并对较大数额的事项进行详细审计。

具体来说，管理费用审计的主要内容包括以下几方面：

(1) 审计费用计划的执行情况。企业编制费用计划的目的是控制费用开支，因此企业必须严格执行费用计划。在进行审计时，审计人员应首先审查管理费用各项目在会计期间内开支的绝对额，看是否超过了计划数额，即确定超支或结余额，并计算超支或结余的程度，即进行计划完成情况相对数的计算。要在这样的比较和计算中，发现进一步审查的线索，确定审计重点。

(2) 审查管理费用中的真实性和合法性。对管理费用支出的真实性和合法性的审查应从以下几个方面进行：

首先，审查发生的经济业务是否符合管理费用的开支范围，即企业有无将不应由管理费用开支的项目挤入了管理费用的情况。

其次，审查费用的支出数额是否符合规定的开支标准。加强对管理费用的项目控制，可以有效降低费用、节约开支，因此，结合费用计划、每一项目的开支标准严格控制费用的发生数额，应能取得较好的效果。

再次，审查各项费用有无异常变动。如上所述，管理费用的各项目有很多是有其均衡性的。按多栏式明细账的特点，将会计期间内费用在各月发生的情况进行对比，以确定有无异常现象，并对异常现象进行审计，是行之有效的好方法。这样做的理论依据是，管理费用的诸多项目中有很多属于固定费用，各月的变动幅度不应太大，如果变动幅度大，就违背了此类业务的规律，必然应将其作为重点事项列入需要仔细审查的范围。

最后，审查费用支出中敏感性较强的项目。管理费用中敏感性强的项目当属办公费、差旅费、会议费、业务招待费等。之所以认为这些费用敏感性强，是因为这些项目容易发生铺张浪费、假公济私、个人侵吞的不正当的支出。因此，对这样的业务事项要特别注意，不仅要进行有关账证资料的审查，还要进行必要的调查核实等程序，以对可能存在的问题作出清楚的判断，取得较好的审计效果。

(3) 审查管理费用账务处理的及时性与准确性。管理费用的发生应于每月记入账中，并在每月月末结转至“本年利润”账户；结转后“管理费用”账户无余额。因此，如果不及时登记各项目，或者错用基数、比率，都会造成数据失实，从而影响本期损益。这方面的审计主要是进行证证核对及证账核对，要从财务资料的基础性审查入手，得出账务处理是否及时、准确的结论。

（三）财务费用的审计

1. 财务费用的内部控制制度评审

财务费用是指企业为筹集生产经营所需资金等而发生的费用，包括利息支出（减利息收入）、汇兑损益以及相关的手续费、企业发生的现金折扣或收到的现金折扣等。由于财务费用不是频繁发生的费用，因此，财务费用的审计一般是以每一会计期末确认利息收入与利息支出的会计分录为线索而展开，主要是确认计入财务费用的业务处理是否准确合理。按此要求，财务费用的内部控制制度评审主要是看企业是否将资金筹集与使用有关的利息支出与手续费支出作了清楚的划分，有无随每一笔借款的归还和债券的清偿等对企业利息支出、手续费支出的正确开支方向进行核对的制度，是否按税法的要求对允许税前扣除的利息费用和不可在税前扣除的利息费用进行了划分并做相应的处理等。

2. 财务费用审计的主要内容

财务费用审计的主要内容包括以下几方面：

（1）审查企业对利息支出处理的正确性。即审查企业是否合理划分了为筹集生产经营所需资金发生的费用和为其他目的筹集资金而发生的费用。按照企业会计准则的要求，为筹集生产经营所需资金而发生的利息支出可以计入财务费用；为购建固定资产而筹集资金的利息支出，在固定资产尚未完工交付使用之前发生的，计入有关固定资产的建造成本；而企业筹建期间的利息支出计入开办费，在清算期间的利息支出计入清算损益。这是划分收益性支出和资本性支出的要求在利息支出方面的体现，也是财务费用审计的重要一环。

（2）审查财务费用发生的真实性。对于借款的利息支出，要按借款合同检查利息费用与支付的数额是否准确；对于外币借款的汇兑损益，要按外币借款及其汇率的变化情况审查其计算与处理是否正确；对于金融机构的手续费，要随每一笔借款业务审查收据的合规性和合理性。除此以外，还要特别注意审查企业发生的银行存款利息收入、汇兑收益是否冲减了财务费用，有无不按规定冲减财务费用或不将收入入账的情况。

（3）审查财务费用结转的合理性。按照规定，企业应于每一会计期末将汇集的财务费用转至“本年利润”账户，结转后该账户无余额。因此，若企业“财务费用”账户在会计期末有未结转的余额，审计人员要弄清留有余额的原因，并要求企业进行正确的处理。

第三节　利润及其分配审计

一、利润及其分配审计的范围、内容和意义

根据企业会计准则，企业利润分为营业利润、利润总额和净利润三个部分。各部分

的计算公式如下：

营业利润（或亏损）＝营业收入－营业成本－营业税金及附加－销售费用－管理费用－财务费用－资产减值损失＋公允价值变动收益＋投资收益

利润总额（或亏损）＝营业利润＋营业外收入－营业外支出

净利润（或净亏损）＝利润总额－所得税费用

从一般意义上看，收入应为广义的收入，包括营业收入（主营业务收入与其他业务收入）、投资收益和营业外收入等；而支出也应为广义的支出，包括营业成本（主营业务成本和其他业务支出）、营业税金及附加、销售费用、管理费用、财务费用以及与企业利润总额整体配比的所得税费用。

众所周知，利润是反映企业经济效益最重要的综合性指标，是企业财务成果的集中体现。企业在计算出利润总额之后，应依法及时、足额缴纳所得税；税后利润亦即净利润又要在提取盈余公积后，按照投资协议、合同或法律规定在投资者之间进行分配。由此可见，利润及其分配审计涉及企业经济利益的方方面面，内容较为复杂。

利润及其分配审计涉及企业投资者、国家财政税务机关、企业外部有关单位和个人以及企业内部管理者和职工等各方面的经济利益。因此，做好利润及其分配审计工作有如下重要意义：

（1）可以合理保证利润及其分配的合法性与真实性，切实维护投资者、潜在投资者及企业各方关系人的利益，使企业有良好的外部环境和利益关系基础。

（2）可以正确处理企业与国家财税部门、其他管理部门之间的关系，保证国家财政收入的安全完整，有利于各管理机构（如证券管理机构）顺利开展工作。

（3）可以有效监督、考核企业经营管理者的经营业绩，促使他们正确履行经济责任，并以此为基础不断完善企业的管理机制，提高经济效益。

（4）可以在提高对外投资效果、弥补可能出现的损失及抑制无效支出等方面发挥作用。

二、利润及其分配账户的特点与审计要求

（一）利润账户的特点

在我国的会计准则体系中，“本年利润”账户既有计价对比的功能，又可记录待分配利润所形成的所有者权益，其贷方汇集了企业本年度内所有收入账户的贷方数额，借方汇集了本年度所有成本费用账户的借方数额。在非年度末的月份，账户的余额是企业年度内累计实现的利润，要与上年度末的未分配利润一并列示于资产负债表的“未分配利润”项下；而在会计年度末，累计记录的数额要全部转至“未分配利润”账户。这样，“本年利润”账户所记录的数额即为企业所有收入、费用账户累计发生额的集合，

且所有数据都要一览无余地展示在企业的利润表中。

（二）利润分配账户的特点

利润分配的起点是企业的净利润，“利润分配”账户要记录、反映企业净利润有多少转为企业的盈余公积和其他基金（如外商投资企业应计提的储备基金、企业发展基金和职工奖励及福利基金），有多少向投资者进行了分配，还有多少留待下一年度进行分配。这样，“利润分配”账户的借方要与“盈余公积”、“应付利润（或应付股利）”账户的贷方数额对应；贷方要与年度末转至本账户的“未分配利润”明细账户对应，以将本年实际分配的利润与形成的利润对应抵消；除此之外，本账户的贷方还要反映企业发生亏损以及由以前年度提取的公积金弥补亏损的情况，这时，本账户的贷方要与“盈余公积”账户的借方对应。还应注意，当企业发生以前年度损益调整事项时，其业务处理也与本账户有关，即调增或调减的事项要对应记入本账户。这样，本账户记录的所有事项也要全部列示于企业的利润分配表中。

（三）“本年利润”与“利润分配”账户的审计要求

依据“本年利润”与“利润分配”账户的特点，对这两个账户的审计应提出以下基本要求：

（1）将“本年利润”账户的审计与利润表审计紧密结合，将“利润分配”账户的审计与所有者权益变动表审计紧密结合。实质上，通过这两个账户的审计即可以得出上述两张报表审计的结果。

（2）以这两个账户的数据为基本线索，从对应关系入手，完成对企业收益形成与分配过程的系统审计。事实上，年结账户登记的内容恰恰是这一过程的真实写照。

（3）正确实施审计方法，主要以实质性测试和全部审计的方法（对一些项目也可以考虑实施双重目的的测试）完成这两个账户的审计。这两个账户的登记并不频繁，一般只是月末的过账和年末的一次性登记，由此考虑，采用这样的审计方法符合这两个账户的实际情况。

（4）审计结论具有综合性，常常与其他账户（如各收入账户与成本费用账户）的审查结果相关，由此要等其他账户的审查工作完成之后，才能最终得出审计结论。

三、利润审计中常见的弊端和应注意的问题

利润审计中常见的虚增利润和虚减利润问题会涉及更多的账户，且主要表现为各收入账户和费用成本账户。对应于本章所述内容，常见的弊端主要在于利润总额确定方面的资产减值损失、公允价值变动净损益、投资收益、营业外收支是否真实，净利润确定方面所得税的计算和缴纳是否合法、准确、及时，以及利润分配方面的顺序、数额是否正确，是否合法合规等。

（一）资产减值损失方面

自从我国开始计提资产减值准备以来，这方面的问题就一直是会计、审计人员面临的最大难题。主要表现为，企业在期末计提资产减值准备时常会有多提或少提资产减值准备，并以资产减值准备的转回进行收益操纵的情况发生。针对这一点，我国的新企业会计准则体系提出了固定资产等计提减值准备后不得转回的规定，但这是否能够有效制约上述问题尚有待于进一步观察。

（二）公允价值变动收益方面

公允价值变动收益是我国新会计准则体系提出的新的会计处理事项，主要表现为企业金融工具（包括交易性金融资产和负债）以及按照公允价值模式计量的投资性房地产、生物资产等由于公允价值变动对本期损益的影响。

公允价值变动收益的计算不仅要依据社会上物价变动等的重要信息，而且要依靠对企业业务类型及其变化情况的准确分析。如果处理不当，就会在另一个层面出现企业资产、负债等信息失真，错误地计算、披露企业的盈余状况等后果。

（三）投资收益方面

与投资收益相关的问题有两个方面的表现：一是采取多种手法虚减取得的投资收益数额，如将应采用权益法记录的投资收益业务改用成本法记录，不按权责发生制的要求记录债券投资收益，以及投出、收回投资时的不正确会计处理等；二是采取多种手法虚增应取得的投资收益数额，如将应按成本法记录的投资收益改按权益法记录，在投出、收回投资时进行不正确的会计处理，以及擅自更改投资的计价方法，并将计价方法之间的差异计入损益，等等。

除以上所述之外，还会有一些投资收益特有的问题，主要是未将投资收益与所得税缴纳的事项作出清晰的划分，从而增加了计算应纳税所得额的难度；再就是不按财经法规的要求进行相关信息的披露，致使信息披露失实。在这些方面，既有管理不善、难以取得相关资料的实际情况，又有混淆不同性质业务、数据以及关联方关系、作出错误解释的不正确做法。

（四）营业外收支方面

按现行所得税法和财经法规的要求，营业外收支中，尤其是营业外支出，有很多业务事项与本期应纳税所得额的确定相关，即允许计入损益，但在计算所得税时则为税前不可抵扣事项。因此，进行营业外收支审计时，不仅要注意不正确记录营业外收支数额以虚增或虚减利润的事项，还要特别注意各类事项与应纳税所得额之间的关系，从而为进一步的所得税审查打好基础。

我们还应充分认识到，一些营业外支出事项与企业的经营观念和经营意识相关。例如，被罚没的排污费可能与企业环境保护观念淡薄有关，而被处以罚金的滞纳税款、加罚的利息等也意味着企业在经营过程中确实存在问题。因此，从这样的现象入手，结合审计业务提出加强管理的建议，也是审计人员的任务之一。

（五）所得税计算与缴纳方面

在财务会计与所得税会计相对分离的情况下，企业是否正确地计算所得税的计税基础，是否正确使用所得税税率，是否正确计算本期应缴纳的所得税税额，是否将税款及时上缴，都是审计人员应充分注意的重要问题。在这些方面，常见的问题主要是企业可能将不应计入税前扣除的业务事项在税前进行了抵扣，从而造成所得税数额计算的失实。所以，审计人员应对此问题有充分的认识，认真审查企业所得税缴纳的会计核算过程，保证国家的利益不受侵犯。

（六）利润分配方面

企业净利润的分配，是与企业管理层决策相关的，涉及企业自身利益、企业职工利益和投资者利益的重要问题。因此，企业是否正确计算了可供分配的利润，是否足额提取了各种税后提留，是否按盈利预测、预定的股利分配政策分配了利润，也是审计工作的重要内容。常见的问题有：企业未能正确地进行包括补亏在内的净利润计算，未能按法定的程序与预定的股利分配政策分配利润等。

本章小结

本章包括收入审计、成本费用审计、利润与利润分配审计等内容。利润是反映企业经济效益最重要的综合性指标。首先通过审计确认收入（重点为主营业务收入），然后审查成本费用的真实性与可靠性，在此基础上审查确定企业实现的营业利润和利润总额，以及整个利润分配的环节有无存在问题的情况。

本章重要术语

主营业务收入审计　其他业务收入审计　营业外收入审计　成本费用审计
期间费用审计　制造费用审计　利润及其分配审计　资产减值损失
公允价值变动收益

第十章　现金流量表审计

引　言

本章介绍现金流量表的审计目标、审计程序和审计内容，以及现金流量表总体性复核时分析性程序的运用方法和运用时需要注意的几点内容。

学习目标

学完本章后，您将能够：

❶ 了解现金流量表审计目标和一般程序；

❷ 掌握现金流量表审计的主要内容；

❸ 理解分析性程序在现金流量表复核时的运用方法和注意事项。

第一节　现金流量表的审计目标与程序

现金流量表审计是审计人员依照会计准则和审计准则对被审计单位披露的一定期间内的现金和现金等价物的流入、流出及现金存量信息的真实公允性进行的审计。由于现金流量表是按照收付实现制原则编制的，是将权责发生制下的盈利信息调整为收付实现制下的现金流量信息，因此，现金流量表审计，一般是在完成了资产负债表和利润表的审计调整后进行。

一、现金流量表的审计目标

现金流量表的审计总体目标是审查确认被审计单位现金流量表及附注的编制是否符合会计准则的规定，是否真实公允反映被审计单位的现金及现金等价物的流入流出信息。

现金流量表的具体审计目标如下：

（1）确定现金及现金等价物计量的合理性和一贯性。

（2）确定现金流量表的内容和性质的真实性及列报数据是否正确、合理、完整。

（3）确定现金流量表有关项目数额与其他报表及附注的钩稽关系是否正确。

（4）确定现金流量表各项目的披露是否恰当。

二、现金流量表的审计程序

现金流量表审计的一般程序与其他报表审计无大的区别，但具体项目审计程序因项目内容及信息形成过程不同各异。现金流量表审计的一般程序如下所述。

（一）对现金流量信息形成的内部控制进行测试和评价

现金流量信息的形成及其质量，取决于企业内部会计控制系统的建立运行效果。健全有效的内部控制制度，形成的会计信息质量高且可信程度高；反之，形成的会计信息质量低且可信程度低。因此，对现金流量表审计，可先对被审单位实施内部控制测试，并以此为基础，确定现金流量表审计的重点，然后进入实质性程序。

（二）对现金流量表编制技术合规性进行审查

为保证现金流量表实质性审查建立在报表规范化要求基础上，一般应在对现金流量表进行实质性审查前对现金流量表编制技术进行合规性审查。具体包括审查现金流量表的格式是否符合企业会计准则及会计制度规定，报表结构及项目排列是否完整，补充资料及其项目填列是否齐全，表外应附注的项目是否列示等。

（三）对现金流量表主要项目实施分析性测试

现金流量表审计中的分析性测试，即结合同期资产负债表、利润表有关项目及比较前期变动情况，对现金流量表作整体分析，注意报表中基本项目的变动及趋势，如利润表中销售收入较前期明显上升，经营活动产生现金流入量却较前期减少，则有必要将经营活动现金流量审计作为重点，并予以深入审查。

审计人员应对现金流量的结构进行分析。审计人员可借助于现金流量的结构分析，检查现金流量表的整体合理性、真实性。现金流量的结构分析是将同一时期现金流量中的不同项目进行比较和分析，有现金流入结构分析、现金流出结构分析和现金流入流出对比分析。

通过对现金流量表实施分析性测试，可进一步发现并明确下一步审计范围和审计重点，有利于提高审计效率、保证审计质量。

（四）对现金流量表构成项目的真实性、正确性及合规性进行审查

对现金流量表构成项目审查，可根据《企业会计准则第 31 号——现金流量表》规定的编制方法和要求，抽查重点项目或交易事项，采用复算、核对等方法确认报表的真实性、正确性及合规性。此环节审计的工作量较大，是现金流量表审计的重要环节。

（五）分析和评价企业财务状况

对现金流量表实施具体审计后，审计人员还应根据审查后的现金流量信息对被审计单位财务状况作出整体客观评价，包括企业经营周转状况、流动资产质量、债务偿付能力及股利发放能力等。

（六）对现金流量表进行综合评价并作出审计结论

对现金流量表实施必要的审计程序后，审计人员应编制整理有关审计工作底稿，对审计中发现的问题作进一步的核实、取证和确认，并要求被审计单位按有关规定予以调整，最后形成审计意见和结论。

第二节　现金流量表审计的主要内容

一、复核现金流量表的编制基础、程序以及方法

（一）审查现金流量表编制基础范围的准确性

根据我国《企业会计准则第 31 号——现金流量表》的规定，现金流量表的编制基础为现金和现金等价物。对现金流量表的编制基础范围进行确认是保证现金流量表质量的第一步。实施审计时，应特别注意对现金的监盘；审查银行存款中是否有不能随时支付的定期存款；审查其他货币资金的内容是否齐全；审查现金及现金等价物的界定范围在前后各期是否保持一致，是否任意变动。

（二）审核现金流量表编制程序和方法的规范性

企业根据本年度的资产负债表、利润表以及有关总账和明细账资料编制现金流量表。在实施审计时，审计人员应审查企业是否获取编制现金流量表的基础资料，并复核加计其是否正确；将基础资料中的有关数据和财务报表以及附注、账册凭证、辅助账簿、审计工作底稿等核对是否相符，检查数额是否正确、完整；根据审计调整分录，对基础资料的有关数额作相应调整。审计时还应特别注意现金流量在经营活动、投资活动、筹资活动等之间的分类是否正确。

二、复核现金流量表中的经营活动现金流量金额

（一）审查“销售商品、提供劳务支付现金”项目的准确性

审查“销售商品、提供劳务收到现金”项目，要以利润表中的营业收入为基础，看是否调整资产负债表中的应收账款、应收票据、预收账款的期末金额与期初金额增减变

化；同时是否考虑了本期应交税费的应交增值税的本期销项税额；还要考虑是否调整了实际发生的坏账以及当前收回前期的坏账；是否调整了当期发生的现金折扣、销售退回；是否调整了当前发生的票据贴现利息等。

（二）审查“购买商品、接受劳务支付现金”项目的准确性

审查“购买商品、接受劳务支付现金”项目，要以利润表中的营业成本和资产负债表中的存货项目为基础，看是否调整应付账款、应付票据、预付账款的期末金额与期初金额增减变化；同时是否考虑了本期应交税费的应交增值税的本期进项税额，应交税费中由债务重组、非货币资产交换、捐赠等非经营活动形成的部分是否扣除；是否调整了本期计提的存货跌价准备以及存货跌价准备的转回；是否调减了当前列入生产成本、制造费用的工资薪酬费用以及当期实际发生的计入制造费用的折旧费用。需特别注意的是，与商品购进无关的存货增加是否做了调整，主要包括存货的盘盈、债务重组、非货币资产交换、接受捐赠、股东投入；与商品销售无关的存货减少是否做了调整，主要包括存货用于在建工程和存货盘亏毁损。

（三）审查“支付的各项税费”项目的准确性

审查“支付的各项税费”项目的金额是否以利润表中的营业税金及附加、所得税费用、管理费用中的税金等为基础，调整应交税费的相关明细账的期末金额与期初金额的变化。

（四）审查收到及支付的其他与经营活动有关的现金项目

审查数据是否有张冠李戴的情况，是否有将不属于经营活动的现金流入计入，是否有会计期末向银行集中贷款以及通过关联方的“配合”，从而虚增了经营活动的现金流量；是否有将“购买商品、接受劳务支付的现金”、“支付的其他与经营活动有关的现金”项目的现金流出计入投资或筹资活动，从而减少经营活动现金流出量，进而虚增了经营活动现金流量；是否有将筹资或投资活动的现金流量通过临时拆借的方式流出，再以业务往来的名义流出，“包装”为经营活动现金流入量。

（五）审查经营活动现金流量的质量

通常情况下，企业经营活动现金流量流入越大，资产的流动状况越佳，支付能力越强。如果企业盈利，在保证正常生产所需资金的前提下，为满足投资者尽快收回投资成本的愿望，企业一般会安排较多的资金用于回报投资者。当经营性现金流量较大、企业可供分配利润较多时，应进一步审查企业是否进行了较多的利润分配，并进一步结合企业的发展计划进行认真研究，警惕粉饰现金流量表和利润表的可能。因此，经营活动现金流量的多少、质量的高低，可以反映企业的发展能力、再投资能力、偿债能力的强弱。

三、审查投资活动、筹资活动产生的现金流量

日常经营活动产生的现金净流量对企业的持续经营非常重要，审计人员应将其作为重点审查内容，但也不能忽视对投资、筹资活动产生的现金流量进行分析审查，因为有些企业可能通过虚减投资或筹资活动的现金流量来虚增经营活动现金流量。

四、审查现金流量表补充资料的准确性

对现金流量表附表进行审查时，首先，通过间接法计算的经营活动现金流量是从净利润开始倒挤出经营活动的现金流量，这可以看出净利润与经营活动现金流量差异的原因；同时，又可以通过正表中的经营活动现金流量的数额加以验证；其次，审查反映企业不涉及现金的重大投资以及筹资活动情况，包括债务转为资本、一年内到期的可转换公司债券、融资租入固定资产，审查其真实性、完整性；最后，审查企业现金及现金等价物净增加的情况且与资产负债表的货币资金以及现金等价物的数额进行核对。

第三节　现金流量表总体性复核时分析程序的运用

分析程序在现金流量表总体复核阶段的运用主要集中在报表层次，用于证实表中所列报的信息与对被审计单位及其环境的了解是否一致、与所取得的审计证据是否一致。因此现金流量表总体性复核的分析过程可以从以下两方面展开。

一、利用现金流量表正表和附表的结构关系进行分析

现金流量表正表和附表之间的关系主要体现在“经营活动产生的现金流量净额”这一项目上，正表采用直接法编制，附表采用间接法编制。两种编制方法得出的结果应核对相符。这为现金流量表总体性复核程序的运用提供了一个分析标准。

正表采用直接法填列时，“经营活动产生的现金流量净额”的计算分两步进行，先分别计算出经营活动中产生的现金流入量和现金流出量，再用现金流入量减去现金流出量，计算出经营活动中的现金净流量；附表采用间接法填列时，从企业的净利润出发，将经营活动中发生的影响利润但未影响现金流入和流出的因素考虑进来后，同样计算出经营活动的现金净流量。因为正表和附表是对同一事项用不同的方法进行计算，所以两者计算的结果应该一致，如果不一致，则表明现金流量表的编制不正确，需要采用追加程序进行进一步审计。

在运用分析性程序时，首先检查正表和附表中得出的经营活动产生的现金净流量是

否相等，如果相等，则联系实质性程序的审计情况，评估审计的风险，确定是否可以接受。如果不相等，则表明企业的现金流量表编制存在错误，需要进行进一步审计程序。

二、利用现金流量表正表内各项目之间的关系进行分析

现金流量表正表内有六个项目，它们的关系是：

（1）项目一至项目四是并列关系，前三个项目分别对经营活动、投资活动、筹资活动产生的现金流量加以计算汇总，第四个项目是汇率变动对现金及现金等价物的影响。

（2）项目一至项目四的现金净流量合计数应与项目五相等。

（3）项目五加期初现金及现金等价物余额即得到项目六。

（4）项目一至项目三中现金流量净额均以各项目的现金流入减现金流出计算求得。

现金流量表正表的结构特点构成了总体性复核的又一分析标准。

通过重新计算及分析性复核程序，检查项目一至项目三中现金净流量的计算是否正确，检查项目五所列数据是否等于项目一至项目四中所列示现金净流量的合计数，检查项目五的数据加上期初现金及现金等价物余额后是否与项目六所列数据保持一致。如果检查结果与表中相应的列示一致，并与所评估的风险及实质性程序实施中得到的结论相符，则可以合理保证现金流量表的真实性和公允性，否则，必须追加审计程序，以降低审计风险。

必须注意，如果对现金流量表仅仅进行总体性复核，即使复核的结果与所采取的标准相符，也不能得出现金流量表的编制是真实和公允的结论，这是因为会计人员一般对现金流量表的这种结构关系都很熟悉，在编制时可能存在拼凑数据的现象。因此该程序必须结合风险评估程序和实质性程序使用。

本章小结

现金流量表审计是审计人员依照审计准则和会计准则对被审计单位所披露的一定期间内的现金和现金等价物流入、流出及净现金存量信息真实性与公允性进行的审计。该审计一般在完成了资产负债表和利润表的审计调整后进行。审计时，除需要按照事先确定的审计目标按规定程序进行外，还需注意分析性程序在报表层次中的运用。即：利用现金流量表正表和附表的钩稽关系进行分析；利用现金流量表正表内各项目之间的关系进行分析，以及该分析程序还必须结合风险评估程序和实质性程序使用。

本章重要术语

现金及现金等价物	现金流量信息	经营活动现金流量	投资活动现金流量
筹资活动现金流量	现金流量表正表和附表		风险评估程序

第十一章　特殊项目审计与特殊事项考虑

引　言

在审计实施过程中，审计人员还需对会计估计、关联方和期初余额等特殊项目进行审计，一般由审计经验丰富、专业知识功底扎实、职业判断能力强的审计人员实施，并单独编制相应的审计工作底稿。另外，审计人员还要对舞弊和法律法规、注册会计师利用他人的工作、与治理层和管理层的沟通、集团财务报表审计等特殊事项加以关注和考虑。

学习目标

学完本章后，您将能够：

1. 理解会计估计的审计目标和审计程序；
2. 理解关联方及其交易的审计目标和审计程序；
3. 熟悉期初余额的审计目标和审计程序；
4. 熟悉审计人员对舞弊相关责任和法律法规、集团财务报表审计等特殊事项的考虑内容。

第一节　审计会计估计

一、会计估计的定义及审计目标

（一）会计估计的定义

会计估计，是指在缺乏精确的计量手段的情况下采用的某项金额的近似值，包括存在估计不确定时以公允价值计量的金额，以及其他需要估计的金额。涉及公允价值计量的会计估计简称公允价值会计估计。

除了公允价值会计估计外，需要作出会计估计的例子还有：

（1）坏账准备。

（2）存货跌价准备。

（3）产品质量保证义务。

（4）折旧计提方法或资产预计使用寿命。

（5）如果投资的可收回性存在不确定性，对其账面价值计提的减值准备。

（6）长期合约的结果。

（7）由于了结诉讼或判决产生的成本。

（二）不确定性相对较高的会计估计

估计不确定性，是指会计估计和相关披露在计量方面对固有不精确性的敏感性。某些会计估计可能存在较高的估计不确定性，尤其是当这些会计估计以重大假设为基础时。例如：

（1）与诉讼结果相关的会计估计。

（2）非公开交易的衍生金融工具的公允价值会计估计。

（3）采用高度专业化的、由被审计单位自主开发的模型，或采用难以在市场上观察到的假设或输入数据作出的公允价值会计估计。

会计估计通常是被审计单位在不确定的情况下作出的，其准确程度取决于管理层对不确定性的交易或事项的结果的主观判断。由于会计估计的主观性、复杂性和不确定性，管理层作出的会计估计发生重大错报的可能性较大，但也不是一定会存在错报，所以审计人员要对会计估计专门进行审计。

（三）会计估计的审计目标

会计估计的审计目标是获取充分、适当的审计证据以确定：

（1）财务报表中确认或披露的会计估计（包括公允价值会计估计）是否合理。

（2）财务报表中的对会计估计的相关披露是否充分。

二、会计估计的审计程序

（一）在风险评估过程中对管理层作出会计估计情况的了解

审计人员在风险评估过程中须对管理层作出会计估计情况作必要了解，例如：

（1）了解财务报告编制基础对会计估计的确认条件和计量方法的规定。

（2）了解管理层如何识别是否需要作出会计估计。

（3）了解管理层如何作出会计估计。具体包括：用以作出会计估计的方法或模型，会计估计所依据的假设，作出会计估计相关的控制情况，与上期相比的变化情况及原因，管理层是否评估以及如何评估会计估计不确定性的影响等。

（二）识别和评估重大错报风险

审计人员应当评价与会计估计相关的估计不确定性的程度，并根据职业判断确定识别出的具有高度不确定性的会计估计是否会导致特别风险。

1. 评价估计不确定性的程度

审计人员应在了解被审计单位的会计估计基本情况的基础上，评价会计估计不确定性的程度，进而识别和评估相关的重大错报风险。

与会计估计相关的估计不确定性的程度受下列因素的影响：

（1）会计估计对判断的依赖程度。

（2）会计估计对假设变化的敏感性。

（3）是否存在可以降低估计不确定性的经认可的计量技术。

（4）预测期的长度和从过去事项得出的数据对预测未来事项的相关性。

（5）是否能够从外部来源获得可靠数据。

（6）会计估计依据可观察到的或不可观察到的输入数据的程度。

2. 识别与评估重大错报风险

由于存在估计不确定性，表面上不重要的会计估计同样可能导致重大错报。审计人员不能仅看财务报表中确认或已经披露的会计估计金额的大小以判断估计不确定性的程度的高低。在某些情况下，估计不确定性非常高，难以作出合理的会计估计，报表中就可能不反映，可能会导致特别风险，还可能导致对被审计单位的持续经营能力产生疑虑，此时，审计人员更需要了解与会计估计相关的控制制度及控制活动。

（三）应对评估的重大错报风险

在应对评估的重大错报风险时，审计人员应当考虑会计估计的性质，并实施下列一项或多项程序：

（1）确定截至审计报告日发生的事项是否提供了有关会计估计的审计证据。

（2）测试管理层如何作出会计估计以及会计估计所依据的数据。

（3）测试与管理层如何作出会计估计相关的控制的运行有效性，并实施恰当的实质性程序。当存在下列情形之一时，审计人员需要测试控制运行的有效性：

第一，在评估认定层次重大错报风险时，预期针对会计估计流程的控制的运行是有效的。

第二，仅实施实质性程序不能提供认定层次充分、适当的审计证据。

（4）作出审计人员的点估计或区间估计，以评价管理层的点估计、区间估计及其差异。

管理层的点估计，是指管理层在财务报表中确认或披露一项会计估计而选择的金额。

管理层的区间估计，是指管理层在财务报表中确认或披露一项会计估计而选择的金额区间。

审计人员应对管理层的点估计、区间估计进行评价，并作出自己的点估计与区间估计，考虑与管理层所作估计的差异。

（四）评价会计估计的合理性并确定错报

审计人员应当根据获取的审计证据，评价财务报表中的会计估计在适用的财务报告编制基础上是合理的还是存在错报。

审计人员还要评价在财务报表附注中的会计估计和相关披露的合理性。

（五）其他相关审计程序

其他相关审计程序包括：

（1）关注与会计估计相关的披露。

与会计估计相关的披露应包括：使用的假设；使用的估计方法，包括适用的模型；选择估计方法的基础；改变上期估计方法产生的影响；估计不确定性的原因和影响等。还要披露导致特别风险的会计估计的不确定性。当审计人员认为管理层在财务报表中对估计不确定性的披露不充分或存在误导时，应当考虑其对审计报告的影响。

（2）识别可能存在管理层偏向的迹象。

审计人员应当复核管理层在作出会计估计时的判断和决策，以识别是否可能存在管理层偏向的迹象。这些迹象可能影响审计人员对财务报表整体是否不存在重大错报的评估。

（3）获取管理层和治理层关于会计估计事项的书面声明。

第二节　关联方及其交易的审计

一、关联方及其交易的定义和审计目标

（一）关联方、关联方交易的定义

根据《企业会计准则第 36 号——关联方披露》的规定，一方控制、共同控制另一方或对另一方施加重大影响，以及两方或两方以上同受一方控制、共同控制或重大影响的，构成关联方。关联方交易是指关联方之间转移资源、劳务或义务的行为，而不论是否收取价款。

许多关联方交易是在正常经营过程中发生的，但在某些情况下，例如关联方交易可能未按照正常的市场交易条款和条件进行，关联方关系及其交易的性质可能导致关联方交易比非关联方交易具有更高的财务报表重大错报风险，因此审计人员需要对关联方及

其交易进行审计。

(二)关联方及其交易的审计目标

关联方及其交易的审计目标包括：

(1)确定关联方及其交易是否真实存在。

(2)关联方交易的记录是否适当。

(3)关联方交易的会计处理是否适当以及关联方及其交易的披露是否恰当。

二、关联方及其交易的审计程序

(一)在风险评估过程中获取、识别与关联方关系及其交易相关的重大错报风险信息

(1)了解关联方关系及其交易。可以通过项目组内部讨论、询问管理层、了解与关联方关系及其交易相关的控制等几个步骤来了解。

(2)检查记录或文件时对关联方信息高度关注。如检查股东名册，查阅内部审计报告，查阅被审计单位的经营合同或协议，查阅被审计单位向证券监管机构报送的文件(如招股说明书)等。

(二)识别和评估重大错报风险

审计人员应当识别和评估关联方关系及其交易导致的重大错报风险，并确定这些风险是否为特别风险。如果发现舞弊风险因素，审计人员应评估其对财务报表带来错报的重大影响。

下面信息可能表明有特别风险，也有可能造成重大错报风险：

(1)关联方否决管理层或治理层作出的重大经营决策。

(2)重大交易需经关联方最终批准。

(3)对涉及关联方的交易，管理层和治理层很少进行讨论复核和批准。

(4)异常频繁地变更高层管理人员或专业顾问。

(5)利用中间机构从事难以判断是否具有正当商业理由的重大交易。

(6)关联方过度干涉或关注会计政策的选择或重大会计估计的作出。

(三)针对重大错报风险的应对措施

针对重大错报风险的应对措施包括：

(1)收集证据证实关联方关系或交易的存在。

(2)获取交易已经恰当授权和批准的审计证据。

(3)获取管理层对关联方交易在财务报表中认定的审计证据。

(4)评价会计处理和相关披露。

(四)获取书面声明并与治理层沟通

审计人员应获取管理层或治理层关于关联方及其交易的有关事项的书面声明，就审

计工作中发现的与关联方相关的重大事项与治理层沟通，有助于双方就这些事项的性质和解决方法达成共识。

第三节　对期初余额的审计

一、期初余额的审计目标

期初余额是指期初存在的账户余额。期初余额一般是上期期末余额，反映了以前期间的交易和事项以及上期采用的会计政策的结果。期初余额也包括期初存在的需要披露的事项，如或有事项和承诺事项。审计人员接受委托首次审计被审计单位财务报表时，尽管是对所审计期间的财务报表发表审计意见，一般无须专门对期初余额发表审计意见，但因为期初余额是本期财务报表的基础，所以要对期初余额实施适当的审计程序。所谓首次审计业务，是指在上期财务报表未经审计或上期财务报表由前任审计人员审计的情况下承接的审计业务。

期初余额的审计目标是获取充分、适当的审计证据以确定：

（1）期初余额是否含有对本期财务报表产生重大影响的错报。

（2）上期适用的会计政策是否恰当，是否被一贯遵守，会计政策的变更是否合理，列报与披露是否恰当、充分。

审计人员审计期初余额，既要保持应有的职业谨慎，充分考虑期初余额对所审计财务报表的影响，又要遵循适度原则，避免审计过于详细，延长审计时间，增加审计成本。

二、期初余额的审计程序

（一）确定上期期末余额是否已正确结转至本期，或在适当的情况下已作出重新表述

上期期末余额通常应直接结转至本期。但如果企业会计准则和相关会计制度的要求发生变化，或者上期期末余额存在重大的前期差错，并且前期差错累积影响数能够确定，按规定应当采用追溯重述法进行更正。

（二）确定期初余额是否反映对恰当会计政策的运用

如果被审计单位上期适用的会计政策不恰当或与本期不一致，审计人员在实施期初余额审计时应提请被审计单位进行调整或予以披露。

（三）获取有关期初余额的审计证据

审计人员可以实施下列一项或多项审计程序以获取有关期初余额的审计证据：

（1）查阅前任审计人员的审计工作底稿，考虑其独立性和专业胜任能力，必要时与其沟通。

（2）评价本期实施的审计程序是否提供了有关期初余额的审计证据。

（3）实施其他专门的审计程序。

审计人员应根据期初余额的不同性质实施相应的审计程序，获取有关审计证据。

对流动资产和流动负债，可以通过本期实施的审计程序获取部分审计证据，但对存货，要实施追加的审计程序。最近的程序包括：监盘当前的存货数量并调节至期初存货数量；对期初存货项目的计价实施审计程序；对毛利和存货截止实施审计程序。

而对非流动资产和非流动负债，通常要检查形成期初余额的会计记录和其他信息，可向第三方函证期初余额，或实施追加的审计程序。

如果获取的审计证据表明期初余额存在可能对本期财务报表产生重大影响的错报，审计人员应当实施适合具体情况的追加的审计程序，以确定对本期财务报表的影响，并就错报事项与管理层及治理层沟通。

如果上期财务报表已由前任审计人员审计，发表了非无保留意见，审计人员应当在评估本期财务报表重大错报风险时，评价导致对上期财务报表发表非无保留意见的事项的影响。

（四）形成对期初余额的审计结论并确定对本期财务报表出具审计报告的影响

在对期初余额实施审计程序后，审计人员应当分析已经获取的审计证据，区分不同情况形成对被审计单位期初余额的审计结论，并在此基础上确定其对本期财务报表出具审计报告的影响。

1. 不能获取有关期初余额的充分、适当的审计证据

如果不能获取有关期初余额的充分、适当的审计证据，审计人员应当按照审计准则的规定，对财务报表发表保留意见或无法表示意见。

2. 期初余额存在对本期财务报表产生重大影响的错报

如果审计人员认为期初余额存在对本期财务报表产生重大影响的错报，且错报的影响未能得到恰当的会计处理或适当的列报与披露，审计人员应对财务报表发表保留意见或否定意见。

3. 会计政策变更对审计报告的影响

如果认为按照适用的财务报告编制基础与期初余额相关的会计政策未能在本期得到一贯运用，或者会计政策的变更未能得到恰当的会计处理或适当的列报与披露，审计人员应当按照审计准则的规定，对财务报表发表保留意见或否定意见。

4. 前任审计人员对上期财务报表发表了非无保留意见

如果前任审计人员对上期财务报表发表了非无保留意见，并且导致发表非无保留意见的事项对本期财务报表仍然相关和重大，审计人员应当按照审计准则的规定，对本期财务报表发表非无保留意见。

第四节　对特殊事项的考虑

审计人员在实施审计程序、进行审计工作的整个过程中，应对审计准则规定的一些特殊事项进行考虑，主要包括：对舞弊和法律法规的考虑，对被审计单位使用服务机构的考虑，对存货、诉讼和索赔、分部信息等特定项目获取审计证据的具体考虑，对集团财务报表审计的特殊考虑，对按照特殊目的编制基础编制的财务报表审计的特殊考虑，以及对单一财务报表和财务报表特定要素审计的特殊考虑。本节仅就其中最主要的内容作出阐述。

一、对财务报表审计中与舞弊相关的责任的考虑

（一）舞弊

舞弊，是指被审计单位的管理层、治理层、员工或第三方使用欺骗手段获取不当或非法利益的故意行为。财务报表的错报可能由于舞弊或错误所致。舞弊和错误的区别在于，导致财务报表发生错报的行为是故意行为还是非故意行为。

与财务报表审计相关的故意错报，是舞弊，包括编制虚假财务报告导致的错报和侵占资产导致的错报。

（二）财务报表审计中与舞弊相关的责任

被审计单位治理层和管理层对防止或发现舞弊负有主要责任。

审计人员在财务报表审计中与舞弊相关的责任是：对财务报表整体是否不存在由于舞弊或错误导致的重大错报获取合理保证。但由于审计的固有限制，即使审计人员按照审计准则的规定恰当计划和执行了审计工作，也不可避免地存在财务报表中的某些重大错报未被发现的风险。审计人员不能对财务报表整体不存在重大错报获取绝对保证。

审计人员发现舞弊的能力取决于舞弊者实施舞弊的技巧、舞弊者操纵会计记录的频率和范围、舞弊者操纵的每笔金额的大小、舞弊者在被审计单位的职位级别、串通舞弊的程度等因素。即使可以识别出实施舞弊的潜在机会，但对于诸如会计估计等判断领域的错报，审计人员也难以确定这类错报是由于舞弊还是错误导致的。因此，如果在完成审计工作后发现舞弊导致的财务报表重大错报，特别是串通舞弊或伪造文件记录导致的重大错报，并不必然表明审计人员没有遵守审计准则。

（三）舞弊的审计目标

审计人员进行舞弊审计的目标是：

（1）识别和评估由于舞弊导致的财务报表重大错报风险。

（2）通过设计和实施恰当的应对措施，针对评估的由于舞弊导致的重大错报风险，获取充分、适当的审计证据。

（3）恰当应对审计过程中识别出的舞弊或舞弊嫌疑。

（四）评估舞弊风险

审计人员在财务报表中考虑舞弊时，通常采用下列程序评估舞弊风险：

（1）询问。

（2）评价舞弊风险因素。

（3）实施分析程序识别异常或偏离预期的关系。

（4）考虑获取的其他信息是否表明存在由于舞弊导致的重大错报风险。

（5）组织项目组讨论。

（五）识别和评估舞弊导致的重大错报风险

在识别和评估财务报表层次以及各类交易、账户、披露的认定层次的重大错报风险时，审计人员应当识别和评估舞弊导致的重大错报风险，同时还要特别关注被审计单位收入确认方面的舞弊风险。

（六）应对舞弊导致的重大错报风险

审计人员通常从下述三个方面应对舞弊导致的重大错报风险。

1. 总体应对措施

在针对评估的由于舞弊导致的财务报表层次重大错报风险确定总体应对措施时，审计人员应当：

（1）在分派和督导项目组成员时，考虑承担重要业务职责的项目组成员所具备的知识、技能和能力，并考虑由于舞弊导致的重大错报风险的评估结果。

（2）评价被审计单位对会计政策（特别是涉及主观计量和复杂交易的会计政策）的选择和运用，是否可能表明管理层通过操纵利润对财务信息作出虚假报告。

（3）在选择审计程序的性质、时间安排和范围时，增加审计程序的不可预见性。

2. 针对舞弊导致的认定层次的重大错报风险实施审计程序

审计人员还应当设计和实施进一步审计程序（包括审计程序的性质、时间安排和范围）应对评估的由于舞弊导致的认定层次重大错报风险。例如，针对由于舞弊导致的认定层次重大错报风险，审计人员应当考虑实施函证程序以获取更多的相互印证的信息。

3. 针对管理层凌驾于控制之上的风险实施审计程序

审计人员针对管理层凌驾于控制之上的风险应当设计和实施审计程序，用以：

（1）测试日常会计核算过程中作出的会计分录以及编制财务报表过程中作出的调整是否适当。

（2）复核会计估计是否存在偏向，并评价产生这种偏向的环境是否表明存在由于舞弊导致的重大错报风险。

（3）对于超出被审计单位正常经营活动的重大交易，或基于对被审计单位及其环境的了解以及在审计过程中获取的其他信息而显得异常的重大交易，评价其商业理由（或缺乏商业理由）是否表明被审计单位从事交易的目的是对财务信息作出虚假报告或掩盖侵占资产的行为。

（七）评价审计证据

（1）发现舞弊时审计人员应采取下列措施：

第一，重新评估舞弊导致的重大错报风险，并考虑重新评估的结果对审计程序的性质、时间安排和范围的影响。

第二，重新考虑此前获取的审计证据的可靠性，包括管理层声明的完整性和可信性，以及作为审计证据的文件和会计记录的真实性，并考虑管理层与员工或第三方串通舞弊的可能性。

（2）考虑对审计报告的影响。

如果认为财务报表存在由于舞弊导致的重大错报，或虽认为存在舞弊但无法确定其对财务报表的影响，审计人员应当考虑这两种情况对审计意见的影响。

（3）与管理层、治理层和监管机构及时沟通。

二、对财务报表审计中法律法规的考虑

（一）审计人员的目标

审计人员在财务报表审计中应对被审计单位是否遵守法律法规加以关注，其目标是：

（1）针对通常对决定财务报表中的重大金额和披露有直接影响的法律法规的规定，获取被审计单位遵守这些规定的充分、适当的审计证据。

（2）针对其他法律法规，实施特定的审计程序，以有助于识别可能对财务报表产生重大影响的违反这些法律法规的行为。

（3）恰当应对在审计过程中识别出的或怀疑存在的违反法律法规行为。

（二）对被审计单位遵守法律法规的考虑

对被审计单位遵守法律法规的考虑包括：

（1）了解被审计单位的法律法规框架及其遵守情况。

（2）获取被审计单位遵守对决定财务报表中的重大金额和披露有直接影响的法律法规的充分、适当的审计证据。

（3）实施审计程序识别可能对财务报表产生重大影响的违反其他法律法规的行为。

实施的审计程序如下：向管理层和治理层（如适用）询问被审计单位是否遵守了这些法律法规；检查被审计单位与许可证颁发机构或监管机构的往来函件。

（三）识别出或怀疑存在违反法律法规行为时实施的审计程序

如果注意到与识别出的或怀疑存在的违反法律法规行为相关的信息，审计人员应当：

（1）了解违反法律法规行为的性质及发生的环境。

（2）获取进一步的信息，以评价对财务报表可能产生的影响。

（四）对识别出的或怀疑存在的违反法律法规行为的报告

1. 与治理层沟通

审计人员应当与治理层沟通审计过程中注意到的有关违反法律法规的事项，但不必沟通明显不重要的事项。

如果怀疑违反法律法规行为涉及管理层或治理层，审计人员应当向被审计单位审计委员会或监事会等更高层级的机构通报。

2. 考虑对审计意见的影响

如果认为违反法律法规行为对财务报表具有重大影响，且未能在财务报表中得到充分反映，审计人员应按审计准则的规定，发表保留意见或否定意见。

如果无法获取充分、适当的审计证据，以评价是否存在或可能存在对财务报表产生重大影响的违反法律法规行为，审计人员应根据审计范围受到限制的程度，发表保留意见或无法表示意见。

3. 向监管机构和执法机构报告违反法律法规行为

如果审计人员识别出或怀疑存在严重违反法律法规行为，造成重大法律后果或涉及社会公众利益，审计人员应考虑采用何种方式、何时以及向谁进行报告，必要时需要征询相关的法律意见。

三、对集团财务报表审计的特殊考虑

（一）集团财务报表审计中审计人员的目标

集团财务报表，是指包括一个以上组成部分财务信息的财务报表。集团财务报表也指没有母公司但处在同一控制下的各组成部分编制的财务信息所汇总生成的财务报表。

在集团财务报表审计中，审计人员的目标是：

（1）确定是否担任集团审计的注册会计师。

（2）如果担任集团审计的注册会计师，就组成部分注册会计师对组成部分财务信息执行工作的范围、时间安排和发现的问题，与组成部分注册会计师进行清晰的沟通；针对组成部分财务信息和合并过程，获取充分、适当的审计证据，以对集团财务报表是否在所有重大方面按照适用的财务报告框架编制发表审计意见。

（二）集团财务报表审计中的责任划分

在集团报表审计中，项目合伙人应当按照职业准则和适用的法律法规的规定，负责指导、监督和执行集团审计业务，并确定出具的审计报告是否适合具体情况。审计人员对集团财务报表出具的审计报告不应提及组成部分注册会计师，除非法律法规另有规定。如果法律法规要求在审计报告中提及组成部分注册会计师，审计报告应当指明，这种提及并不减轻集团项目合伙人及其所在的会计师事务所对集团财务报表审计意见承担的责任。

（三）对集团财务报表审计的特殊考虑事项

1. 了解有关信息并约定有关业务事项

在业务承接与保持中应了解集团及其组成部分的结构及环境，并约定有关业务事项。

2. 识别和评估集团、组成部分的财务报表的重大错报风险

集团项目组应当在业务承接或保持阶段获取信息的基础上，进一步了解集团及其环境、集团组成部分及其环境，包括集团层面控制；了解合并过程，包括集团管理层向组成部分下达的指令。这样才能足以：

（1）确认或修正最初识别的重要组成部分。

（2）评估由于舞弊或错误导致集团财务报表发生重大错报的风险。

3. 了解组成部分注册会计师的相关情况

了解组成部分注册会计师的独立性、专业胜任能力与实施的审计程序、获取的审计证据。

4. 确定与重要性相关的事项

集团项目组应当确定与重要性相关的下列事项：

（1）在制定集团总体审计策略时，确定集团财务报表整体的重要性。

（2）根据集团的特定情况，如果存在特定类别的交易、账户余额或披露，其发生的错报金额低于集团财务报表整体的重要性，但合理预期将影响财务报表使用者依据集团财务报表作出的经济决策，则确定适用于这些交易、账户余额或披露的一个或多个重要性水平。

（3）如果组成部分注册会计师对组成部分财务信息实施审计或审阅，基于集团审计目的，为这些组成部分确定组成部分重要性。为将未更正和未发现错报的汇总数超过集团财务报表整体的重要性的可能性降至适当的低水平，组成部分重要性应当低于集团财务报表整体的重要性。

（4）设定临界值，不能将超过该临界值的错报视为对集团财务报表明显微小的错报。

5. 针对评估的财务报表重大错报风险设计和实施恰当的应对措施

（1）对重要组成部分需执行的工作。

对于可能包括导致集团财务报表发生重大错报的特别风险的重要组成部分，集团项目组或代表集团项目组的组成部分注册会计师应当执行下列一项或多项工作：

1）使用组成部分重要性对组成部分财务信息实施审计。

2）针对与可能导致集团财务报表发生重大错报的特别风险相关的一个或多个账户余额、某类交易或披露事项实施审计。

3）针对可能导致集团财务报表发生重大错报的特别风险实施特定的审计程序。

（2）对不重要的组成部分需执行的工作。

对于不重要的组成部分，集团项目组应当在集团层面实施分析程序。实施分析程序的结果，可以佐证集团项目组得出的结论，即汇总的不重要的组成部分的财务信息不存在特别风险。

（3）已执行的工作仍不能提供充分、适当的审计证据时的处理。

如果集团项目组认为执行下列工作不能获取形成集团审计意见所依据的充分、适当的审计证据，应当选择某些不重要的组成部分，并对已选择的组成部分财务信息亲自执行或由代表集团项目组的组成部分注册会计师执行下列一项或多项工作：

1）使用组成部分重要性对组成部分财务信息实施审计。

2）对一个或多个账户余额、一类或多类交易或披露实施审计。

3）使用组成部分重要性对组成部分财务信息实施审计。

4）实施特定程序。

集团项目组应当在一段时间之后更换所选择的组成部分。

如果组成部分注册会计师对重要组成部分财务信息执行审计，集团项目组应当参与组成部分注册会计师实施的风险评估程序，以识别导致集团财务报表发生重大错报的特别风险。

6. 了解集团层面的控制和合并过程并实施进一步审计程序

集团项目组应当了解集团层面的控制和合并过程，包括集团管理层向组成部分下达的指令。如果预期集团层面控制有效运行，或者仅实施实质性程序不能提供认定层次的充分、适当的审计证据，集团项目组应当亲自测试或要求组成部分注册会计师代为测试集团层面控制运行的有效性。

集团项目组要针对合并过程设计和实施进一步审计程序，以应对评估的、由合并过程导致的集团财务报表发生重大错报的风险。审计程序应当包括评价所有组成部分是否均已包括在集团财务报表中。审计人员还要评价合并调整和重分类事项的适当性、完整性和准确性，并评价是否存在舞弊风险因素或可能存在管理层偏向的迹象。

7. 评价审计证据的充分性与适当性及其对审计意见的影响

集团项目组应当及时充分与组成部分注册会计师沟通下列事项：

（1）与组成部分注册会计师、组成部分管理层或集团管理层（如适用）讨论在评价过程中发现的重大事项。

（2）确定是否有必要复核组成部分注册会计师审计工作底稿的相关部分。

集团项目组应当评价，通过对合并过程实施的审计程序以及由集团项目组和组成部分注册会计师对组成部分财务信息执行的工作，是否已获取充分、适当的审计证据，作为形成集团审计意见的基础。

集团项目合伙人应当评价未更正错报（无论该错报是由集团项目组识别出的还是由组成部分注册会计师告知的）和未能获取充分、适当的审计证据的情况对集团审计意见的影响。

8. 与集团管理层与治理层的沟通

集团项目组应当及时向适当层级的集团管理层通报以下内容：集团层面内部控制缺陷；组成部分层面内部控制缺陷；舞弊或者有关信息表明可能存在的舞弊。

集团项目组还应当与集团治理层沟通下列事项：

（1）对组成部分财务信息拟执行工作的类型的概述。

（2）在组成部分注册会计师对重要组成部分财务信息拟执行的工作中，集团项目组计划参与其工作的性质的概述。

（3）对组成部分注册会计师的工作作出的评价，引起集团项目组对其工作质量产生疑虑的情形。

（4）集团审计受到的限制，如集团项目组接触某些信息受到的限制。

（5）涉及集团管理层、组成部分管理层、在集团层面控制中承担重要职责的员工以及其他人员（在舞弊行为导致集团财务报表出现重大错报的情况下）的舞弊或舞弊嫌疑。

本章小结

本章简要介绍了会计估计、关联方及其交易、期初余额等特殊项目的定义、审计目标和审计程序，同时重点介绍了审计人员对财务报表审计中与舞弊相关的责任、对法律法规的考虑，并着重阐述了对集团财务报表审计中的特殊考虑。本章内容对审计人员实施有针对性的审计程序、降低审计风险具有重要作用。

本章重要术语

会计估计	点估计	区间估计	关联方
关联方交易	期初余额	舞弊	集团财务报表

第十二章 其他审计与鉴证业务概述

引 言

本章主要介绍验资、经济效益审计、经济责任审计等的主要内容和基本方法。

学习目标

学完本章后，您将能够：

❶ 理解经济效益审计的概念、特征与作用以及审计标准和具体指标；

❷ 理解经济责任审计的概念、特点与对象，掌握经济责任审计的方法和内容；

❸ 理解验资的概念、类型、方法与实施步骤以及验资报告的撰写要求。

第一节 经济效益审计

经济效益是经济活动中投入与产出的比例关系。任何经济活动都有投入和产出，都要求以较少的投入创造相对较多的产出，这就产生了经济效益。

一、经济效益审计的定义、特征与作用

（一）经济效益审计的定义

经济效益审计是由独立的专职机构和人员依法对被审计单位经济资源的占用和使用、节约和浪费，进行监督、评价、鉴证，从而达到加强宏观调控、改善企业管理、提高经济效益的目的的经济监督活动。

（二）经济效益审计的特征

我国审计界关于经济效益审计的特征有各种不同的表述，归纳起来主要有以下几个：

（1）经济效益审计的目的是提高经济效益。它和财政财务收支审计不同，财政财务收支审计的目的主要是查错防弊。

（2）经济效益审计的主体是独立的审计部门及审计，包括国家审计机关、内部审计机构和民间审计组织及其审计人员。

（3）经济效益审计的对象和范围是物质生产部门的经济活动，它不但包括社会宏观经济管理活动，也包括企业微观经济管理活动。

（4）经济效益审计的评价标准，是在符合社会效益的前提下，企业的产出必须大于投入，即企业市价最大化或者每股价值最大化。

（5）经济效益审计方法和财政财务收支审计方法基本相符，即监督、评价、鉴证。通过对被审计单位的经营管理活动的监督、鉴证并作出评价，提出合理的建议和有效的措施，促使企业提高经济效益。

（三）经济效益审计的作用

1. 促进作用

经济效益审计能够促进被审计单位挖掘潜力，提高效益；能够揭示被审计单位的经济活动中效益不佳的问题，并对被审计单位的业绩作出评价，从而调动被审计单位的积极性，改善经营管理，提高工作效率。

2. 制约作用

经济效益审计要对被审计单位经济效益不高的原因和责任进行审计，并作出相应的审计结论或审计决定。这样就起到了对被审计单位经济活动中的消极因素的制约防范作用。

3. 反馈作用

通过经济效益审计，可以看出宏观经济决策的导向效应是否有效、是否合理，并对不够完善的法规或不适宜经济发展要求的规章制度，向有关主管部门提出改进意见，从而配合国家的宏观调控对被审计单位的微观经济活动发挥作用。

二、经济效益审计的标准

经济效益审计的标准是用来衡量、考核、评价被审计单位或事项经济效益状况的尺度，是提出审计意见、作出审计结论的依据。经济效益审计的具体指标包括：

（1）财务效益状况指标——资本保值增值率、销售收益率、成本费用收益率。

（2）资产营运状况指标——存货周转率、应收账款周转率、应付账款周转率、不良资产比率、资产损失率。

（3）偿债能力状况指标——流动比率、速动比率、现金比率、现金流动负债比率、长期资产适合率、经营亏损挂账比率。

（4）企业发展能力指标——总资产增长率、固定资产成新率、三年收益平均增长率、三年资产平均增长率。

（5）盈利能力指标——市盈率、每股盈利、股利增长率。

企业经济效益指标包括表层指标和里层指标。表层指标是第一层次指标，也是基础指标，主要是以资本保值增值率、总资产增长率两个指标为主。里层指标是企业根据各自不同特点来确定的。一般情况下，制造业主要把销售收益率、存货周转率、应收账款周转率、经营亏损挂账比率、每股盈利等指标列为里层指标。

在对企业的经济效益审计中，既可以用价值增加的绝对值，也可以用价值增加的相对值，来反映企业的经济效益的高低。价值增量是企业在生产经营活动中产出大于投入的新增价值。它既能综合地反映全部投入和产出的经济效益，又能统一企业内部的活动，使一切经济活动达到经济效益上的总体优化。

第二节　经济责任审计

一、经济责任审计的定义

经济责任审计是国家审计机关、内部审计机构或其委托的民间审计机构通过对党政领导干部或国有企业及国有控股企业领导人员及其所在地区、单位、部门财政财务收支及相关经济活动的审计，来监督、评价和鉴证党政领导干部或企业领导人员的经济责任履行情况的行为。经济责任审计是适应我国政治、经济发展和对干部监督管理的需要而产生发展起来的一种特殊的审计形式。

二、经济责任审计的特点

经济责任审计主要有以下几个特点：

（1）经济责任审计是国家审计机关的法定职能，是对干部监督管理的重要环节和组成部分。根据党政主要领导干部和国有企业领导人员经济责任审计的规定、单位内部管理的领导干部（人员）任期经济责任审计的规定以及《党政领导干部选拔任用工作条例》的规定，经济责任审计的结果是干部监督管理部门选拔、任用、奖惩干部的重要依据。这是经济责任审计区别于其他审计工作的重要特征之一。

（2）经济责任审计的基础是财政财务收支审计。根据规定，经济责任审计应当做到查清党政领导干部任职期间财政财务收支工作目标完成情况，以及遵守国家财经法规情况；分清党政领导干部对本部门、本单位财政财务收支不真实、资金使用效益差以及违反国家财经法规等问题应当负有的责任；查清党政领导干部个人在财政财务收支中有无侵占国家资产、违反领导干部廉政规定和其他违法违纪问题；查清党政领导干部任职期间与企业资产、负债、损益目标责任制有关的各项经济指标的完成情况，以及遵守国家财经法规情况。可见，财政财务收支审计是经济责任审计的基础。

（3）经济责任审计是审计机构与纪检、组织、监察、人事、国有资产监督管理等部门的共同工作。经济责任审计首先由干部监督管理部门（一般为组织部门）书面委托国家审计机关或内部审计机构或其委托的民间审计机构进行，审计机构接受干部监督管理部门委托后负责具体实施。审计结束后，审计机构应当将经济责任审计的结果书面告知有关部门，作为监督管理被审计领导干部的参考依据。

（4）经济责任审计评价和责任追究侧重于领导干部本人。经济责任审计侧重于对领导干部经济责任履行情况的监督和评价，主要通过审计领导干部所在单位、所在部门、所在地区的有关财政财务收支和经济活动以及领导干部本人的廉政情况进行。

三、经济责任审计的对象及应提供的资料

（一）经济责任审计的对象

经济责任审计的对象包括：

（1）地方各级党委、政府、审判机关、检察机关的正职领导干部或者主持工作一年以上的副职领导干部。

（2）中央和地方各级党政工作部门、事业单位和人民团体等单位的正职领导干部或者主持工作一年以上的副职领导干部；上级领导干部兼任部门、单位的正职领导干部，且不实际履行经济责任时，实际负责本部门、本单位常务工作的副职领导干部。

（3）国有企业领导人员经济责任审计的对象包括国有和国有控股企业（含国有和国有控股金融企业）的法定代表人。

（4）各级党政机关、审判机关、检察机关、事业单位、群众团体、国有及国有控股企业、金融机构等单位管理的下级单位、负有经济管理职能的内设部门或机构的主要负责人，任期内办理提任、调任、免职、辞职、退休等事项时，应当接受任期经济责任审计。

（二）经济责任审计应提供的资料

在进行经济责任审计时，被审计领导干部及其所在单位，以及其他有关单位，应当提供与被审计领导干部履行经济责任有关的下列资料：

（1）财政财务收支相关资料。

（2）工作计划、工作总结、会议记录、会议纪要、经济合同、考核检查结果、业务档案等资料。

（3）被审计领导干部履行经济责任情况的述职报告。

（4）其他有关资料。

四、经济责任审计工作的实施时间

根据干部管理监督的需要，可以在领导干部任职期间进行任中经济责任审计，也可以在领导干部不再担任所任职务时进行离任经济责任审计。原则上应当在领导干部（人员）一届任期内安排一次经济责任审计。单位内部管理的领导干部（人员）任期经济责任审计，一般由被审计领导干部（人员）担任被审计职务期间所在单位的上一级单位组织实施。单位内设的负有经济管理职能的部门或机构的主要负责人任期经济责任审计，由其所在单位组织实施。

五、经济责任审计的委托

经济责任审计计划确定后，一般由干部管理部门根据确定的审计计划以书面的形式委托审计机关实施经济责任审计。委托必须以书面的方式进行，干部管理部门应向审计机构出具经济责任审计委托书。

经济责任审计委托书主要包括以下内容：

（1）委托审计的领导干部的姓名及简要情况。

（2）被审计领导干部所在单位的名称及简要情况。

（3）审计期间。

（4）审计范围。

（5）审计重点或应当关注的有关事项。

（6）审计时限。

（7）其他有关时限。

如果干部管理部门掌握被审计对象违法违纪的线索、群众举报等情况，应当在委托书后附上有关材料，或者对相关情况进行专项通报等，即应当充分告知审计机构干部管理部门所掌握的情况、审计的要求和需要重点关注的问题，以便审计机构在制定经济责任审计方案时确定审计重点，在实施经济责任审计时加以重点关注。

六、经济责任审计的内容

经济责任审计应当以促进领导干部推动本地区、本部门（系统）、本单位科学发展为目标，以领导干部守法、守纪、守规、尽责情况为重点，以领导干部任职期间本地区、本部门（系统）、本单位财政财务收支以及有关经济活动的真实、合法和效益为基础，严格依法界定审计内容。

（一）地方各级党委和政府主要领导干部经济责任审计的主要内容

地方各级党委和政府主要领导干部经济责任审计的主要内容是：本地区财政收支的

真实、合法和效益情况；国有资产的管理和使用情况；政府债务的举借、管理和使用情况；政府投资和以政府投资为主的重要项目的建设和管理情况；对直接分管部门预算执行和其他财政财务收支以及有关经济活动的管理和监督情况。

（二）党政工作部门、机关事业单位和人民团体等主要领导干部经济责任审计的主要内容

党政工作部门、审判机关、检察机关、事业单位和人民团体等单位主要领导干部经济责任审计的主要内容是：本部门（系统）、本单位预算执行和其他财政财务收支的真实、合法和效益情况；重要投资项目的建设和管理情况；重要经济事项管理制度的建立和执行情况；对下属单位财政财务收支以及有关经济活动的管理和监督情况。

（三）国有企业领导人员经济责任审计的主要内容

国有企业领导人员经济责任审计的主要内容是：本企业财务收支的真实、合法和效益情况；有关内部控制制度的建立和执行情况；履行国有资产出资人经济管理和监督职责情况。

（四）单位内部管理的领导干部（人员）任期经济责任审计内容

单位内部管理的领导干部（人员）任期经济责任的审计重点包括：被审计领导干部（人员）担任被审计职务期间所在单位的事业发展情况，或者所在企业的经营发展情况；贯彻执行国家方针政策、遵守国家法律法规以及上级有关规定情况；重大经济经营决策情况；财政财务收支及资产管理情况；内部控制状况；被审计领导干部（人员）遵守有关廉政规定情况。审计报告应当根据审计查证或认可的事实，依照法律法规和国家其他有关规定以及政策目标、行业标准进行经济责任审计评价。

有关部门和单位、地方党委和政府的主要领导干部由上级领导干部兼任，且实际履行经济责任的，对其进行经济责任审计时，审计内容仅限于该领导干部所兼任职务应当履行的经济责任。

总之，在审计以上主要内容时，应当关注领导干部在履行经济责任过程中的下列情况：贯彻落实科学发展观，推动经济社会科学发展情况；遵守有关经济法律法规、贯彻执行党和国家有关经济工作的方针政策和决策部署情况；制定和执行重大经济决策情况；与领导干部履行经济责任有关的管理、决策等活动的经济效益、社会效益和环境效益情况；遵守有关廉洁从政（从业）规定情况等。

七、经济责任审计的责任划分

经济责任的内容包括两个部分：一是职务上的职责、义务，包括法定或约定的职责、义务；二是基于特定的职务身份而应当承担的义务，如国家公务员应当遵守有关廉正的规定，企业领导人员应当遵守我国公司法的有关规定。被审计领导干部对履行经济

责任过程中存在问题应当承担的责任有直接责任、主管责任、领导责任，审计机构应当区别不同情况作出界定。

（一）直接责任

直接责任，是指领导干部对履行经济责任过程中的下列行为应当承担的责任：

（1）直接违反法律法规、国家有关规定和单位内部管理规定的行为。

（2）授意、指使、强令、纵容、包庇下属人员违反法律法规、国家有关规定和单位内部管理规定的行为。

（3）未经民主决策、相关会议讨论而直接决定、批准、组织实施重大经济事项，并造成重大经济损失浪费、国有资产（资金、资源）流失等严重后果的行为。

（4）主持相关会议讨论或者以其他方式研究，但是在多数人不同意的情况下直接决定、批准、组织实施重大经济事项，由于决策不当或者决策失误造成重大经济损失浪费、国有资产（资金、资源）流失等严重后果的行为。

（5）其他应当承担直接责任的行为。

（二）主管责任

主管责任，是指领导干部对履行经济责任过程中的下列行为应当承担的责任：

（1）除直接责任外，领导干部对其直接分管的工作不履行或者不正确履行经济责任的行为。

（2）主持相关会议讨论或者以其他方式研究，并且在多数人同意的情况下决定、批准、组织实施重大经济事项，由于决策不当或者决策失误造成重大经济损失浪费、国有资产（资金、资源）流失等严重后果的行为。

（三）领导责任

领导责任，是指除直接责任和主管责任外，领导干部对其不履行或者不正确履行经济责任的其他行为应当承担的责任。

八、经济责任审计评价与结果的利用

（一）经济责任审计评价

经济责任审计评价要坚持依法评价的原则、客观公正的原则、实事求是的原则，根据审计查证或者认定的事实，依照法律法规、国家有关规定和政策、责任制考核目标、行业标准等进行；要与审计内容相统一，既要反映被审计领导干部履行经济责任的业绩，又要反映存在的问题，评价结论要有充分的审计证据支持。

（二）经济责任审计结果的利用

各级党委和政府应当建立健全经济责任审计情况通报、审计整改以及责任追究等结果运用制度，逐步探索和推行经济责任审计结果公告制度。

有关部门和单位应当根据干部管理监督的相关要求运用经济责任审计结果，将其作为考核、任免、奖惩被审计领导干部的重要依据，并以适当方式将审计结果运用情况反馈给审计机关及内部审计部门。

经济责任审计结果报告应当归入被审计领导干部本人档案。

被审计领导干部或其担任被审计职务期间所在单位的现任主要负责人为审计整改工作第一责任人。被审计领导干部担任被审计职务期间所在单位，应当加强对审计发现问题产生原因的分析，健全内部管理机制，完善内部控制制度，需要进行责任追究的要落实责任追究制，提高审计整改实效。

第三节　验　资

一、验资的概念及类型

验资是指注册会计师依法接受委托，对被审验单位注册资本的实收情况或注册资本及实收资本的变更情况进行审验，并出具验资报告。

验资分为设立验资和变更验资。

设立验资是指注册会计师对被审验单位申请设立登记时的注册资本实收情况进行的审验。一般而言，在以下三种情况下需要注册会计师进行设立验资：一是被审验单位向工商管理机关申请公司开业登记；二是出资者分期缴纳注册资本；三是企业之间的新设立合并和分立或者企业进行资产重组，或企业转让部分股权设立新的企业。

变更验资是指注册会计师对被审验单位申请变更登记时的注册资本及实收资本的变更情况进行的审验。在以下几种情况下需要注册会计师进行变更验资：一是被审验单位的出资者增加实收资本或者减少实收资本；二是被审验单位将资本公积、盈余公积、未分配利润等转为实收资本；三是出资者将其对被审验单位的债权转为股权；四是被审验单位因合并增加实收资本；五是被审验单位整体改制，由非公司制改为公司制企业。

二、接受业务委托和实施验资步骤

（一）评估验资风险决定是否接受委托

注册会计师应当在了解被审验单位基本情况，考虑自身能力和能否保持独立性，初步评估验资风险后，再确定是否接受委托。

由于目前虚假出资、抽逃出资的现象并不少见，所以注册会计师必须增强验资风险意识，在接受委托前谨慎从事，了解委托的业务是否存在固有风险。注册会计师必须与委托人、被审验单位的管理层进行沟通，初步了解被审验单位的基本情况。这里所说的了解被审验单位的基本情况主要包括：被审验单位的设立审批、变更审批、名称预先核准、经营范围、经营规模、组织机构和人员、申请设立或者变更登记的注册资本、出资者的基本情况。

注册会计师应当根据所了解被审验单位基本情况和验资的类型、委托目的、审验范围及时间要求等，经过分析、判断，确定是否有能力承接该项业务。

（二）接受委托前的沟通

接受委托前，注册会计师须就下列主要事项与委托人沟通，并达成一致意见：

（1）委托目的。

（2）出资者和被审验单位的责任以及注册会计师的责任。

（3）审验范围。

（4）时间要求。

（5）验资收费。

（6）报告分发和使用的限制。

如果接受委托，注册会计师应当与委托人就双方达成一致的事项签订业务约定书。

（三）编制验资计划

注册会计师实施验资业务，应当编制验资计划，对验资工作作出合理安排。

验资计划包括总体验资计划和具体验资计划。总体验资计划是对验资业务总体作出的计划安排；具体验资计划是对各验资项目的计划安排。

1. 总体验资计划

总体验资计划通常包括以下内容：

（1）验资类型、委托目的和审验范围。

（2）重点审验领域。

（3）验资风险评估。

（4）验资工作进度及时间、收费预算。

（5）验资小组人员分工。

2. 具体验资计划

具体验资计划通常包括以下内容：

（1）审验目标。

（2）审验程序。

（3）执行人和执行日期。

（4）验资工作底稿的索引号。

（四）确定审验的范围和方法并实施

1. 验资的范围

设立验资的审验范围一般限于被审验单位注册资本实收情况的事项，包括出资者、出资币种、出资金额、出资时间、出资方式和出资比例等。

变更验资的审验范围一般限于被审验单位注册资本及增减变动情况有关的事项。增加注册资本及实收资本时，审验范围包括与增资相关的出资者、出资币种、出资金额、出资时间、出资方式、出资比例和相关会计处理，以及增资后的出资者、出资金额和出资比例等；减少注册资本及实收资本时，审验范围包括与减资相关的减资者、减资币种、减资金额、减资时间、减资方式、债务清偿或债务担保情况、相关会计处理，以及减资后的出资者、出资金额和出资比例等。

2. 验资的方法

对于出资者投入的资本，应当分别采用下列方法进行审验：

（1）以货币出资的，应当在检查被审验单位开户银行出具的收款凭证、对账单及银行询证函回函等的基础上，审验出资者的实际出资金额和货币出资比例是否符合规定。对于股份有限公司向社会公开募集的股本，还应当检查证券公司承销协议、募股清单和股票发行费用清单等。

（2）以实物出资的，应当观察、检查实物，审验其权属转移情况，并按照国家有关规定在资产评估的基础上审验其价值。如果被审验单位是外商投资企业，注册会计师应当按照国家对外商投资企业的有关规定，审验实物出资的价值。

（3）以知识产权、土地使有权等无形资产出资的，应当审验其权属转移情况，并按照国家有关规定在资产评估的基础上审验其价值。如果被审验单位是外商投资企业，注册会计师应当按照国家对外商投资企业的有关规定，审验无形资产出资的价值。

（4）以净资产折合实收资本的，或以资本公积、盈余公积、未分配利润等转增注册资本及实收资本的，应当在审计的基础上按照国家有关规定审验其价值。

（5）以货币、实物、知识产权、土地使用权以外的其他财产出资的，应当审验出资是否符合国家有关规定。

（6）外商投资企业的外方出资者以上述第（1）至第（5）项所述方式出资的，注册会计师还应当关注其是否符合国家外汇管理有关规定，向企业注册地的外汇管理部门发出外方出资情况询证函，并根据外方出资者的出资方式附送银行询证函回函、资本项目外汇业务核准件及进口货物报关单等文件的复印件，以询证上述文件内容的真实性、合规性。

3. 具体审验程序

以房屋、建筑物、机器设备和材料等实物出资的，应当观察、监盘实物，验证其产权归属，并按照国家有关规定在资产评估的基础上审验其价值。检查实物出资清单填列的实物品名、规格、数量、作价、出资日期等内容是否符合有关协议、合同、章程的规定。如果经过了资产评估，应查阅其评估报告，了解评估目的、评估范围和对象、评估基准日等有关限定条件是否满足验资的要求。关注评估报告的特别事项说明，检查投入资产的价值是否经各出资者认可。对房屋、建筑物，还应检查房屋、建筑物的片面图、位置图，验证其名称、坐落地点、建筑结构、竣工时间、已使用年限及作价依据是否符合协议、合同、章程的规定，验证出资前的产权是否归出资者所有。

以知识产权、非专利技术、土地使用权等无形资产出资的，应当验证其产权归属。具体审验程序包括检查知识产权、非专利技术、土地使用权等无形资产在出资清单中的名称、有效状况、作价等内容是否符合协议、合同、章程的规定。以专利权出资的，检查专利证书在出资前是否归出资者所有。

以资本公积、盈余公积、未分配利润、出资者的债权等转增注册资本及因合并、分立、注销股份等变更注册资本的，检查被审验单位变更注册资本是否符合法定程序，实收资本的增减变动是否真实，相关会计处理是否正确。审验的程序主要为：首先查阅董事会、股东大会关于注册资本增加或者减少的决议及修改后的协议、合同、章程；其次审验变更注册资本是否经过政府有关部门审批，国家规定须办理有关财产权转移手续的，是否已办理完毕；最后审验因合并、分立变更注册资本或者因为注销股份等原因减少注册资本的，被审验单位是否按照规定通知债权人，发布公告进行债务清偿或提供债务担保，并得到债权人的认可。

三、出具验资报告

按照《中国注册会计师审计准则第 1602 号——验资》的要求，注册会计师应当在实施必要的审验程序，取得充分、适当的审验证据后，以经过核实的审验证据为依据，形成审验意见，出具验资报告。

（一）验资报告构成要素

验资报告应包括以下构成要素：

1. 标题

验资报告的标题应当统一规范为“验资报告”。

2. 收件人

验资报告的收件人是指要求致送验资报告的对象，一般是指验资业务的委托人。

3. 范围段

验资报告的范围段应当说明审验的范围、出资者和被验资单位的责任、注册会计师的责任、审验依据和已实施的主要审验程序等。

4. 意见段

验资报告的意见段应当说明已审验的被验资单位注册资本的实收情况及实收资本的变更情况。对于变更验资，注册会计师仅对本次注册资本及实收资本的变更情况发表审验意见。

5. 说明段

验资报告的说明段应当说明验资报告的用途、使用责任及注册会计师认为应当说明的其他重要事项。对于变更验资，注册会计师还应当在验资报告说明段中说明对以前注册资本实收情况审验的会计师事务所名称及其审验情况，并说明变更后的累计注册资本实收金额。

如果在注册资本及实收资本的确认方面与被审验单位存在异议，且无法协商一致，注册会计师应当在验资报告说明段中清晰地反映有关事项及其差异和理由。

6. 附件

验资报告的附件应当包括已审验的注册资本实收情况明细表或注册资本、实收资本变更情况明细表和验资事项说明等。

7. 落款

验资报告应该由注册会计师签名并盖章。验资报告应该载明会计师事务所的名称和地址，并加盖会计师事务所公章。验资报告应载明注册会计师完成审验工作的日期。

（二）验资报告的法定效力

验资报告具有法定证明效力，供被审验单位申请设立登记或变更登记及据以向出资者签发出资证明时使用。委托人、被审验单位及其他第三者因使用验资报告不当所造成的后果，与注册会计师及其所在的会计师事务所无关。

本章小结

本章对经济效益审计、经济责任审计、验资的内容和程序等作了简要的介绍。

经济效益审计是由独立的专职机构和人员依法对被审计单位经济资源的占用和使用、节约和浪费，进行监督、评价、鉴证，从而达到加强宏观调控、改善企业管理、提高经济效益之目的的经济监督活动。

经济责任审计是审计组织通过对党政领导干部或国有企业及国有控股企业领导人员及其所在地区、单位部门财政财务收支及相关经济活动的审计，来监督、评价和鉴证党政领导干部或企业领导人员的经济责任的履行情况。

验资是指注册会计师依法接受委托，对被审验单位注册资本的实收情况或注册资本及实收资本的变更情况进行审验，并出具验资报告。

本章重要术语

经济效益审计	经济责任审计	直接责任	主管责任
领导责任	验资	设立验资	变更验资

参考文献

1. 中国注册会计师协会．审计（2011年注册会计师全国统一考试辅导教材）．北京：经济科学出版社，2011.
2. 审计署、人力资源和社会保障部审计专业技术资格考试办公室．审计理论与实务（2011年审计专业技术资格考试辅导教材）．北京：中国时代经济出版社，2011.
3. 郝振平等．审计学．北京：北京大学出版社，2007.
4. 张彤杉等．审计学．北京：清华大学出版社，2007.
5. 阿尔文·A·艾伦斯等．审计学．上海：上海财经大学出版社，2005.
6. 中华人民共和国审计法、中华人民共和国审计法实施条例、中国国家审计准则（最新）
7. 中国注册会计师执业准则及应用指南、中国注册会计师职业道德守则（最新）
8. 中国内部审计基本准则、具体准则，内部审计实务指南（最新）
9. 涂申清．浅析分析性程序在现金流量表审计中的运用．商业会计．2011，5（13）．

图书在版编目（CIP）数据

审计原理与实务/郭宏主编．—2版．—北京：中国人民大学出版社，2012
21世纪高等继续教育精品教材
ISBN 978-7-300-15329-2

Ⅰ．①审… Ⅱ．①郭… Ⅲ．①审计学-高等教育：继续教育-教材 Ⅳ．①F239.0

中国版本图书馆CIP数据核字（2012）第031735号

21世纪高等继续教育精品教材
审计原理与实务（第二版）
主　编　郭　宏
副主编　蔡才德

出版发行	中国人民大学出版社		
社　　址	北京中关村大街31号	**邮政编码**	100080
电　　话	010－62511242（总编室）		010－62511398（质管部）
	010－82501766（邮购部）		010－62514148（门市部）
	010－62515195（发行公司）		010－62515275（盗版举报）
网　　址	http://www.crup.com.cn		
	http://www.ttrnet.com(人大教研网)		
经　　销	新华书店		
印　　刷	涿州市星河印刷有限公司	**版　　次**	2008年2月第1版
规　　格	185 mm×260 mm　16开本		2012年5月第2版
印　　张	16	**印　　次**	2016年12月第5次印刷
字　　数	313 000	**定　　价**	38.00元

教师信息反馈表

为了更好地为您服务，提高教学质量，中国人民大学出版社愿意为您提供全面的教学支持，期望与您建立更广泛的合作关系。请您填好下表后以电子邮件或信件的形式反馈给我们。

您使用过或正在使用的我社教材名称		版次	
您希望获得哪些相关教学资料			
您对本书的建议（可附页）			
您的姓名			
您所在的学校、院系			
您所讲授课程名称			
学生人数			
您的联系地址			
邮政编码		联系电话	
电子邮件（必填）			
您是否为人大社教研网会员	□ 是　会员卡号：＿＿＿＿＿＿ □ 不是，现在申请		
您在相关专业是否有主编或参编教材意向	□ 是　　　　□ 否 □ 不一定		
您所希望参编或主编的教材的基本情况（包括内容、框架结构、特色等，可附页）			

我们的联系方式：北京市海淀区中关村大街 31 号
中国人民大学出版社教育分社
邮政编码：100080
电话：010－62515905
网址：http：//www.crup.com.cn/jiaoyu/
E-mail：jyfs _ 2007@126.com

21世纪高等继续教育精品教材

审计原理与实务
（第二版）
综合练习册

主　编　郭　宏

中国人民大学出版社
·北京·

主编寄语

近几年来，随着我国市场经济的不断发展，审计监督体系也不断完善，审计工作的地位和作用日益被人们重视和关注。“审计”作为一种职业选择，也有着越来越广泛的应用前景。学好“审计原理与实务”这门课程，学习者不仅能掌握审计的基本概念、基本方法、基本技能，而且还有利于巩固已学的财务会计、税法等知识，更能拓展财会专业学生的就业前景。相信在不远的将来，学习者当中会出现不少审计师甚至高级审计师以及注册会计师，为保护国家资产、改善企事业单位的经营管理、维护国家财经法纪、提高会计信息的真实可靠性等发挥重要作用。

为方便学习者自学并更好地掌握“审计原理与实务”这门课程的基本理论知识、基本审计方法和基本审计技能，编者结合主教材《审计原理与实务（第二版）》，根据每章应掌握的基本审计方法和审计技能，明确各章应重点掌握的内容，同时穿插审计实务中的财务报表审计的有关基本项目，编写了本练习册，包括单选题、多选题、判断题及审计实务分析题四种题型，以便学习者对照自学检查提高。

希望大家通过主教材及相关学习资料的系统学习，能够理解基本审计概念及相关理论问题，准确计算、分析和处理一些不太复杂的审计实务事项。

由于编写时间的限制，本练习册中难免存在不妥之处，恳请各位教师及学习者批评指正。

编者

目录

作业一

第一章至第三章

一、单选题

1. 审计的本质特征是（　　）。

A. 合法性　　B. 真实性　　C. 效益性　　D. 独立性

2. 注册会计师对财务报表的审计属于（　　）业务。

A. 鉴证　　B. 咨询　　C. 监督　　D. 服务

3. 各项资产、负债、业主权益、收入和费用等要素已被适当的方法进行计价，列入会计报表的金额正确，这属于认定中的（　　）。

A. 存在或发生　　B. 完整性　　C. 计价和准确性　　D. 权利和义务

4. 在现代审计实务中，最能体现审计的经济评价职能的是（　　）。

A. 财政审计　　B. 财务审计　　C. 财经法纪审计　　D. 效益审计

5. 按业务循环组织实施审计的方法称为（　　）。

A. 分项审计方法　　B. 循环审计方法　　C. 抽样审计方法　　D. 控制测试法

6. 根据业务循环与会计报表相关项目之间的对应关系，其他业务利润属于业务循环中的（　　）。

A. 销售与收款循环　　B. 购货与付款循环

C. 生产循环　　D. 筹资与投资循环

7. 审计的基本职能是（　　）。

A. 经济监督　　B. 经济鉴证　　C. 经济评价　　D. 经济咨询

8. 按照注册会计师执业准则的规定，财务报表审计的目标是注册会计师通过执行审计工作，对财务报表的（　　）、公允性发表审计意见。

A. 合法合规性　　B. 准确充分性　　C. 真实合法性　　D. 真实合规性

9. 我国国家审计机关属于（　　）。

A. 立法型国家审计机关　　B. 司法型国家审计机关

C. 行政型国家审计机关　　D. 独立型国家审计机关

10. 审计人员避免法律诉讼的具体措施是（　　）。

A. 增强执业独立性　　B. 保持应有的职业谨慎

C. 强化执业质量控制　　D. 提取风险基金或购买责任保险

11. 将审计分为国家审计、社会审计和内部审计的分类标准是（　　）。

A. 审计的主体　　B. 审计的内容

C. 审计的范围　　D. 执行审计的地点

12. 下列说法正确的是（　　）。
A. 内部审计必须独立于财会部门之外
B. 内部审计不一定独立于财会部门
C. 内部审计负责人可由财务部门负责人兼任
D. 内部审计负责人可由总经理兼任
13. 国家审计机关和内部审计部门对严重违反财经法纪的行为所进行的专项审计是（　　）。
A. 经济效益审计　　B. 业务经营审计
C. 管理审计　　D. 财经法纪审计
14. 对基本建设项目和固定资产投资决策的可行性研究进行的审计属于（　　）。
A. 事中审计　　B. 事后审计　　C. 局部审计　　D. 事前审计
15. （　　）主要应用于跨年度的工程项目。
A. 送达审计　　B. 事前审计　　C. 事中审计　　D. 事后审计
16. 审计人员在进行财务收支审计时，如果采用逆查法，一般是从（　　）开始审查。
A. 会计凭证　　B. 会计账簿　　C. 会计报表　　D. 会计资料
17. 在对被审计单位实施审计过程中，根据被审单位内部控制制度健全与否，确定采用局部审计或全部审计、抽查法或详查法，这体现了审计方法的选用（　　）。
A. 要适应审计的目的
B. 要与被审计单位的具体条件和实际需要相适应
C. 要适合审计人员能力
D. 要与审计方式或审计工作的地点相适应
18. 审计人员察看相关人员正在从事的活动或执行的程序属于（　　）。
A. 追踪法　　B. 实验法　　C. 观察法　　D. 调查法
19. 对固定资产、在产品、产成品和其他财产物质的监盘一般采用（　　）方式。
A. 突击　　B. 通知　　C. 重点　　D. 抽样
20. 在获取银行存款存在的证据时，除银行对账单外，还应对银行存款进行（　　）。
A. 观察　　B. 询问　　C. 函证　　D. 监盘
21. 中华人民共和国最高国家审计机关是（　　）。
A. 中国注册会计师协会　　B. 审计署
C. 会计师事务所　　D. 内部审计机构
22. 国家审计机关的权限是指（　　）。
A. 监督检查权　　B. 调查取证权　　C. 审计监督权　　D. 行政处罚权
23. 审计监督具有广泛性和直接性，但独立性往往受到限制的是（　　）。
A. 立法型国家审计机关　　B. 司法型国家审计机关
C. 行政型国家审计机关　　D. 国际最高审计
24. 会计师事务所在业务上主要接受（　　）的指导和管理。
A. 各级政府　　B. 各级注册会计师协会
C. 各级审计厅（局）　　D. 委托单位的内部审计机构
25. 对内部审计机构有业务指导和监督职能的是（　　）。
A. 会计师事务所　　B. 上级主管部门
C. 本单位主要负责人　　D. 国家审计机关

26. 审计准则是用来规范注册会计师执行（　　）审计业务，要求注册会计师综合使用审计方法，对财务报表获取合理程度的保障。

A. 历史财务信息　　B. 通用财务信息

C. 一般财务信息　　D. 本期财务信息

27. 全面质量控制是指会计师事务所为合理确信其执行的所有审计业务都是按照（　　）进行而采取的控制政策和程序。

A. 职业道德原则　　B. 注册会计师执业准则

C. 国际审计准则　　D. 专业胜任能力

28. 作为督导人员，还应当考虑助理人员的（　　）等因素，合理确定对其工作进行指导、监督和复核的方式及程序。

A. 职业道德原则　　B. 工作经验

C. 自身知识水平　　D. 专业胜任能力

二、多选题

1. 审计是由专职机构和人员，对被审计单位的财务收支及其他经济活动的（　　）进行审查和评价的独立性经济监督活动。

A. 合法性　　B. 真实性　　C. 效益性　　D. 独立性

2. 审计的基本特征主要表现在（　　）。

A. 机构独立　　B. 人员独立　　C. 工作独立　　D. 经济独立

3. 审计与会计的区别主要有（　　）。

A. 产生的基础不同　　B. 职能不同

C. 方法不同　　D. 工作程序不同

4. 审计总体目标是对被审计单位财政、财务收支的（　　）进行审查和评价。

A. 合法合规性　　B. 真实性　　C. 有效性　　D. 准确性

5. 管理当局对会计报表的认定种类包括（　　）。

A. 存在或发生　　B. 完整性　　C. 权利和义务　　D. 估价和分摊

6. 审计的职能有（　　）。

A. 经济监督　　B. 经济鉴证　　C. 经济评价　　D. 经济咨询

7. 审计工作的程序一般有（　　）。

A. 准备阶段　　B. 实施阶段　　C. 报告阶段　　D. 整改阶段

8. 下列属于筹资与投资循环业务的报表项目有（　　）。

A. 管理费用　　B. 财务费用　　C. 销售费用　　D. 制造费用

9. 受托经济责任关系是审计产生和发展的社会基础，其含义为（　　）。

A. 受托经济责任是不断演进的

B. 财产的所有权和经营管理权分离以及管理者内部分权制

C. 审计成为联系各方经济责任的重要制约机制

D. 财产所有者对经营管理者无法实施直接监督

10. 国家审计作为经济社会运行的免疫系统，针对经济社会运行中的障碍、矛盾和风险所在地发挥的功能包括（　　）。

A. 预防　　B. 揭示　　C. 抵御　　D. 评价

11. 审计关系是指审计活动中的（　　）多方面关系人之间构成的相互关系。

A. 审计人　　B. 被审计人　　C. 审计委托人　　D. 经济责任人

12. 管理层对财务报表的认定中，与所审计期间各类交易和事项相关的认定有（　　）。

A. 发生　　B. 完整性　　C. 准确性　　D. 截止和分类

13. 与期末账户余额相关的认定有（　　）。

A. 存在　　B. 权利和义务　　C. 完整性　　D. 截止和分类

14. 与列报和披露相关的认定有（　　）。

A. 发生以及权利和义务　　B. 完整性

C. 分类和可理解性　　D. 准确性和计价

15. 国家审计机关的基本职责是（　　）。

A. 审计监督国家财政收支　　B. 审计监督与国有资产有关的财务收支

C. 审计监督上市公司的财务收支　　D. 审计监督社会团体的财务收支

16. 注册会计师的业务分为鉴证业务和相关服务，其中相关服务包括（　　）。

A. 对财务信息执行商定程序　　B. 代编财务信息

C. 税务服务　　D. 管理咨询及会计服务等

17. 注册会计师因违约、过失或欺诈给被审计单位或其他利害关系人造成损失的，可能承担的法律责任有（　　）。

A. 行政责任　　B. 民事责任　　C. 赔偿责任　　D. 刑事责任

18. 审计人员防止发生执业过错的措施有（　　）。

A. 增强执业独立性　　B. 保持应有的执业谨慎

C. 强化执业质量控制　　D. 聘请熟悉注册会计师法律责任的律师

19. 按内容和目的划分，审计可分为（　　）。

A. 财政财务审计　　B. 财经法纪审计

C. 经济效益审计　　D. 经济责任审计

20. 按审计主体划分，可将审计分为（　　）。

A. 国家审计　　B. 民间审计　　C. 内部审计　　D. 外部审计

21. 经济效益审计包括（　　）。

A. 业务经营审计　　B. 管理审计

C. 经济责任审计　　D. 绩效审计

22. 按审计范围划分，审计分为（　　）。

A. 全部审计　　B. 任意审计　　C. 就地审计　　D. 局部审计

23. 按审计实施时间划分，审计分为（　　）。

A. 全部审计　　B. 事前审计　　C. 事后审计　　D. 事中审计

24. 下列属于事中审计的是（　　）。

A. 费用预算执行过程的审计

B. 基本建设项目施工阶段的审计

C. 对固定资产投资决策的可行性研究的审计

D. 消耗定额执行过程的审计

25. 民间审计组织对企业年度会计报表的审查可以属于（　　）。

A. 财政财务审计　　B. 报送审计　　C. 定期审计　　D. 事后审计

26. 详查法适用于（　　）。
A. 被审计单位内部控制很不健全或无效
B. 被审计单位会计核算工作质量较差
C. 有严重问题、非彻底检查不可的专案审计
D. 经济业务简单、会计资料较少
27. 关于抽样审计，下列描述错误的是（　　）。
A. 审计效率较低
B. 审计成本较详细审计高
C. 其审计结论与被审单位的实际情况会存在一些差异
D. 适用于小型的企事业单位
28. 审计的取证方法包括（　　）。
A. 检查记录或文件　　B. 检查有形资产
C. 询问及函证　　D. 重新计算
29. 国家审计机关的基本职责是（　　）。
A. 管理内部审计机构　　B. 领导民间审计组织
C. 审计监督国家财政收支　　D. 审计监督与国有资产有关的财务收支
30. 国家审计机关在审计过程中，享有的权限有（　　）。
A. 监督检查权　　B. 行政处分权　　C. 行政处罚权　　D. 刑事处分权
31. 我国注册会计师可以办理的业务有（　　）。
A. 审计业务　　B. 会计服务　　C. 会计咨询　　D. 其他法定审计业务
32. 中国注册会计师执业准则的作用，主要体现在（　　）。
A. 有助于提高行业服务质量　　B. 有助于评价行业服务质量
C. 有助于降低审计风险　　D. 有助于促进审计经验交流
33. 各审计项目的质量控制要遵循全面质量控制政策和程序，以及（　　）等各方面的管理要求。
A. 专业胜任能力　　B. 工作委派
C. 职业道德　　D. 业务承接
34. 督导人员应当及时指导、监督和复核的内容主要包括（　　）。
A. 总体审计策略与具体审计计划
B. 对重大错报风险的评估
C. 进行实质性测试所取得的审计证据及形成的审计结论
D. 会计报表、审计调整事项和审计报告草稿
35. 国家审计人员应遵守的基本审计职业道德有（　　）。
A. 严格依法　　B. 正直坦诚　　C. 客观公正　　D. 勤勉尽责和保守秘密

三、判断题

1. 一家会计师事务所既对被审计单位提供年报审计业务，又提供财务咨询业务，不符合审计独立性。（　　）
2. 审计监督是对企业财务会计监督的内容进行再监督。（　　）
3. 审计人员对财务报表的审计属于鉴证业务。（　　）

4. 现代风险导向审计模式为：审计风险＝固有风险＋控制风险＋检查风险。（　　）

5. “销售费用”项目属于业务循环中的筹资与投资循环。（　　）

6. 被审计人与审计委托人之间是经济责任关系。（　　）

7. 国家审计不具有经济鉴证职能。（　　）

8. 审计对象包括被审计单位财务收支及其有关经营管理活动以及相应的会计资料和其他相关资料。（　　）

9. 审计的对象不仅包括会计信息，还包括其反映的经济活动。（　　）

10. 审计的目标是审查评价审计对象的真实性、合法性和效益性。（　　）

11. 审计与会计都对企业经营管理活动进行监督。（　　）

12. 审计对象就是被审计单位的各种作为提供财务收支及其有关经营管理活动信息载体的会计资料及其他相关资料。（　　）

13. 注册会计师对财务报表的审计属于鉴证业务，注册会计师的审计意见旨在保证财务报表的可信赖程度。（　　）

14. 国家审计、民间审计和内部审计既相互联系，又各自独立、各司其职，在不同的领域实施审计，各有特点，相互不可替代。（　　）

15. 专项审计就是局部审计。（　　）

16. 抽样风险是指审计人员根据样本得出的结论和对总体全部项目实施与样本相同的审计程序得出的结论存在差异的可能性。（　　）

17. 在使用审计抽样时，审计人员可以使用统计抽样方法，不可以使用非统计抽样方法。（　　）

18. 监盘就是审计人员现场监督被审计单位对各种实物资产及现金、有价证券等的盘点。（　　）

19. 重新计算也是审计中常用的方法之一，其计算过程及结果的记录可以作为书面证据。（　　）

20. 上级国家审计机关对下级国家审计机关审计管辖范围内的重大审计事项，可以委托内部审计机构、民间审计组织进行审计，但不可以直接进行审计。（　　）

21. 注册会计师只有加入会计师事务所，才能承办业务。（　　）

22. 我国的内部审计机构包括部门内部审计机构和单位内部审计机构。（　　）

23. 由于内部审计人员属于被审计单位的，是“内部”的，他们可以负责被审计单位内部控制的决策与执行。（　　）

24. 国家审计人员应当维护国家利益，也应当维护被审计单位的合法权益及其他公共利益，这是国家审计人员的职业道德要求之一。（　　）

25. 未按特定审计项目取得必要和充分的审计证据的情况是重大过失。（　　）

26. 会计师事务所建立职业风险基金、办理职业保险是注册会计师避免法律诉讼可选的具体措施之一。（　　）

27. 项目质量控制复核并不减轻项目负责人的责任。（　　）

28. 若审计项目组内部、项目负责人与项目质量复核人员之间存在意见分歧，由审计组织负责人拍板后出具审计报告。（　　）

29. 在我国注册会计师鉴证业务准则中，审计准则与审阅准则主要用于规范历史性财务信息的鉴证，只有个别准则规范了非历史性财务信息的鉴证。（　　）

30. 会计师事务所应当将独立性确认函、业绩评价及监控检查结果等与业务质量控制有关的内容形成质量控制记录。(　　)

31. 丙会计师事务所规定其主任会计师对质量控制制度负最终责任。这意味着，如果该所承接的任何一项业务的质量不符合相关的要求，相应的责任最终应当由主任会计师承担。(　　)

32. 国家审计机关的权限中，包括拥有调查取证权、采取临时强制措施权、行政处罚权、行政处分权等。(　　)

33. 按规定妥善保管审计工作底稿是注册会计师避免法律诉讼的具体措施之一。(　　)

34. 内部审计的主要目的是查错防弊，促使本部门或本单位改善经营管理，提高经济效益。(　　)

35. 在审计监督体系中，国家审计、社会审计与内部审计三者之间存在主导与从属的关系。(　　)

36. 政府审计机关所进行的审计均属于强制审计。(　　)

37. 社会审计组织所进行的审计均属于委托审计。(　　)

38. 被审计单位的群众检举该单位采购员王某有贪污舞弊行为，审计人员对王某所经办的采购业务应采用详查法进行审计。(　　)

39. 要求收函人证实所查证的人欠、欠人款项是否相符，如相符可不必复函，如不相符则应复函的方法，称为积极式函证法。(　　)

40. 当被审计单位对存货实施盘点时，审计人员应当指挥盘点工作的进行，并作为盘点小组成员进行盘点。(　　)

41. 国家审计署根据工作需要，可以在重点地区和部门派出审计特派员，设立审计派出机构。(　　)

42. 国家审计机关无权审查财政预算的执行和财政决算。(　　)

43. 民间审计组织不得以降低收费的方式招揽业务。(　　)

44. 民间审计组织即使发现委托单位缺乏正直的品格，也不得拒绝接受委托。(　　)

45. 审计准则是审计人员签署最终审计意见时的客观保证。(　　)

46. 如审计人员发现审计计划不能使审计项目的质量控制得到根本保证，可变更既定的审计计划。(　　)

47. 项目质量控制复核是指在出具报告前，对项目组作出的重大判断和在准备报告时形成的结论作出客观评价的过程。(　　)

48. 由于执业环境的特点或专业人员自身知识及经验的局限性，完成审计任务必须借助专家咨询。(　　)

49. 国家审计人员可以参照中国注册会计师执业准则的有关规定确定和运用重要性。(　　)

四、审计实务分析题

1. 注册会计师张三负责对上海 xy 大学 2011 年度会计报表中的货币资金项目进行审计。该大学总部设在青浦，徐家汇有一分部，均设有出纳部门。张三在监盘现金的前一天通知学校财务主管做好监盘准备。考虑到出纳工作安排以及到青浦上班较远，徐家汇分部安排在上午 10 点，青浦总部安排在下午 2 点。监盘时，出纳将现金放入保险柜，并将已办妥现金收付手续的交易登入现金日记账，结出现金日记账余额；张三当场盘点现金，在与现金日记账核对后填写“库存现金盘点表”，并在签字后形成审计工作底稿。

要求：请指出上述库存现金监盘工作中有哪些不当之处，并提出改进建议。

2. A会计师事务所接受委托，审计B公司2011年度财务报表。C注册会计师取得2011年12月31日的应收账款明细表，于2012年1月15日采用积极式函证方式对重要客户寄发了询证函。C将与函证结果相关的重要异常情况汇总如下表：

异常情况	函证编号	客户名称	询证金额	回函日期	回函内容
1	22	甲	30万元	2012.01.22	购买B公司30万元货物属实，但款项已于2011年12月25日用支票支付。
2	57	乙	50万元	2012.01.19	因产品质量不符合要求，根据购货合同，于2011年12月29日将货物退回。
3	63	丙	64万元	2012.01.19	2011年12月10日收到B公司委托本公司代销的货物64万元，尚未销售。
4	133	丁	70万元	地址误，退回	

要求：针对上述各种异常情况，C注册会计师应分别实施哪些相应的审计程序？

3. 注册会计师王一在对甲公司应收账款进行审计时了解到，该公司年末应收账款有220个明细账，余额共计3 000万元，总资产8 000万元。上年审计中发现函证的差异较大，有关内部控制也不够健全，而且，上年虽提交了管理建议书，但甲公司并未按照建议对内部控制进行改进和完善。应收账款明细账中的部分情况如下：

A客户：余额185万元，账龄2个月；

B客户：余额30万元，账龄9个月；

C客户：余额4万元，账龄3个月；

D客户：余额1万元，账龄2年零3个月。

要求：

（1）对应收账款进行函证有两种方案，一是函证22个客户，二是函证100个客户，你认为选哪个？为什么？

（2）你认为对A、B、C、D应分别采用何种方式函证？为什么？

（3）若B客户回函表示该笔款项已于10月24日付讫，你认为甲公司账上尚有30万元余额的原因是什么？注册会计师应如何对此进行处理？

（4）如函证结果有较大差异，你认为注册会计师该怎么做？

4. 2012年1月15日上午9时，审计人员对A公司的库存现金进行突击审计。经过清点，实际库存情况如下：

（1）现钞有：100元币9张、50元币15张、10元币20张、5元币50张、2元币40张、1元币20张、5角币10张、2角币10张、1角币15张。

（2）尚未入账的收入凭证3张，计2 520元。

（3）尚未入账的支出凭证5张，计1 556元，其中支出手续不完备的付款凭证2张，计1 200元。盘点日（1月15日）的库存现金账面余额为1 244.5元，2012年1月1日至盘点日止收入3 226元，支出3 075.82元。2011年12月31日库存现金账面余额1 981.32元。

要求：请编制A公司库存现金监盘表，并指出该单位在库存现金管理上存在什么问题，提出审计意见。

作业二

第四章至第七章

一、单选题

1. 审计责任（　　）被审计单位的会计责任。

A. 可以替代　　B. 可以减轻　　C. 可以免除　　D. A、B、C 都不正确

2. 在对会计报表进行分析后，确定资产负债表的重要性水平为 200 万元，利润表的重要性水平为 100 万元，则一般情况下注册会计师应确定的会计报表层次重要性水平为（　　）。

A. 100 万元　　B. 150 万元　　C. 200 万元　　D. 300 万元

3. 在终结审计之前对控制风险的最终评估水平，如与初步评估结论不一致，注册会计师应当（　　）。

A. 重新了解内部控制

B. 重新执行控制测试

C. 重新确定重要性水平和可接受审计风险水平

D. 考虑是否追加相应的审计程序

4. 如果管理层不认可对财务报告的责任，或不同意提供书面声明，注册会计师将不能获取充分适当的审计证据。在这种情况下，注册会计师承接此类审计业务是（　　）。

A. 恰当的

B. 不恰当的

C. 不恰当的，除非法律法规另有规定

D. 恰当的，除非法律法规另有规定

5. 管理层认可并理解编制财务报表的责任（　　）注册会计师执行审计工作至关重要的前提。

A. 是　　B. 基本上是

C. 不是　　D. 基本上不是

6. 注册会计师将分析性复核直接作为实质性测试时，应当考虑的主要因素是（　　）。

A. 相关内部控制的有效性　　B. 出具审计报告的时间要求

C. 分支机构的分布区域　　D. 助理人员的知识和经验

7. 在编制审计计划时，注册会计师应当对重要性水平做出初步判断，以确定（　　）。

A. 所需审计证据的数量　　B. 可容忍误差

C. 初步审计策略　　D. 审计意见类型

8. 注册会计师在评价审计结果时汇总的错报或漏报不包括（　　）。

A. 已发现尚未调整的错报或漏报

B. 推断的错报或漏报

C. 被审计单位未做适当处理的期后事项

D. 前期发现的被审计单位已做调整的错报或漏报

9. 下列各项中，属于注册会计师总体审计计划审核事项的是（　　）。

A. 审计程序能否达到审计目标

B. 审计程序能否适合各审计项目的具体情况

C. 对审计重要性的确定和审计风险的评估是否恰当

D. 重点审计程序的制定是否恰当

10. 在资产负债表日至财务会计报告批准日之间发生的下列事项中，属于资产负债表日后调整事项的是：（　　）。

A. 新证据表明资产负债表日对长期建造合同应计收益的估计存在重大误差

B. 自然灾害导致资产重大损失

C. 计划对资产负债表日存有的债务进行债务重组

D. 外汇汇率发生较大变动

11. （　　）是指某一账户或交易类别单独或连同其他账户、交易时产生错漏报，而未能被内部控制防止、发现或纠正的可能性。

A. 固有风险　　B. 重大错报风险

C. 经营风险　　D. 控制风险

12. 下列有关重要性的表述中，不恰当的是（　　）。

A. 如果合理预期错报可能影响财务报表使用者依据财务报表作出的经济决策，则通常认为错报是重大的

B. 判断某事项对财务报表使用者是否重大时，应考虑错报对个别财务报表使用者的影响

C. 对重要性的判断是根据具体环境作出的

D. 对重要性的判断受错报的金额或性质的影响或受两者共同作用的影响

13. 下列陈述中不恰当的是（　　）。

A. 审计人员了解被审计单位及其环境后若评估确定的重要性水平较低，则说明其面临较高的审计风险

B. 审计人员了解被审计单位及其环境后若评估确定的重要性水平越低，则说明审计风险越高，需要实施的审计程序越多

C. 审计人员确定的重要性水平偏低会导致其错误高估审计风险，实施没有必要的审计程序，从而影响审计效率

D. 审计人员按照计划确定的重要性水平实施审计程序后，如果决定接受更低的重要性水平，则审计风险将降低

14. 内部控制应实现的目标是（　　）财务报告的可靠性、经营的效率和效果、经营的合法性。

A. 绝对保证　　B. 相对保证　　C. 合理保证　　D. 某种程度保证

15. 风险评估，是指管理层识别并采取相应行动和措施，来管理和控制对经营、财务报告、符合性目标有影响的内部或外部风险，包括风险识别和（　　）。

A. 风险应对　　B. 风险控制　　C. 风险估计　　D. 风险分析

16. 审计人员在了解与财务报告相关的信息系统时，应特别关注由于管理层凌驾于账户记

录控制之上，或规避控制行为而产生的（　　）。

A. 重大舞弊风险　　B. 重大漏报风险
C. 重大错报风险　　D. 重大失误风险

17. 不仅审计人员对内部控制予以关注，（　　）也应关注内部控制。

A. 治理层　　B. 管理层　　C. 监管部门　　D. 出资人

18. 相对于自动控制，人工控制（　　）。

A. 可靠性较差　　B. 主观性强　　C. 更贴近实际　　D. 有效性强

19.（　　）指审计人员根据被审计单位的业务类型、业务循环、内部控制等，将内部控制的必要事项系统地以表格形式加以罗列。

A. 文字描述法　　B. 调查问卷法
C. 流程图法　　D. A、B、C 的综合运用

20. 财务报表层次的重大错报风险通常与（　　）有关。

A. 控制环境　　B. 风险评估
C. 信息系统与沟通　　D. 控制活动

21. 下列措施中属于风险转移的是（　　）。

A. 变更、取消审计业务委托　　B. 内审外包
C. 聘请专家协助审计　　D. 委托更有经验的审计人员

22. 当风险发生概率高，后果损失大时，审计人员应采取的应对策略为（　　）。

A. 风险减轻　　B. 风险自担　　C. 风险回避　　D. 风险转移

23. 管理建议书不具有（　　）。

A. 参考作用　　B. 举证作用　　C. 鉴证作用　　D. 审计增值作用

24. 审计抽样不适用于（　　）。

A. 控制测试　　B. 实质性测试
C. 所有的审计程序　　D. 以上选项都正确

25. 可信赖程度是 95%，则下列说法正确的是（　　）。

A. 抽样结果有 5%的可能性代表了总体的特征
B. 抽样结果有 95%的可能性代表了总体的特征
C. A、B 都不对
D. 有 2.5%的可能性没有代表总体特征

26. 抽样审计可运用的程序是（　　）。

A. 函证　　B. 询问　　C. 观察　　D. 分析性复核

27. 用于内部控制测试的抽样技术是（　　）。

A. 变量抽样　　B. 属性抽样　　C. 整群抽样　　D. 统计抽样

28. 统计抽样与非统计抽样（　　）。

A. 两者都可以用概率论方法评价审计风险
B. 两者都不可以用概率论方法评价审计风险
C. 前者可以用概率论方法评价审计风险，而后者不能
D. 后者可以用概率论方法评价审计风险，而前者不能

29. 从预计总体误差率为零开始，边抽样边评价来完成抽样工作的方法是（　　）。

A. 变量抽样　　B. 发现抽样　　C. 属性抽样　　D. 停—走抽样

30. 审计人员采用系统选样法从 8 000 张凭证中选取 200 张作为样本，确定随机起点为凭证编号的第 35 号，则抽取的第 5 张凭证的编号应为（　　）号。

A. 155　　B. 235　　C. 200　　D. 195

31. 在实质性测试中，审计人员推断总体误差后，如其超过可容忍误差，则应当（　　）。

A. 增加样本量

B. 发表保留意见

C. 增加样本量或执行替代审计程序

D. 执行替代审计程序

32. 如果其他数量因素不变，而将信赖过度风险从 10%降到 5%，则所需样本规模将会（　　）。

A. 增加　　B. 不变　　C. 减少　　D. 无法确定

33. 非标准审计报告不包括（　　）。

A. 带说明段的无保留意见审计报告

B. 不带说明段的无保留意见审计报告

C. 保留意见的审计报告

D. 否定意见或无法表示意见的审计报告

34. 审计人员被委托人严重地限制了审计范围，应签发（　　）。

A. 带说明段的无保留意见审计报告　　B. 无法表示意见的审计报告

C. 否定意见的审计报告　　D. 标准无保留意见的审计报告

35. 注册会计师出具无保留意见的审计报告，如果认为必要，可以在（　　）增加说明段，增加对重要事项的说明。

A. 意见段之后　　B. 范围段之后

C. 意见段或范围段之后　　D. 审计报告附注

36. 注册会计师王某在 2012 年 3 月 15 日完成了对 ABC 股份有限公司 2011 年度会计报表的外勤审计工作，该公司于 4 月 5 日对外公布了已审会计报表，则审计报告日期为（　　）。

A. 2011 年 12 月 31 日　　B. 2012 年 3 月 15 日

C. 2012 年 4 月 5 日　　D. 2012 年 4 月 30 日

37. 股份有限公司委托会计师事务所审计，其审计报告的收件人应为（　　）。

A. 股份有限公司全体职工　　B. 股份有限公司董事会

C. 股份有限公司全体股东　　D. 股份有限公司董事长

38. 审计报告一般由（　　）编制，由（　　）复核。

A. 审计项目负责人，会计师事务所的业务负责人

B. 负责该项目的合伙人，主任会计师

C. 审计项目负责人，负责该项目的合伙人

D. 会计师事务所的业务负责人，负责该项目的合伙人。

39. 下列不属于鉴证业务的是（　　）。

A. 预测性财务信息审核　　B. 注册资本验证

C. 税务代理　　D. 财务报表审阅

40. 下列对审计抽样的表述中，不恰当的是（　　）。

A. 风险评估程序通常不涉及审计抽样

B. 如果审计人员在了解控制的设计和确定控制是否得到执行的同时计划和实施控制测试，则可能涉及审计抽样，但此时审计抽样仅适用于控制测试
C. 当控制的运行留下轨迹时，审计人员可以考虑使用审计抽样实施控制测试
D. 在实施实质性分析程序时，审计人员可以使用审计抽样

41. 下列对统计抽样与非统计抽样方法的说法中，不恰当的是（　　）。
A. 统计抽样的优点在于能够客观地计量抽样风险，并通过调整样本规模精确地控制风险
B. 统计抽样有助于审计人员高效地设计样本，计量所获取证据的充分性，以及定量评价样本结果
C. 非统计抽样如果设计适当，也能提供与设计适当的统计抽样方法同样有效的结果
D. 审计人员使用非统计抽样时，也必须考虑抽样风险并将其降至可接受水平，同样也能精确地测定出抽样风险

42. 审计人员在控制测试确定规模时，没有必要考虑的因素是（　　）。
A. 可接收的信赖过度风险　　B. 预计总体偏差率
C. 总体变异性　　D. 可容忍偏差率

43. 审计人员运用分层抽样方法的主要目的是（　　）。
A. 减少样本的非抽样风险
B. 可以用于实质性分析程序
C. 重点审计比较重大的项目，并减少样本量
D. 无偏见地选取样本项目

44. 审计人员了解控制环境通常考虑的因素是（　　）。
A. 内部控制的人工成分
B. 内部控制的自动化成分
C. 董事会对内部控制重要性的态度和认识
D. 对控制的监督

45. 下列情形中最不适合由人工控制的是（　　）。
A. 难以定义、防范或预见的错误　　B. 大额、异常或偶发的交易
C. 监督自动化控制的有效性　　D. 大量或重复发生的交易

46. 下列关于财务报表层次重大错报风险的说法中，不恰当的是（　　）。
A. 通常与控制环境有关
B. 与财务报表整体存在广泛联系
C. 可能影响多项认定
D. 可以直接界定于某类交易、账户余额和披露的具体认定

47. 注册会计师采用风险评估程序了解被审计单位及其环境的恰当时间是（　　）。
A. 在承接客户和续约时　　B. 在制定审计计划时
C. 在进行期中审计时　　D. 贯穿于整个审计过程的始终

48. 注册会计师实施的下列控制测试程序中，通常能获取最可靠的审计证据的是（　　）。
A. 询问　　B. 检查控制执行留下的书面证据
C. 观察　　D. 重新执行

二、多选题

1. 在评价审计结果时，如果被审计单位尚未调整的错报或漏报的汇总数超过重要性水平，

注册会计师应当采取的措施包括（ ）。

A. 扩大实质性测试范围　　B. 扩大控制测试范围

C. 提请被审计单位调整会计报表　　D. 发表保留意见或否定意见

2. 下列说法中正确的有（ ）。

A. 重要性水平越高，审计风险越低

B. 重要性水平越低，应当获取的审计证据越多

C. 样本量越大，抽样风险越大

D. 可容忍误差越小，需选取的样本量越大

3. 下列说法中正确的有（ ）。

A. 审计风险是指财务报表存在重大错报时注册会计师发表不恰当审计意见的可能性

B. 重大错报风险是指财务报表在审计前存在重大错报的可能性

C. 固有风险是指在考虑相关的内部控制之前，某类交易、账户余额或披露的某一认定易于发生错报的可能性

D. 控制风险是指某类交易、账户余额或披露的某一认定发生错报，该错报单独或连同其他错报是重大的，但没有被内部控制及时防止或发现并纠正的可能性

4. 下列关于审计风险模型中各风险要素的说法中，恰当的有（ ）。

A. 审计风险是预先设定的

B. 审计风险是审计人员审计前面临的

C. 重大错报风险是评估的

D. 检查风险是审计人员通过实质性程序控制的

5. 以下各项表述中，恰当的有（ ）。

A. 可信赖程度要求越高，需选取的样本量越大

B. 划分的次级总体越多，需选取的样本量越大

C. 可容忍误差越小，需选取的样本量越大

D. 预期误差越小，需选取的样本量越大

6. 注册会计师执行年度会计报表审计时，运用重要性原则的目的主要有（ ）。

A. 提高审计效率　　B. 保证审计质量

C. 查处错误与舞弊　　D. 提高会计信息质量

7. 注册会计师未取得年末会计报表时，需对重要性水平做初步判断，应（ ）确定会计报表层的重要性水平。

A. 根据期中会计报表

B. 等年末会计报表编制完成

C. 根据期中会计报表进行推算得出年末会计报表

D. 根据上年度会计报表做必要修正得出年末会计报表

8. 注册会计师运用分析性复核程序的主要目的包括（ ）。

A. 在审计计划阶段，帮助确定控制风险水平

B. 在审计计划阶段，帮助确定审计程序的性质、时间和范围

C. 在实施阶段，直接作为实质性测试程序，以提高审计效率及结果

D. 在审计报告阶段，对会计报表进行整体复核

9. 下列情况中，注册会计师应当合理运用重要性原则的有（　　）。
A. 确定是否接受委托
B. 确定审计程序的性质、时间和范围
C. 执行审计结果
D. 评价审计结果
10. 审计项目负责人编制具体审计计划，应包括具体项目的（　　）。
A. 审计目标　　B. 审计步骤
C. 执行人及执行时间　　D. 审计工作底稿的索引号
11. 审计报告阶段的主要工作内容有：（　　）。
A. 鉴定和评价收集到的审计证据　　B. 复核审计工作底稿
C. 形成审计意见　　D. 编写审计报告
12. 内部控制应实现的目标是合理保证（　　）。
A. 财务报告的可靠性　　B. 经营的效率和效果
C. 经营的合法性　　D. 财务报告的准确性
13. 下列属于控制环境的构成要素有（　　）。
A. 对胜任能力的重视　　B. 治理层的参与程度
C. 组织结构及人力资源政策与实务　　D. 职权与责任的分配
14. 可能产生风险的事项和情形包括（　　）。
A. 新员工的加入　　B. 业务快速发展
C. 新会计准则的应用　　D. 发展海外经营
15. 风险评估是指管理层识别并采取相应行动和措施，来管理和控制对经营、财务报告、符合性目标有影响的内部或外部风险，包括（　　）。
A. 风险识别　　B. 风险分析　　C. 风险控制　　D. 风险应对
16. 控制活动包括（　　）。
A. 授权　　B. 业绩评价　　C. 信息处理　　D. 实物控制
17. 审计人员通常实施（　　）程序，以获取有关控制设计和执行的审计证据。
A. 询问　　B. 检查文件和报告
C. 观察特定控制运用　　D. 穿行测试
18. 审计人员可以采用（　　）对被审计单位内部控制进行了解与评价。
A. 文字描述法　　B. 调查问卷法
C. 流程图法　　D. A、B、C的综合使用
19. 控制测试的程序有（　　）。
A. 询问　　B. 检查
C. 观察与控制　　D. 重新执行
20. 管理建议书是（　　）。
A. 审计报告的一种形式　　B. 审计增值的一种服务形式
C. 起风险转移作用　　D. 仅供管理当局内部参考
21. 审计抽样按总体特征划分为：（　　）。
A. 统计抽样　　B. 非统计抽样
C. 属性抽样　　D. 变量抽样

22. 以下关于统计抽样的表述正确的有：(　　)。
A. 样本的选取是随机的
B. 总体中各项目被抽中的机会是均等的
C. 将误差控制在预定范围内
D. 客观地评估审计结果和审计工作质量
23. 在进行控制测试时，注册会计师主要面临的抽样风险有：(　　)。
A. 信赖不足风险　　B. 信赖过度风险
C. 误拒风险　　D. 误受风险
24. 在进行实质性测试时，注册会计师主要面临的抽样风险有：(　　)。
A. 信赖不足风险　　B. 信赖过度风险
C. 误拒风险　　D. 误受风险
25. 样本的选取方法有：(　　)。
A. 随机选样　　B. 系统选样
C. 货币单位选样　　D. 任意选样
26. 评价抽样结果的具体步骤是（　　）。
A. 分析抽样误差　　B. 推断总体误差
C. 重估抽样风险　　D. 形成审计结论
27. 审计人员在设计样本时，应当考虑的基本因素包括（　　）。
A. 审计目标和分层　　B. 审计对象总体与抽样单位
C. 抽样风险和非抽样风险　　D. 可信赖程度和可容忍误差
28. 影响审计效率的抽样风险类型有（　　）。
A. 信赖过度风险　　B. 信赖不足风险
C. 误受风险　　D. 误拒风险
29. 下列因素中，与所选取的样本数量同向变动的有（　　）。
A. 可容忍误差　　B. 可信赖程度
C. 预期总体误差　　D. 检查风险
30. 当注册会计师出具（　　）的审计报告时，应当在意见段之前增加说明段，以说明所持意见的理由。
A. 带说明段的无保留意见　　B. 保留意见
C. 否定意见　　D. 无法表示意见
31. 在（　　）情况下，注册会计师可以出具带说明段的无保留意见审计报告。
A. 重大不确定事项（持续经营问题除外）
B. 注册会计师同意偏离已颁布的会计准则
C. 强调某一事项
D. 涉及其他注册会计师工作
32. 出具保留意见审计报告是因为保留事项的存在，这些保留事项主要有（　　）。
A. 未调整事项　　B. 审计范围受到局部重要限制
C. 不符合一贯性原则的事项　　D. 未确定事项
33. 主审注册会计师如果决定在审计报告中提及其他注册会计师的工作，应当指明（　　）。
A. 双方的审计范围

B. 双方的责任

C. 双方执行的主要审计程序

D. 由其他注册会计师审计的资产总额、营业收入等占被审计单位会计报表整体各该项目的比例

34. 下列属于鉴证业务的是（　　）。

A. 预测性财务信息审核　　B. 注册资本验证

C. 财务报表审阅　　D. 税务代理

35. 在连续审计的情况下，（　　）可能导致注册会计师修改审计业务约定条款或提醒被审计单位注意现有的业务约定条款。

A. 有迹象表明被审计单位误解审计目标和范围

B. 被审计单位高级管理人员近期发生变动

C. 财务报告编制基础发生变更

D. 被审计单位的税务业务外包

36. 注册会计师在制定总体审计策略时应当考虑以下主要事项：（　　）

A. 确定审计范围

B. 审计报告目标、时间安排及所需沟通的性质

C. 确定审计方向

D. 所需要的审计资源

37. 注册会计师应当为审计工作制定具体审计计划。具体审计计划的内容应当包括（　　）。

A. 计划实施的风险评估程序的性质、时间和范围

B. 计划实施的进一步审计程序的性质、时间和范围

C. 需要实施的其他审计程序的性质、时间和范围

D. 导致注册会计师难以实施必要审计程序的情形和原因

38. 下述表述恰当的有（　　）。

A. 审计人员选用统计抽样比非统计抽样更能获取充分、适当的审计证据

B. 统计抽样是以概率论和数理统计为理论基础的抽样方法，有助于审计人员高效设计样本

C. 审计抽样是指审计人员对具有审计相关性的总体中低于100%的项目实施审计程序，使所有抽样单元都有被选取的机会

D. 只要设计得当，不论是统计抽样还是非统计抽样均能达到获取有效证据的目的

39. 审计人员事先需要定义构成误差的条件。下列对误差的描述中恰当的有（　　）。

A. 在控制测试中，误差是指控制偏差

B. 在控制测试中，误差是指内部控制的缺陷

C. 在细节测试中，误差就是可容忍错报

D. 在细节测试中，误差是指错报

40. 下列表述中，不恰当的有（　　）。

A. 审计抽样适用于财务报表审计的所有审计程序

B. 统计抽样的产生并不意味着非统计抽样的消亡

C. 统计抽样能够减少审计过程中的专业判断

D. 对可信赖程度要求越高，需选取的样本量应越大

41. 审计人员通常实施下列风险评估程序，以获取有关控制设计和执行的审计证据：（　　）。

A. 询问被审计单位人员

B. 观察特定控制的运用

C. 检查文件和报告

D. 追踪交易在财务报告信息系统中的处理过程（穿行测试）

42. 下列情形可能表明内部控制存在重大缺陷的有（　　）。

A. 被审计单位管理层串通舞弊

B. 被审计单位内部控制未执行

C. 控制环境薄弱

D. 被审计单位管理层修订了原来有效但已不适应经济环境变化的控制措施

43. 以下属于审计人员实施的风险评估程序有（　　）。

A. 询问管理层　　B. 分析程序　　C. 观察和检查　　D. 重新执行

44. 审计人员应当运用职业判断，考虑一项控制单独或连同其他控制是否与评估重大错报风险有关，应当考虑的因素有（　　）。

A. 被审计单位的规模

B. 被审计单位经营的多样性和复杂性

C. 法律法规和监管要求

D. 作为内部控制组成部分的系统的性质和复杂性

45. 控制活动是指有助于确保管理层的指令得以执行的政策和程序，包括（　　）。

A. 授权与业绩评价　　B. 信息处理

C. 实务控制　　D. 职责分离

46. 针对特别风险计划和实施进一步审计程序时，审计人员可能采取的做法有（　　）。

A. 实施控制测试和实质性程序

B. 实施细节测试和实质性分析程序

C. 仅实施控制测试

D. 仅实施实质性分析程序

47. 以下适合审计人员实施较大控制测试范围的情形有（　　）。

A. 控制执行的频率低

B. 控制的预期偏差率低

C. 对审计证据的相关性和可靠性的要求高

D. 拟信赖控制运行有效性的期间长

三、判断题

1. 如果一项错报可能影响财务报表使用者依据财务报表作出的经济决策，则该项错报是重要的。（　　）

2. 不同规模的企业或不同行业、不同经济业务的会计报表，若同一项目错报了同一金额，其重要性的界定是相同的。（　　）

3. 规模大的企业，其重要性水平的绝对值一般比规模小的企业要大，但相对值一般要比

规模小的企业小。（　　）

4. 审计人员在确定各账户和各类交易的重要性水平时，对于重要的账户或交易，应当从低制定重要性水平；对于出现错报可能性较大的账户或交易，可以将重要性水平确定得高一些。（　　）

5. 若实质性测试可接受的检查风险为“低”，则实质性测试的范围为较小样本、较多证据。（　　）

6. 存货监盘结果既能证明存货是否存在、有无毁损短缺，又能证明存货的计价及所有权。（　　）

7. 审计证据是否相关必须结合具体审计目标考虑，例如检查期后应收账款收回的记录和文件可以提供有关存在和计价的审计证据，但不一定与期末截止是否适当相关。（　　）

8. 审计人员在审计取证时，要以尽可能小的成本获取审计证据。（　　）

9. 审计人员填制的审计工作底稿，不得被删减或修改。（　　）

10. 现金、存货、固定资产等审计工作底稿记录的重要审计事项作为形成审计意见和审计决定的证明材料使用时，必须有相关单位责任人的签名和盖章。（　　）

11. 如果内部控制制度中存在补充控制，错报的可能性大大降低了，内部控制缺陷就不再是审计人员需要关注的问题。（　　）

12. 如果内部控制制度经评价是健全并有效的，应视为“可信赖”，可据此进行控制测试，反之，则不需进行控制测试，也不需进行实质性测试。（　　）

13. 因为重要性水平是针对整个会计报表而言的，所以注册会计师对报表项目存在的小金额错报或漏报可以不必考虑。（　　）

14. 为了节省审计成本，注册会计师可以将与高信赖程度内部控制相关的账户余额或交易的重要性水平定得低一些。（　　）

15. 在审计实施阶段，注册会计师可以将分析性复核直接作为实质性测试程序，以收集与账户余额和各类交易相关的各类特殊认定的证据。（　　）

16. 在对重要性水平做出初步判断时，注册会计师无须考虑被审计单位内部控制的有效性。（　　）

17. 在评价审计结果时，如果尚未调整的错报、漏报的汇总数超过重要性水平，注册会计师应当考虑扩大实质性测试范围或提请被审计单位调整会计报表。（　　）

18. 初步评估的控制风险越低，注册会计师就应获取越多的关于内部控制设计合理和运行有效的证据。（　　）

19. 注册会计师可以同被审计单位就总体审计计划进行讨论，并协调工作，因此，审计计划可以由注册会计师同被审计单位共同编制。（　　）

20. 统计抽样是指审计人员根据执业经验和判断能力来确定样本进行审查，并以样本的审查结果推断总体的审计抽样方法。（　　）

21. 在审计抽样过程中，无论是统计抽样还是非统计抽样，都离不开审计人员的专业判断。统计抽样不能减少或取代专业判断。（　　）

22. 信赖不足风险和误受风险对审计人员来说是最危险的风险，因为它们使审计无法达到预期的审计效果。（　　）

23. 可容忍误差越大，所需选取的样本量就越大。（　　）

24. 行政事业单位不需要内部控制。（　　）

25. 内部控制的最终目标是对财务报告的可靠性、经营的效率和效果、经营的合法性的合理保证。（　　）

26. 组织结构不属于控制环境的构成要素。（　　）

27. 风险评估，是指管理层识别并采取相应行动和措施，来管理和控制对经营、财务报告、符合性目标有影响的内部或外部风险，不包括风险分析。（　　）

28. 若预计控制成本大于控制效果时，也应该设置控制环节或控制措施。（　　）

29. 除非存在某些可以使控制得到一贯运行的自动化控制，审计人员对控制的了解并不能够代替对控制运行有效的测试。（　　）

30. 只有当实施实质性程序不足以提供认定层次充分适当的审计证据时，审计人员才应当实施控制测试。（　　）

31. 风险应对的最终目的是将审计风险降至可接受的水平。（　　）

32. 管理建议书具有鉴证作用。（　　）

33. 如果注册会计师无法取得充分且适当的审计证据，则可视情况发表保留意见、否定意见或无法表示意见的审计报告。（　　）

34. 如果专家工作结果导致注册会计师出具带说明段的审计报告，注册会计师可以考虑在说明段提及专家的工作，包括专家的身份与参与程度及其应承担的责任。（　　）

35. 委托人将审计报告以及已审会计报表一同提交给使用人可以减轻编报单位对会计报表的真实性、公允性所负的责任。（　　）

36. 当出具无法表示意见及否定意见的审计报告时，注册会计师可以删除注册会计师的责任段。（　　）

37. 注册会计师并非在所有审计程序中都可以使用审计抽样。（　　）

38. 注册会计师需要了解和评价被审计单位所有的内部控制。（　　）

四、审计实务分析题

1. 注册会计师李力在对夏华公司存货项目的相关内部控制进行研究评价之后，发现公司存在以下六种可能导致错误的情况：

（1）所有存货都未经盘点；

（2）接近资产负债表日前入库的产成品可能已计入存货项目，但未进行相关会计记录；

（3）由甲公司代管的A材料可能并不存在；

（4）甲公司存放于夏华公司仓库内的B材料可能已计入该公司的存货项目；

（5）存货计价方法已作变动；

（6）公司以前年度未作过审计。

要求：请按下述要求，填列表格。

（1）为了证实上述情况是否真正导致错误，李力应分别执行的最主要的实质性测试程序是什么？

（2）李力执行的实质性测试程序能够实现哪些审计目标？

（3）李力执行各项实质性测试程序所获得的审计证据，如按其外形特征可划分为哪些种类？

序号	审计程序	审计目标	审计证据种类
（1）			
（2）			
（3）			
（4）			
（5）			
（6）			

2. 注册会计师对Y公司进行2009年度会计报表审计。Y公司主要经营计算机硬件的开发、集成与销售，计算机在安装并经客户验收后开具发票并确认收入。注册会计师在编制审计计划时，准备在Y公司2009年度所开具的全部发票中，采用固定样本量抽样法随机抽取若干发票进行控制测试，检查样本发票是否有对应的安装验收报告。注册会计师确定的预期总体误差率为1%，可容忍误差为4%，信赖过度风险为5%，在95%的可信赖程度下，控制测试的样本量表如下：

预期总体误差	可容忍误差率			
（%）	3%	4%	5%	6%
0.75	208（1）	117（1）	93（1）	78（1）
1		156（1）	93（1）	78（1）
1.25		156（1）	124（2）	78（1）
1.5		192（3）	124（2）	103（2）

要求：

（1）针对检查样本发票是否有对应的安装验收报告这项控制测试，根据题目所给条件，定义“误差”，确定样本量。

（2）根据以下两种情况评价抽样结果：

A. 抽样查出的误差数为1，且没有发现舞弊或逃避内部控制的情况；

B. 抽样查出的误差数为3，且没有发现舞弊或逃避内部控制的情况。

3. 上海立信会计师事务所于2010年2月15日接受委托对ABC股份有限公司2009年度财务报表进行审计，该公司注册资本为2 000万元，审计前财务报表的资产总额为5 000万元。注册会计师在计划阶段确定的重要性水平为90万元，而在完成阶段确定的重要性水平100万元。2010年3月15日注册会计师完成了外勤审计工作，在复核工作底稿撰写审计报告时，发现以下需要考虑的事项：

（1）该公司一幢建于1978年的办公楼出现裂缝，原值200万元，预计使用年限50年，已计提折旧。专家鉴定后其预计使用年限由50年改为40年，决定从2009年起改变年折旧率，但该公司同意在2009年年报中作相应披露。

（2）该公司在国外的一家联营企业据称有67.5万元的长期投资，投资收益为36.5万元，这些金额已列入2009年的净收益，但注册会计师未能取得上述联营企业经审计的财务报表。受公司记录性质的限制，也未能采取其他程序查明此项长期投资和投资收益的金额是否属实。

（3）该公司全部存货占资产总额的50%以上，放置于邻近单位仓库内。由于此仓库倒塌尚未清理完毕，不仅无法估计损失，也无法实施监盘程序。

（4）由于存货使用受到仓库倒塌的限制，正常业务收到严重影响，可能影响即将到期的100万元债务。

（5）2009年10月间，该公司被控侵犯专利权，对方要求收取专利权费并加收罚款，公司已提出辩护，此案正在审理之中，最终结果无法确定。

要求：逐一分析上述五种情况，分别对每种情况指出应出具的审计报告类型，并简要说明理由。将答案填入下列表格中。

标号	审计报告意见类型	简 明 原 因
（1）		
（2）		
（3）		
（4）		
（5）		

4. 某企业仓库保管员负责登记存货明细账，以便对仓库中所有存货项目的收、发、存进行永续记录。当收到验收部门送交的存货和验收单后，根据验收单登记存货明细账。平时，各车间或其他部门如果需要领取原材料，要填写领料单，仓库保管员根据领料单发出原材料。该企业辅助材料的用量很少，因此领取辅助材料时，没有要求使用领料单。各车间经常有辅助材料剩余（根据每天特定工作购买而未消耗掉，但其实还可再为其他工作所用），这些材料由车间自行保管，无须通知仓库。如果仓库保管员有时间，偶尔也会对存货进行实地盘点。根据上述描述，你认为该企业的内部控制有什么弱点？并简要说明该缺陷可能导致的错弊。

作业三

第八章至第十章

一、单选题

1. 对被审计单位2011年财务报表进行审计，审计人员应关注其财务危机，以下各种信号中能够反映财务危机的是（　　）。

A. 失去了重要的供应商

B. 存在大量不良资产且长期未作处理

C. 财务主管离职后无人接替

D. 会计政策发生变更

2. 如果被审计单位利润表中有净利润，但经营活动现金流量却是负值，为了查找应收账款和存货存在错误的可能性，审计人员应采用的方法是（　　）。

A. 监盘　　B. 询问　　C. 函证　　D. 检查合同

3. 对关联方交易审查时，审计人员应当重点审查（　　）。

A. 确认关联方的权利和义务　　B. 函证关联方的真实性

C. 关联方交易的披露　　D. 证实关联方交易价格的公允性

4. 审计人员对被审计单位的利润进行趋势分析，发现其中某事业部的利润增长较多。经初步测试，管理模式和生产规模都没有变化，那么利润增长最可能源自（　　）。

A. 高估年末存货成本　　B. 低估年末应收账款

C. 产品竞争对手增加　　D. 供货商减少

5. 审计人员发现被审计单位净利润比预算降低，由此判断重点应审查（　　）。

A. 会计政策合理性

B. 会计方法一致性

C. 收入确认和存货计价方法有无变动

D. 应付账款确认合理性

6. 被审计单位的某产品毛利大幅度下降，审计人员调查了解毛利下降原因，首先应（　　）。

A. 分析废品损失及材料耗用

B. 检查生产记录及成本预算

C. 将营业收入明细账与原始凭证核对

D. 分析产品成本构成并与前期成本比较

7. 下列各项中，属于审查被审计单位应付职工薪酬总体合理性的审计程序是（　　）。

A. 抽查考勤表是否有被授权人的签字

B. 观察考勤、调配、工资结算等职责是否相互独立

C. 检查直接人工费的范围是否合规

D. 分析比较近三年和本年度各月份职工薪酬的变动情况

8. 在对被审计单位库存现金实施监盘过程中，负责清点现金的应当是（　　）。

A. 审计人员　　B. 出纳员　　C. 会计主管　　D. 仓库保管员

9. 审计人员审查库存现金时，发现账面结存 7 298.20 元，实际库存 6 028.20 元，另外有已经支付的 150 元劳务费和已报销的 520 元差旅费单据未入账。审计人员得出结论：（　　）。

A. 库存现金短缺 1 270 元　　B. 库存现金短缺 670 元

C. 库存现金短缺 600 元　　D. 库存现金溢余 600 元

10. 将本期现金流量表某项目数据与前期现金流量表相同项目数据进行比较，以揭示项目本身及其所反映经济内容的合理性，这种分析方法是（　　）。

A. 趋势分析法　　B. 比率分析法

C. 金额验证法　　D. 回归分析法

二、多选题

1. 审计人员应关注的财务报表舞弊关键信号包括（　　）。

A. 年末或季末收入大量增长

B. 销售增长超过行业水平，并不能被合理证明

C. 毛利率异常增长或其他异常变化

D. 年末之后销售政策变化

2. 审计人员为了核实被审计单位列示于资产负债表上的固定资产价值的真实性和正确性，需要审查的内容包括（　　）。

A. 固定资产采购的审批手续　　B. 固定资产的入账价值

C. 固定资产的增加与减少　　D. 固定资产的预算制度

3. 审计人员发现某公司报表年度发生大额非货币性交易，应提请被审计单位在财务报表附注中披露（　　）。

A. 非货币性交易和货币性交易的划分原则

B. 非货币性交易的类型

C. 非货币性交易的定价基础

D. 非货币性交易的金额及实现的损益

4. 检查编制利润表遵循会计原则的情况时主要侧重（　　）。

A. 谨慎性原则　　B. 权责发生制原则

C. 配比原则　　D. 实际成本计价原则

5. 根据货币资金业务内部控制的要求，出纳不可以承担的职责有（　　）。

A. 登记现金日记账　　B. 登记应收账款明细账

C. 编制银行存款余额调节表　　D. 编制和审核记账凭证

6. 审计人员通过直接向应收账款债务人进行肯定式函证，可以证实的内容有（　　）。

A. 应收账款债务人是否存在

B. 应收账款业务内部控制是否健全

C. 应收账款余额是否正确

D. 应收账款在财务报表附注中的披露是否恰当

7. 为查找资产负债表日未入账的应付款项，审计人员可实施的审计程序有（　　）。

A. 审查资产负债表日后货币资金支出凭证

B. 取得卖方对账单，并与应付款项明细表核对

C. 核对应付款项明细账与总账

D. 追踪资产负债表日之前签发的验收单

8. 被审计单位2011年12月30日采购一批货物并验收入库，2012年1月收到购货发票，2月支付货款，企业在收到购货发票前未作账务处理。审计人员据此判断该企业（　　）。

A. 2011年末货币资金被高估　　B. 2011年末存货被低估

C. 2011年末负债被低估　　D. 2011年度营业收入被高估

9. 下列有关函证银行存款余额的提法中，正确的有（　　）。

A. 银行存款余额为0的开户银行可以不函证

B. 对已获得银行对账单的开户银行可以不函证

C. 函证银行存款余额的同时，应一并收集贷款信息

D. 应向账户已结清，但被审计单位在本期存过款的银行发函

10. 下列各项中，属于财务报表编制程序控制的有（　　）。

A. 报表内容控制　　B. 结账控制

C. 对账控制　　D. 试算平衡控制

11. 下列有关固定资产计提折旧的表述中，审计人员认为正确的有（　　）。

A. 闲置的固定资产不需计提折旧

B. 当月增加的固定资产当月不计提折旧

C. 当月减少的固定资产当月需计提折旧

D. 经营租出的固定资产不需计提折旧

12. 下列各项中，属于对产品成本进行细节测试的有（　　）。

A. 运用分析性复核方法检查产品成本的总体合理性

B. 检查产品生产与管理各环节不相容职责的分离

C. 检查产成品出入库手续的完整性

D. 抽取部分成本计算单，复核产品成本计算的正确性

13. 对应付账款明细账进行审计时，下列各项中应重点审查的有（　　）。

A. 积欠已久而突然全部结清的账户　　B. 长期未能结清的账户

C. 业务发生频繁的账户　　D. 债权人不明确的账户

14. 审计人员对被审计单位存货实施监盘时，下列做法中正确的有（　　）。

A. 参与制订盘点计划　　B. 作为盘点小组成员进行盘点

C. 根据情况抽查盘点记录　　D. 自始至终监督盘点的进行

15. 财务报表审计的目标有（　　）。

A. 评价企业的经营业绩　　B. 证实报表内容的真实性

C. 确认报表编制方法的合规性　　D. 确认报表编制方法的一贯性

三、审计实务分析题

1. 注册会计师王一带领项目组于2010年3月审计x公司2009年度财务报表时，发现x公司在2007年8月为y公司向上海银行取得2年期、金额为100万元借款提供了担保。2009年8

月借款到期时，y公司因经营严重亏损，已进入破产清算阶段，无力偿还该笔借款。上海银行要求x公司按担保协议的约定最迟于2009年底代为偿还，但x公司置之不理。2010年初，上海银行就上述事项向法院起诉，要求x公司承担连带偿还责任，支付本息共110万元。2010年2月法院判决上海银行胜诉，该项判决易于2010年2月28日执行完毕。x公司在执行当日作了账务处理如下：

借：营业外支出110万元

贷：银行存款110万元

要求：

（1）请指出王一是否应基于担保发生于2007年8月而要求x公司调整2007年度财务报表？

（2）指出x公司在编制2009年度财务报表时是否需要根据y公司已无力偿还借款的事实和担保协议的约定进行相应的账务处理？如认为不需要，请说明理由；如认为需要，请列示会计分录。

（3）对所述的担保赔偿情况，注册会计师王一应向y公司提出何种审计建议？需要建议x公司调整财务报表的，请直接列示审计调整分录（无须考虑流转税费以及损益结转，也不考虑对所得税及利润分配的影响）。

2. 内部审计人员在审查某企业8月份基本生产车间设备折旧额时，发现如下记录：

（1）7月份该车间设备折旧额为32 600元，年折旧率为5%。

（2）7月份购入原值为65 000元设备一台，已安装完工并交付使用。

（3）7月份将原未使用的一台设备投入车间使用，其原值为35 000元。

（4）7月份交外单位大修设备一台，原值48 000元。

（5）7月份扩建完工新厂房一栋，已交付使用。该厂房原值600 000元，扩建工程支出150 000元，变价收入60 000元。

（6）8月份该车间设备折旧额为72 100元。

要求：说明审计方法，指出存在的问题并提出处理意见。

3. 审计人员接受委托对某公司2011年财务报告进行审计，发现下列事项：

（1）该公司某职工反映公司领导只抓利润忽视安全，该公司2011年木工车间失火，损失巨大。经查公司为修复厂房及核销火灾损失共支付 105 000 元，该公司将该项支出列入“管理费用——其他管理费用”。

（2）该公司技术科 2010 年租入试验设备 4 台，按合同规定每月支付租金 50 000 元，并按设备原价 6 000 000 元逐月计提折旧，折旧率为 5%，共计 300 000 元，两项共计 900 000 元，已计入管理费用。

（3）由于 2011 年出纳员岗位轮换，全年银行存款利息收入 25 000 元一直未做处理。

（4）职工宿舍全年生活用水用电共计 87 000 元，社会摊派款 30 000 元，企业自行组织职工外出休养开支交通费、住宿费等共计 5 600 元，均已列入管理费用。

要求：指出上述事项存在的问题，并提出审计意见。

4. 某会计师事务所接受委托，对盛达公司 2009 年度会计报表进行审计。审计人员审查后发现下列情况：

（1）被审计单位当年结转产品销售成本 212.5 万元，而实际应结转 193 万元。

（2）12 月 30 日，销售产品 5 万元，成本 3.5 万元，收到期限为 1 个月的银行承兑汇票一张，发票、提货单已交付购货方。会计部门未予入账，该产品已计入期末盘点存货内。

（3）被审计单位 12 月 10 日支付了 12 万元的下年度广告费，均已计入当年的期间费用。

（4）外销产品一批，销售成本 15 万元，已于 12 月 26 日运出，此产品系 CIF 付款条件下运输的货物，会计部门已贷记销售收入 20 万元。

要求：

（1）分析上述情况中存在的问题。

（2）根据有关资料填制简式利润表。

利润表

项目	未审数	调整数	审定数
主营业务收入	3 000 000		
减：主营业务成本	2 125 000		
主营业务利润	875 000		
减：期间费用	937 500		
利润总额	−62 500		

作业四

第十一章至第十二章

一、单选题

1. 审计人员应当了解管理层的点估计是否恰当，下述表述中，不正确的是（　　）。

A. 财务报告编制基础规定了管理层点估计

B. 在有些情况下，管理层可能有能力直接作出可靠的点估计

C. 在有些情况下，管理层只有在考虑了各个据以确定点估计的可供选择的假设或结果后，才可能作出可靠的点估计

D. 管理层的点估计是指管理层只有在财务报表中确认或披露一项会计估计而选择的金额

2. 审计人员通过询问管理层识别需要作出会计估计的情形时，应当询问的内容一般不包括（　　）。

A. 需要作出会计估计的交易的条款是否已经改变

B. 与会计估计相关的会计政策是否已按最新适用的财务报告编制基础进行了调整

C. 对与会计估计相关的人员是否进行了培训

D. 是否已经发生可能需要作出会计估计或修改现有估计的新情况或事项

3. 审计人员在测试管理层如何作出会计估计时，考虑不当的是（　　）。

A. 考虑外部数据或信息的来源、相关线和可靠性

B. 重新计算会计估计，并复核有关会计估计信息的内在一致性

C. 考虑管理层的会议所确定的经营目标

D. 测试会计估计所依据的数据的准确性、完整性和相关性

4. 评价会计估计的合理性并确定错报时，审计人员判断正确的是（　　）。

A. 审计人员的点估计与管理层的点估计之间的差异构成错报

B. 当审计证据支持点估计时，审计人员的点估计与管理层的点估计之间的差异构成错报

C. 审计人员的点估计与管理层的点估计之间的差异不构成错报

D. 管理层改变上期作出会计估计的方法时，审计人员可认为会计估计被管理层错报

5. 在了解关联方及其交易时，审计人员可能不会向管理层询问的事项有：（　　）。

A. 关联方的名称和特征，包括关联方自上期以来发生的变化

B. 关联方的经营情况和财务状况

C. 被审计单位和关联方之间关系的性质

D. 被审计单位在本期是否与关联方发生交易

6. 审计人员可能不会将与关联方交易导致的风险确定为特别风险的事项是（　　）。

A. 对涉及关联方的交易，极少进行独立复核和批准

B. 与关联方进行频繁的交易，该交易经治理层批准

C. 异常频繁变更高级管理人员或专业顾问

D. 关联方过度干涉重大会计估计的作出

7. 如果实施相关的审计程序后无法获取有关期初余额的充分、适当的审计证据，注册会计师应当对本期财务报表出具的审计报告意见类型是（　　）。

A. 否定意见　　B. 标准无保留意见

C. 保留意见或无法表示意见　　D. 无保留意见加强调事项段

8. 如果前任注册会计师对上期财务报表出具了非标准审计报告，且该事项对本期财务报表仍然相关且重大，则注册会计师应当对本期财务报表出具（　　）。

A. 保留意见审计报告　　B. 非无保留意见审计报告

C. 无法表示意见审计报告　　D. 否定意见审计报告

9. 当发现被审计单位存在严重违反法规行为时，注册会计师应当考虑（　　）。

A. 向被审计单位的审计委员会报告

B. 向监管机构报告

C. 出具否定意见的审计报告

D. 解除业务约定

10. 在评估舞弊导致的重大错报风险时，如果审计人员注意到客户存在以下情况时，应当着重考虑该客户编制虚假财务报告导致错报的风险：（　　）。

A. 存在大额现金被经手或处理的情形

B. 与银行存款相关的不相容职务的分离不充分，或独立审核不力

C. 对审计工作的完成或审计报告的出具提出不合理的时间限制

D. 对高层管理人员的差旅费、业务招待费等财务支出审查薄弱

11. 审计人员在财务报表审计中，下列行为中不属于侵占资产导致错报的舞弊行为的是（　　）。

A. 对财务信息作出虚假报告

B. 管理层或员工在购货时收取回扣

C. 贪污收入款项

D. 挪用实物资产

12. 下列关于特别风险的说法中，不正确的是（　　）。

A. 针对特别风险，仅实施实质性分析程序就可获取充分适当的审计证据

B. 舞弊导致的重大错报风险属于特别风险

C. 特别风险通常与重大的非常规交易和判断事项相关

D. 对于舞弊导致的特别风险，注册会计师在期末或接近期末实施实质性程序更有效

13. 如果投资者以货币资金出资，注册会计师不采用的验资依据是（　　）。

A. 银行对账单　　B. 银行函证回函

C. 被审验单位银行存款记账凭证　　D. 被审验单位开户银行出具的收款凭证

14. 下列属于注册会计师法定验资范围内工作的是：（　　）。

A. 设立验资　　B. 强制验资　　C. 委托验资　　D. 终结验资

15. 经济责任审计的基础是（　　）。

A. 管理责任审计　　B. 财政财务收支审计

C. 财经法纪审计　　D. 绩效审计

16. 企业管理审计的重点是（　　）。

A. 管理范围　　B. 管理目标　　C. 管理素质　　D. 管理时间

17. 经济责任审计的时间，严格地讲应该放在（　　）。

A. 任意　　B. 任职期初　　C. 任职期中　　D. 任职期末

18. 经济效益审计的主体是（　　）。

A. 国家审计机关及其审计人员　　B. 内部审计机构及其审计人员

C. 民间审计组织及其审计人员　　D. A、B、C都是

二、多选题

1. 如果期初余额存在对本期报表产生重大影响的错报，审计人员正确的做法有（　　）。

A. 应当告知管理层

B. 如果上期财务报表是由前任审计人员审计的，还应当考虑提请管理层告知前任审计人员

C. 如果错报的影响未得到正确的会计处理和恰当的列报，应当出具保留或否定意见的审计报告

D. 如果错报的影响未得到正确的会计处理和恰当的列报，应当出具保留或无法表示意见的审计报告

2. 编制财务报表也要求管理层建立针对会计估计的财务报告过程，这些过程通常包括（　　）。

A. 选择适当的会计估计或估值的方法和模型

B. 形成或识别影响会计估计的相关数据和假设

C. 定期复核需要作出会计估计和在必要时重新作出会计估计的情形

D. 对重大的会计估计变化作出说明

3. 在了解与会计估计相关的控制时，审计人员可能考虑以下事项和控制：（　　）。

A. 管理层作出会计估计的人员的经验与胜任能力

B. 管理层如何确定作出会计估计所使用的数据的完整性、相关性和准确性

C. 由适当层级的管理层或治理层对会计估计进行复核和批准

D. 将批准交易的人员和负责作出会计估计的人员进行职责分离

4. 针对评估的与关联方关系及其交易相关的重大错报风险，审计人员应当设计和实施下列进一步审计程序，以获取充分、适当的审计证据：（　　）。

A. 识别出可能表明存在管理层以前未识别出或未披露的关联方关系或交易的安排或信息

B. 识别出管理层以前未识别出或未披露的关联方关系或重大关联方交易

C. 识别出超出正常经营过程的重大关联方交易

D. 股东会和治理层的会议纪要

5. 上期财务报表由前任注册会计师审计，本任注册会计师对期初余额实施的审计程序有（　　）。

A. 查阅前任注册会计师的工作底稿

B. 考虑前任注册会计师的独立性和专业胜任能力

C. 与前任注册会计师沟通

D. 对流动资产和流动负债追加审计程序

6. 上期财务报表由前任注册会计师审计，本任注册会计师有必要实施以下审计程序获取有关期初持有存货的审计证据：（ ）。

A. 查阅前任注册会计师的工作底稿

B. 监盘当前的存货数量并调节至期初存货数量

C. 对期初存货项目的计价实施审计程序

D. 对毛利和存货截止实施审计程序

7. 如果审计人员发现涉及较高级别的管理层舞弊，应当采取的措施有（ ）。

A. 重新考虑此前获取的审计证据的可靠性

B. 重新评估舞弊导致的重大错报风险，并考虑重新评估的结果对审计程序的性质、时间和范围的影响

C. 重新评估舞弊导致的检查风险

D. 重新考虑错报涉及的人员在被审计单位中的职位

8. 关于治理层、管理层和注册会计师对舞弊责任的表述中，正确的有（ ）。

A. 防止或发现舞弊是治理层和管理层的责任

B. 注册会计师必须承担发现舞弊的责任

C. 注册会计师获取财务报表在整体上不存在重大错报的合理保证

D. 由于审计的固有限制，即使按照审计准则的规定恰当地计划和实施审计工作，注册会计师也不能对财务报表整体不存在重大错报获取合理保证

9. 注册会计师面临舞弊导致的认定层次重大错报风险时，应当考虑的因素有（ ）。

A. 改变拟实施审计程序的性质　　B. 改变实质性程序的时间

C. 改变审计程序的范围　　D. 运用不同的抽样方法

10. 注册会计师在对集团财务报表重大错报组织分析讨论时，应参加的人员包括（ ）。

A. 集团项目组关键成员　　B. 组成部分项目组关键成员

C. 集团治理层　　D. 集团内部审计人员

11. 作为集团项目组应当（ ）。

A. 了解各组成部分的业务

B. 复核组成部分注册会计师的工作底稿的相关部分

C. 考虑组成部分会计师的专业胜任能力

D. 与组成部分会计师共同确定适用于组成部分的重要性水平

12. 一般情况下，需要注册会计师进行设立验资的情形有：（ ）。

A. 被审验单位向工商管理机关申请公司开业登记

B. 出资者分期缴纳注册资本

C. 企业之间的新设合并和分立或者企业进行资产重组

D. 企业转让部分股权设立新的企业

13. 总体验资计划通常包括（ ）。

A. 验资类型、委托目的和审验范围

B. 重点审验领域

C. 验资风险评估、验资工作进度及时间、收费预算

D. 验资小组人员分工

14. 以下属于政府绩效审计的内容有：（ ）。

A. 财政资金利用的经济性

B. 包括预算编制的合法性、合理性、科学性

C. 财政资金为公众服务的比例

D. 以上都是

15. 以下属于管理审计的方法有：（　　）。

A. 调查表法　　B. 流程图法

C. 组织系统图法　　D. 金额法和评分法

16. 相对于业务经营审计，管理审计的特点有：（　　）。

A. 管理审计是管理责任审计中的高层次审计

B. 管理审计的重点是管理素质，它主要是指管理人员的素质

C. 管理审计是审查评价管理活动的审计

D. 管理审计本身不具有管理职能，它不是直接的管理活动，而是一种评价和间接控制活动

三、审计实务分析题

1. 大同会计师事务所注册会计师王一担任验资工作底稿的复核工作，在 2012 年 3 月承办的 3 项验资业务相关的工作底稿中，存在以下事项：

（1）A 公司为有限责任公司，拟变更为股份有限公司。A 公司原注册资本为 2 000 万元，审计确认的资产总额为 1 亿元，负债总额为 6 500 万元，净资产为 3 500 万元。注册会计师根据审计确认的净资产，验证确认股东交付的注册资本合计为 3 000 万元，资本公积为 500 万元。

（2）B 公司为中外合资企业，其外方股东以从 B 公司分得的人民币利润 1 000 万元出资设立注册资本为人民币 1 000 万元的外商独资企业。注册会计师按照货币资金出资的一般要求审验了外方股东的货币资金出资，并在对 B 公司已审财务报表和审计报告、董事会有关利润分配的决议以及主管税务部门出具的完税凭证审验无误后，验证确认该外商独资企业实收的注册资本为人民币 1 000 万元。

（3）C 公司经国家批准实施债转股，其原注册资本为 3 000 万元，审计后的资产总额为 11 000万元，负债总额为 8 000 万元，净资产为 3 100 万元（其中资本公积 50 万元），评估确认的净资产为 3 600 万元。实施债转股的相关批准文件规定：债权人将债券 1 000 万元中的 40 万元给予豁免，960 万元转为股权，债权转股权的比例为 1.2∶1，注册会计师验证确认 C 公司实施债转股后的注册资本为 3 800 万元，资本公积为 250 万元。

要求：请分别针对上述三种情况，说明注册会计师的审验结论是否正确，并简要说明理由。

2. 哪些情况将导致注册会计师拒绝出具验资报告并解除业务约定？举例说明。

3. 什么是经济责任审计？国有企业领导人员经济责任审计的主要内容有哪些？

4. 阐述经济责任审计的责任划分。